D1696300

Matthias Beenken

Praxiswissen Versicherungen

Bedarfsgerecht und ganzheitlich beraten

Bankakademie
Verlag GmbH

Sonnemannstr. 9-11 60314 Frankfurt am Main
Telefon 069/959163-0   Fax 069/959163-95

Bibliografische Information Der Deutschen Bibliothek
Die Deutsche Bibliothek verzeichnet diese Publikation in der
Deutschen Nationalbibliografie; detaillierte bibliografische
Daten sind im Internet über http://dnb.ddb.de abrufbar

Bibliographic information published by Die Deutsche Bibliothek
Die Deutsche Bibliothek lists this publication in the Deutsche
Nationalbibliografie; detailed bibliographic data are available
in the Internet at http://dnb.ddb.de

2. aktualisierte und erweiterte Auflage 2005
© 2005 Bankakademie-Verlag GmbH, Sonnemannstraße 9–11, 60314 Frankfurt am Main
Coverfoto: The Image Bank/Don Klumpp

Das Werk einschließlich aller seiner Teile ist urheberrechtlich geschützt. Jede Verwertung
außerhalb der engen Grenzen des Urheberrechtsgesetzes ist ohne Zustimmung der
Bankakademie unzulässig und strafbar. Das gilt insbesondere für Vervielfältigungen,
Mikroverfilmungen und die Einspeicherung und Verarbeitung in elektronischen Systemen.

Printed in Germany
ISBN 3-937519-12-2

Inhalt

1 Einführung

Ziel dieses Buches ist es, Mitarbeitern im Finanzdienstleistungsgewerbe für ihre Beratungstätigkeit Hintergrundwissen zu den Besonderheiten des Versicherungswesens zu verschaffen. Insbesondere bei der Beratung von Privatkunden, Freiberuflern und Gewerbetreibenden spielt heute die Vermittlung von Versicherungen eine immer größere Rolle. Zum einen werden sie gerne zur Absicherung von Kreditgeschäften eingesetzt, zum anderen wird aber auch zunehmend die ganzheitliche Beratung gewünscht, zu der neben Bank- eben auch Versicherungsprodukte gehören. Beispielsweise haben Banken und Sparkassen spezifische Vorteile für diese Beratung aufzuweisen. Sie verfügen über sehr detaillierte Kenntnisse des Kunden. Beim Privatkunden sind Beruf, Einkommen, regelmäßige Kosten bis hin zu Wünschen und Zielen – beispielsweise Eigentumsbildung – bekannt. Dieses Wissen ist wertvoll für die Beratung zu Versicherungsprodukten. Deshalb ist es auch kein Wunder, dass nicht erst zu Zeiten der viel diskutierten „Allfinanzkonzerne", sondern auch schon vor und erst recht nach dieser Diskussion Bank- und Sparkassenmitarbeiter immer mehr in die Versicherungsvermittlung einbezogen werden.

Der Fokus dieses Buches liegt dem Titel entsprechend bei praxisnahem Grundwissen, und zwar dem Wissen über die Bedarfssituation des Privatkunden sowie des Freiberuflers und Kleingewerbetreibenden. Die Bedarfssituation muss genau wie in der Anlage- und in der Kreditberatung immer Ausgangspunkt einer seriösen Versicherungsberatung sein. Dies wird mit dem „Ersten Gesetz zur Neuregelung des Versicherungsvermittlerrechts" ohnehin Pflicht für Versicherungsvertreter und Versicherungsmakler und damit auch für vermittelnde Kreditinstitute. Der Kunde muss dann „soweit nach der Schwierigkeit, die angebotene Versicherung zu beurteilen, oder der Person des Versicherungsnehmers und dessen Situation hierfür Anlass besteht" nach seinen „Wünschen und Bedürfnissen" – letzteres nach allgemeiner Überzeugung mit „objektivem Bedarf" zu übersetzen – befragt werden. Anschließend muss der Vermittler den Kunden angemessen beraten „sowie die Gründe für jeden zu einer bestimmten Versicherung erteilten Rat" angeben. Schließlich sind alle so entstandenen Informationen zu dokumentieren und in Textform an den Kunden auszuhändigen.

Zur Bedarfsermittlung gehört auch die Beratung zu Risikobegrenzungsmaßnahmen, die der Kunde unabhängig von einer Versicherung vornehmen kann und sollte. Nicht jedes Risiko muss (vollständig) versichert werden. Dementsprechend bietet das Buch auch Hinweise und Hilfen, wie der Kunde über solche Maßnahmen aufgeklärt werden kann.

Zum Versicherungsgrundwissen gehört auch ein fundiertes Wissen über den rechtlichen Charakter von Versicherungsverträgen, insbesondere den Bedingungen. Zu dem verbreiteten negativen Image der Versicherungsbranche und ihrer Produkte hat auch beigetragen, dass Berater oft nicht genug über Pflichten des Versicherungsnehmers und über Grenzen und Ausnahmen beim Versicherungsschutz Bescheid wissen bzw. den Kunden hierüber adäquat aufklären.

Die einzelnen Versicherungssparten und ihre typischen Produkte werden ebenfalls vorgestellt, immer jedoch mit einem Fokus auf die Bedarfssituationen, in denen diese Produkte Sinn machen. Im Ergebnis soll der Finanzdienstleister befähigt werden, die Bedarfssituation des Kunden zu ermitteln, dazu passende Versicherungsprodukte auszuwählen und deren Rahmendaten – zum Beispiel Höhe einer Absicherung, wichtige Einschlüsse – definieren zu können. Damit sollte es dann möglich sein, entweder eine qualifizierte Angebotsanfrage an ein Versicherungsunternehmen zu stellen oder mit den von einem Versicherer zur Verfügung gestellten Hilfsmitteln, wie Tarifrechner etc., ein Angebot auszuarbeiten.

2 Privates Risikomanagement

Privatpersonen stellen die mit Abstand größte Gruppe von Versicherungskunden dar. Gleichzeitig sind sie in aller Regel auch Kunden in der Bank oder Sparkasse. Dort liegen eine Reihe von Informationen über sie vor, von persönlichen Daten, die mit der Kontoeröffnung bereits erhoben werden, bis hin zu Daten über Einkommen und Ausgaben. Viele Versicherungsprodukte haben hiermit direkt oder indirekt zu tun. In diesem Kapitel geht es darum, die typischen Risiken eines Privatkunden bzw. Privathaushalts aufzuzeigen sowie ein Konzept zur Systematisierung dieser Risiken und eventueller Absicherungsmaßnahmen. Ein solches Konzept dient dazu, leichter und damit wirtschaftlicher, aber auch qualitativ hochwertiger die Bedarfsstruktur des Kunden zu durchleuchten und geeignete Lösungen zu entwickeln.

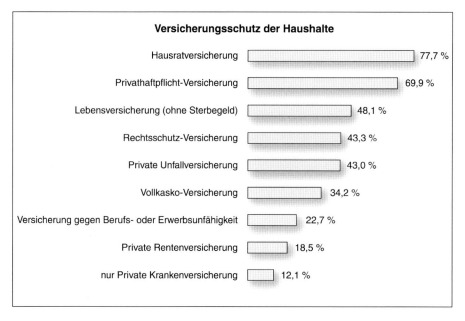

Abbildung 1: Versicherungsschutz der Haushalte 2003/2004 auf Basis der Allensbacher Werbeträger-Analyse 2004, Quelle: GDV-Jahrbuch 2004

Ziel der Ermittlung der Bedarfsstruktur des Kunden ist im Idealfall eine ganzheitliche Beratung, die alle Aspekte des Risiko-, Vermögens- und Finanzmanagements umfasst. Die vorgeschlagenen Produkte bilden die Bausteine im gesamten Lösungskonzept des Kunden. Die Versicherungsprodukte ergänzen die Bankprodukte, sie überschneiden sich nicht, weisen keine Über- oder Unterdeckungen auf, und sie sind auch auf die finanziellen Verhältnisse des Kunden abgestimmt.

Die Übersicht (S. 3) legt nahe, dass eine bedarfsgerechte Beratung in Sachen Versicherungsprodukte durchaus noch nicht immer Standard ist. Anders lässt sich nicht erklären, warum immer noch mehr Haushalte über eine Hausrat- als über eine Privathaftpflichtversicherung verfügen, obwohl das Haftpflichtrisiko für den normalen Hausrat weit weniger berechenbar und damit für die Existenz gefährlicher ist als ein möglicher Feuer- oder sonstiger Sachschaden. Noch eklatanter ist die mangelhafte Ausstattung mit Berufs- oder Erwerbsunfähigkeitsversicherungen, sowohl absolut als auch im Vergleich zu der nur als Ausschnittsdeckung anzusehenden Unfallversicherung.

Zur Beratung gehört auch die Förderung risikobewussten Verhaltens. Nicht jedes Risiko kann oder muss versichert werden. Auch abgeschlossene Versicherungen sollten nicht dazu verleiten, sie möglichst intensiv zu gebrauchen, denn sie stellen in der Regel keinen Sparvertrag dar, bei dem eine möglichst hohe Rendite auf die eingezahlten Versicherungsprämien das Ziel ist. Der Kunde muss selbst mithelfen, dass die Versicherung das bleibt, was sie sein soll: eine Abwälzung von Risiken, die weder vermeidbar, noch selbst tragbar sind, auf eine Gemeinschaft gleichartig betroffener Haushalte und Unternehmen. In vielen Versicherungssparten ist dies auch in der Systematik der Produkte angelegt, dass risikobewusstes Verhalten gefördert und riskantes Verhalten bestraft wird. Das wahrscheinlich bekannteste Beispiel dafür sind die Schadenfreiheitsklassen in der Kraftfahrzeugversicherung.

2.1 Systematik der Risiken von Privathaushalten

Für die Systematisierung der Risiken von Privatpersonen wird bewußt der Privathaushalt verwendet. Einem Privathaushalt können mehrere Privatpersonen angehören, durch die zusätzliche Risiken entstehen oder bei denen die Risiken Auswirkung auf die anderen Personen haben. Beispielsweise kann eine Privatperson gleichzeitig auch Ernährer der Familie sein. Fällt der Ernährer aus, sind die übrigen Familienmitglieder davon erheblich betroffen.

Die Risiken lassen sich immer auf folgende Grundformen zurückführen:

- Personenrisiken

- Vermögensrisiken

- Sachrisiken

Darüber hinaus können Risiken nach dem Ausmaß ihrer Wirkung auf den Haushalt gegliedert werden in existenzzerstörende, existenzgefährdende sowie selbst tragbare Risiken. Diese Klassifizierung hilft dem Berater dabei, eine Priorisierung der denkbaren Versicherungsprodukte und deren Höhe oder Ausgestaltung vorzunehmen, da der typische Privathaushalt nur über begrenzte finanzielle Mittel verfügt und deshalb einen Kompromiss zwischen Versicherungsmöglichkeiten und tatsächlich bezahlbaren Lösungen anstreben wird, wobei auch die persönliche Risikoneigung eine wichtige Rolle spielt, das heißt, inwieweit ein Kunde bereit ist, persönliche Risiken selbst zu tragen.

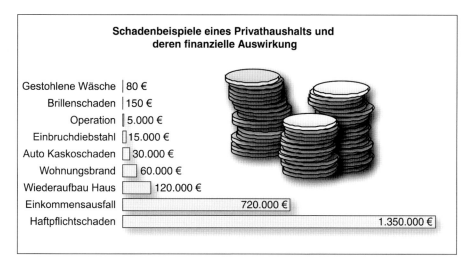

Abbildung 2: Schadenbeispiele und ihre finanziellen Auswirkungen für einen Privathaushalt

Die vorstehenden Beispiele von Schäden, die einen Privathaushalt treffen können, zeigen deutlich, wie unterschiedlich die finanziellen Auswirkungen der verschiedenen, in Versicherungsverträgen angebotenen Deckungsmöglichkeiten sein können. Während die aus dem Garten gestohlene Wäsche, die manche Hausratversicherungen mitdecken, kaum ein existenzielles Risiko darstellen dürfte, können ein Einkommensausfall – zum Beispiel durch den Eintritt einer Berufsunfähigkeit bei einer 30-jährigen Person – oder die Verursachung eines Haftpflichtschadens existenzvernichtende Folgen haben.

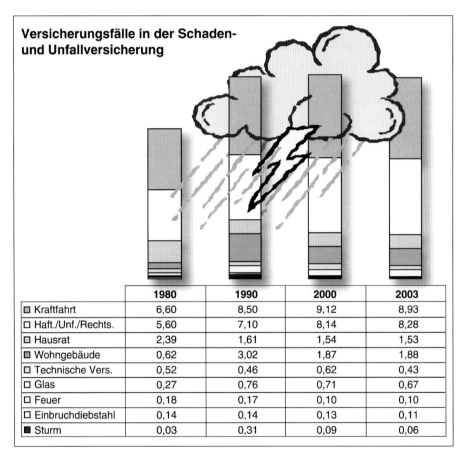

Versicherungsfälle in der Schaden- und Unfallversicherung

	1980	1990	2000	2003
▨ Kraftfahrt	6,60	8,50	9,12	8,93
☐ Haft./Unf./Rechts.	5,60	7,10	8,14	8,28
☐ Hausrat	2,39	1,61	1,54	1,53
▨ Wohngebäude	0,62	3,02	1,87	1,88
☐ Technische Vers.	0,52	0,46	0,62	0,43
☐ Glas	0,27	0,76	0,71	0,67
☐ Feuer	0,18	0,17	0,10	0,10
☐ Einbruchdiebstahl	0,14	0,14	0,13	0,11
■ Sturm	0,03	0,31	0,09	0,06

Abbildung 3: Anzahl Versicherungsfälle in der Schaden- und
Unfallversicherung in Mio. (Quelle: GDV-Jahrbuch 2004)

Die Grafik zeigt, dass Schäden keineswegs selten sind. Allein fast 23 Mio. Sachschäden jährlich verzeichnet die GDV-Statistik, hinzu kommen Todesfälle und andere Personenschäden.

2.1.1 Personenrisiken

Unter den Personenrisiken versteht man solche Risiken, die mit dem Leben und der Gesundheit bzw. Funktionsfähigkeit des Körpers von Personen zusammenhängen. Wenn sich diese Risiken realisieren, also zum Beispiel eine Gesundheitsschädigung eintritt, hat das bestimmte Folgen. In Zusammenhang mit Versicherungs- und Vorsorgeprodukten interessieren unter den verschiedenen denkbaren immer nur die finanziellen Folgen. Andere, wie beispielsweise psychische Folgen, sind nur indirekt Gegenstand. So können Versicherungen zum Beispiel die Kosten von Beratungsleistungen übernehmen, seltener auch ergänzende Serviceleistungen bieten. Die typischen Risiken für Personen und deren im Wesentlichen finanziellen Folgen lassen sich wie folgt gliedern:

1. Todesfall

- Es fallen Bestattungskosten an, die im Regelfall mehrere Tausend Euro betragen.

- Durch den Tod einer berufstätigen Person entfällt deren Einkommen, es müssen ggf. Familienmitglieder anschließend finanziell versorgt werden.

- Durch den Tod einer im Haushalt lebenden Person können neue Kosten entstehen. Beispielsweise kann bei einem Ausfall eines Elternteils, der zu Erziehungszwecken zu Hause war, eine kostenintensive Kinderbetreuung oder der Verzicht des überlebenden Elternteils auf dessen Beruf und damit Einkommen die Folge sein.

Praxistipp: *In der Kundenberatung wird der dritte Punkt, die Kosten bei Tod eines nicht berufstätigen Elternteils, gerne übersehen. Stattdessen konzentriert sich die Beratung auf die Absicherung des Versorgers in der Familie und übersieht die Folgen, wenn insbesondere in einem Haushalt mit minderjährigen Kindern ein Elternteil für deren Betreuung gebraucht wird, aber ausfällt.*

2. Krankheit

- Durch Krankheit entstehen Kosten für die Heilbehandlung, für Heil- und Hilfsmittel, Kuren oder Krankenhausaufenthalte.

- Das Arbeitseinkommen kann durch Krankheit bedroht sein. Beim Angestellten ist die Fortzahlung des Arbeitseinkommens im Krankheitsfall in der Regel zeitlich wie in der Höhe begrenzt. Der Selbstständige verfügt über keine Ansprüche auf Fortzahlung seines Einkommens.

- Fällt ein für die Erziehung von Kindern verantwortlicher Elternteil durch Krankheit aus, können wiederum Betreuungskosten entstehen.

3. Unfall

- Durch einen Unfall und die anschließende, bleibende Körperversehrtheit kann ebenfalls das Einkommen eines Versorgers im Haushalt gefährdet sein, wenn er beispielsweise durch die entstandene Behinderung seine bisherige berufliche Tätigkeit nicht mehr oder nur mit Einschränkungen ausüben kann.

- Durch den Unfall eines kinderbetreuenden Elternteils können Kosten durch Kinderbetreuung entstehen, zum Beispiel weil eine Kinderfrau eingestellt, Kinder zu einer Tagesmutter gegeben oder eine kostenpflichtige Ganztagsbetreuung im Kindergarten oder in der Schule notwendig wird.

- Durch eine unfallbedingte Behinderung können Kosten für Umbauten in der Wohnung des Unfallopfers entstehen, zum Beispiel für den Einbau eines Treppenlifts, behindertengerechten Umbau von Türen, Sanitäreinrichtungen oder von Kraftfahrzeugen.

4. Erwerbs- oder Berufsunfähigkeit

- Nicht nur durch Krankheit und Unfall, auch durch andere Ursachen, wie zum Beispiel Kräfteverfall, kann das Einkommen ausfallen, weil der aktuelle Beruf nicht mehr ausgeübt werden kann. Bei Erwerbsunfähigkeit ist überhaupt keine Erwerbstätigkeit mehr möglich. Damit entsteht auch hier der finanzielle Bedarf eines Einkommensersatzes.

5. Arbeitslosigkeit

- Die finanzielle Folge des Verlustes des Arbeitsplatzes besteht im entgehenden Einkommen, zumindest aus der Differenz zwischen eventuellen Entgeltersatzleistungen (zum Beispiel Arbeitslosengeld) und bisherigem Einkommen sowie aus dem Verlust an Altersvorsorgeleistungen (Einzahlungen in die Rentenversicherung).

- Zur Vorbeugung oder zur Abwendung von Arbeitslosigkeit können berufliche Qualifizierungsmaßnahmen notwendig werden, die entsprechende Lehrgangsgebühren kosten.

Alle bisher besprochenen Personenrisiken haben eines gemeinsam. Bei ihnen ist nicht gewiss, wann sie eintreten und – außer beim Todesfall – ob sie überhaupt eintreten. Damit entsprechen sie dem Versicherungsprinzip im engeren Sinne, denn Versicherungen sollen nach gängiger Definition einen Geldbedarf decken, dessen Entstehung im Einzelnen ungewiss ist, dessen Höhe man aber dennoch kalkulieren kann. Beispielsweise kann man den Einkommensverlust kalkulieren, wenn man die Höhe des Einkommens und das Alter der Person bzw. seine voraussichtliche Tätigkeitszeit bis zum Eintritt in den Ruhestand kennt.

Darüber hinaus gibt es aber ein Personenrisiko, das etwas aus dem Rahmen fällt, denn bei ihm ist sowohl bekannt, dass es eintritt, als auch, wann es eintritt. Trotzdem ist es ein Risiko, weil es finanzielle Folgen aufweist. Nämlich:

6. Alter

- Die typische Folge der Alterung einer Person ist der Verlust des Einkommens durch Ausscheiden aus dem Beruf und Eintritt in den Ruhestand.

- Zwar ist bekannt, wann eine Person ein bestimmtes Ruhestandsalter – zum Beispiel 65 – erreicht, aber dennoch besteht zusätzlich das Risiko, dass sich die Person zu einem früheren als ursprünglich geplantem Datum für den Ruhestand entscheiden will oder muss, beispielsweise durch eine vorzeitige Beendigung des Arbeitsverhältnisses. Diese kann freiwillig durch Änderung der persönlichen Lebenspläne oder aber auch unfreiwillig erfolgen, wobei altersbedingt meist keine Aussicht mehr auf eine neue Beschäftigung besteht. Angesichts der großen Schwierigkeiten auf dem Arbeitsmarkt für Ältere ist es durchaus real, dass man mit flexiblen Konzepten auf ein frühzeitiges Ende der Arbeitsphase vorbereitet sein muss.

Praxistipp: *Viele Berater neigen dazu, eine strikte Trennung zwischen Spar- und Risikogeschäft einzuhalten und dem Kunden davon abzuraten, Sparleistungen über eine Versicherung (zum Beispiel Renten-, Kapitallebensversicherung) vorzunehmen.*

*Auch aus Verbraucherschutzkreisen wird regelmäßig ein solcher Vorschlag geäu-
ßert, wobei Renditeüberlegungen im Vordergrund stehen. Dabei darf man allerdings
nicht übersehen, dass, wie oben dargestellt, ein sehr reales Risiko besteht, ein Sparziel nicht zu erreichen, zum Beispiel wenn ein Arbeitnehmer nach Konkurs oder
Umstrukturierung seines Unternehmens vorzeitig in den Ruhestand eintreten muss,
da er keine Aussicht auf eine neue Stelle mehr hat. Versicherungen haben hier den
Vorteil, dass sie durch flexible Vertragsmodelle helfen, trotzdem das Sparziel zu
erreichen.*

Es gibt noch weitere Personenrisiken, die sich versichern lassen. Zwei Beispiele sind
die „Risiken" Heirat oder Beginn einer Ausbildung, deren finanzielle Folgen sich
über spezielle Lebensversicherungsformen abdecken lassen, die eine Mischung aus
Risikovorsorge (vorzeitiger Tod eines Versorgers, zum Beispiel der Eltern) und
Sparvertrag darstellen.

2.1.2   Vermögensrisiken

Das vorherige Kapitel hat bereits gezeigt, dass Versicherungen in aller Regel einen
finanziellen Bedarf decken, der nach der Verwirklichung eines bestimmten Risikos
– zum Beispiel dem Eintritt eines Schadens – entsteht. Der finanzielle Bedarf hat
Auswirkungen auf das Vermögen zur Folge, dennoch ist mit Vermögensrisiken noch
etwas anderes gemeint. Hierbei geht es um Risiken, die direkt das Vermögen eines
Haushaltes betreffen.

1. Haftpflichtansprüche

    •   Nach § 823 BGB ist derjenige, der „vorsätzlich oder fahrlässig das Leben,
        den Körper, die Gesundheit, die Freiheit, das Eigentum oder ein sonstiges
        Recht eines anderen widerrechtlich verletzt, (...) dem anderen zum Ersatz des
        daraus entstehenden Schadens verpflichtet". Einem Privathaushalt droht des-
        halb das Risiko, sich auf Grund einer schuldhaften Handlung gegenüber
        Dritten Schadenersatzansprüche zuzuziehen.

    •   Es kann aber auch vorkommen, dass unberechtigte Ansprüche gegen den
        Haushalt gerichtet werden. Ein typisches Beispiel ist der Schaden, den ein
        Kind anrichtet, das selbst nicht deliktsfähig ist. Haben die Eltern ihre Auf-
        sichtspflicht nicht verletzt, und der Schaden ist trotzdem eingetreten, müssen
        sie keinen Schadenersatz leisten. Nach moralischen Kategorien verstehen das
        die meisten nicht, aber rechtlich ist dies absolut richtig. Die Abwehr unbe-

rechtigter Ansprüche verursacht ebenfalls Kosten, beispielsweise für Rechtsanwälte oder Gerichtskosten.

2. Rechtsschutz

- Recht haben und Recht bekommen sind zwei verschiedene Dinge, wie der Volksmund weiß. Das bedeutet, dass die Durchsetzung des eigenen Rechts mit erheblichen Kosten verbunden sein kann, auch hier beispielsweise für Rechtsanwälte und für Gerichtsverfahren.

Vermögensrisiken werden gerne unterschätzt, weil insbesondere größere Haftpflichtschäden eher selten sind. Die Tragweite solcher Risiken ist aber enorm. Kommt zum Beispiel eine Person durch eine schuldhafte Fahrlässigkeit zu Schaden, kann das einen Schadenersatzanspruch gegen den Verursacher nach sich ziehen, der je nach Grad der entstandenen Verletzungen und späteren Behinderungen Ansprüche auf Kranken- und Krankenhausbehandlung, Schmerzensgeld und sogar Ersatz eines durch die Behinderung verlorenen Arbeitseinkommens nach sich zieht. Damit können Beträge in sechs- bis siebenstelliger Höhe verbunden sein.

2.1.3 Sachrisiken

Wie der Name es bereits ausdrückt, verwirklichen sich Sachrisiken an Sachen, was wiederum Kosten zur Folge hat. Das ist für das Verständnis der Versicherungsprodukte von besonderer Bedeutung, denn Sachversicherungen gehen immer davon aus, dass im Mittelpunkt eine versicherte Sache steht. Diese muss sauber definiert und im Versicherungsschein beschrieben werden, damit sie auch tatsächlich versichert ist. Die wesentlichen Sachrisiken sind:

1. Zerstörung von Sachen

2. Beschädigung von Sachen

- Sachen können zerstört oder beschädigt werden, wenn sich eine bestimmte Gefahr an den versicherten Sachen verwirklicht. Auch diese Definition ist wichtig, um später das Funktionieren von Versicherungsprodukten zu verstehen. Typische Gefahren, für die grundsätzlich Versicherungsschutz geboten werden kann, sind:

  – Feuer

- Wasser, zum Beispiel austretendes Leitungswasser, aber auch Überschwemmungen

- Sturm und Hagel

- Sonstige Naturereignisse, zum Beispiel Erdbeben, Erdrutsche, Lawinen etc.

- Vandalismus, zum Beispiel durch Einbrecher oder durch Graffiti-Schmierereien

- Unfall, zum Beispiel Unfall eines Kraftfahrzeugs

- Unsachgemäße Behandlung der Sache, zum Beispiel Fallenlassen, falsche Bedienung eines Gerätes, falsche Lagerung etc.

- Krieg, Terror oder andere Gewaltanwendung

3. Abhandenkommen von Sachen

- Sachen können durch Einbruchdiebstahl, also Diebstahl nach einem Einbruch in eine Wohnung oder ein Haus, abhanden kommen.

- Sachen können auch durch einfachen Diebstahl abhanden kommen, zum Beispiel durch Trickdiebstahl, Wegnehmen einer ungeschützt liegenden Sache oder nach Aufbruch eines Kraftfahrzeuges.

- Schließlich ist auch der Raub zu erwähnen, also ein Diebstahl, bei dem Gewalt gegen den Bestohlenen angewendet wird.

Sachrisiken ziehen insbesondere die Kosten der Wiederherstellung nach sich, zum Beispiel für die Reparatur eines Elektrogerätes oder den Wiederaufbau eines Hauses, oder die Kosten der Wiederbeschaffung, beispielsweise für den Kauf eines Ersatzgerätes. Versicherungen erstatten in aller Regel dafür Geldbeträge, bei den Sachrisiken gibt es allerdings auch eine seltene Ausnahme von diesem Prinzip, nämlich den Naturalersatz. Er wird beispielsweise in der Glasversicherung vereinbart, das heißt, dass der Kunde keinen Geldersatz einer zerstörten oder beschädigten Verglasung erhält, sondern das Anrecht einer Reparatur bzw. eines Ersatzes durch einen Fachbetrieb.

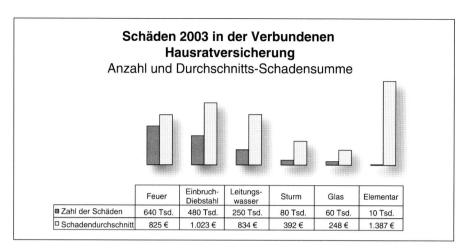

	Feuer	Einbruch-Diebstahl	Leitungs-wasser	Sturm	Glas	Elementar
■ Zahl der Schäden	640 Tsd.	480 Tsd.	250 Tsd.	80 Tsd.	60 Tsd.	10 Tsd.
□ Schadendurchschnitt	825 €	1.023 €	834 €	392 €	248 €	1.387 €

Abbildung 4: Zahl der Schäden und Durchschnitts-Schadenbetrag 2003 in der Verbundenen Hausratversicherung (Quelle: GDV-Jahrbuch 2004)

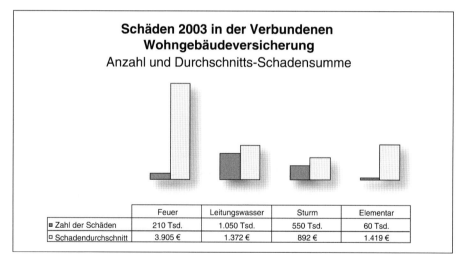

	Feuer	Leitungswasser	Sturm	Elementar
■ Zahl der Schäden	210 Tsd.	1.050 Tsd.	550 Tsd.	60 Tsd.
□ Schadendurchschnitt	3.905 €	1.372 €	892 €	1.419 €

Abbildung 5: Zahl der Schäden und Durchschnitts-Schadenbetrag 2003 in der Verbundenen Wohngebäudeversicherung (Quelle: GDV-Jahrbuch 2004)

Der vorstehenden Grafiken zeigen, dass manche Schäden zwar vergleichsweise selten auftreten – Beispiel Elementar- oder Feuerschäden –, aber dann weit überdurchschnittlich teure Schäden verursachen. Das leitet über zu der Überlegung, dass nicht allein die Wahrscheinlichkeit, von einem Schaden betroffen zu sein, für die Beurteilung der Wichtigkeit einer Versicherung ausreichend ist.

2.1.4 Ausmaß der Existenzgefährdung

Der durchschnittliche Haushalt hat nur begrenzte Mittel zur Verfügung, die für den Abschluss von Versicherungen eingesetzt werden können. Aus der Presse kann man zudem regelmäßig entnehmen, dass manche Versicherungen unwichtig sein sollen. Wirklich hilfreich sind solche Hinweise auch nicht immer.

Ein Beispiel: Häufig wird behauptet, dass eine Unfallversicherung überflüssig sei. Nicht immer wird aber dabei erwähnt, dass die Sicherung des Arbeitseinkommens den wichtigsten Grund für diese Versicherung darstellt und deshalb die Unfallversicherung nur dann in der Tat überflüssig sein kann, wenn das Arbeitseinkommen auf anderem Weg ausreichend abgesichert ist, beispielsweise durch eine Berufsunfähigkeitsversicherung.

Viele Berater – und erst recht natürlich die Kunden – werden durch solche Empfehlungen verunsichert. Deshalb stellt sich regelmäßig die Frage, wie in der Beratung das Mögliche mit dem Machbaren abgeglichen und ein sinnvolles Paket an Versicherungslösungen zusammengestellt werden kann. Ein wichtiges Hilfsmittel stellt die Einteilung der weiter oben dargestellten Risiken in Kategorien dar, die als Ausgangspunkt für eine Prioritätenliste dienen. Ein Vorschlag für diese Kategorien lautet:

1. Existenzzerstörende Risiken

   - Risiken, bei deren Verwirklichung der Haushalt absehbar vollkommen überfordert ist, die finanziellen Folgen selbst zu tragen, zum Beispiel weil die Schadenhöhe ein Vielfaches des Jahreseinkommens beträgt.

   - Risiken, die in keiner Weise überschaubar sind. Überschaubar sind Risiken, bei denen es Höchstgrenzen für den denkbaren Schaden gibt, also zum Beispiel bei den Sachrisiken, denn dort bildet der Wert der Sachen eine natürliche Grenze. Nicht überschaubar sind hingegen vor allem Personen- und Vermögensrisiken.

   - Die Versicherung solcher Risiken sollte unabhängig von der subjektiven Risikoneigung in jedem Fall erfolgen.

2. Existenzgefährdende Risiken

- Das sind Risiken, deren Folgen zwar noch tragbar wären, die aber doch einen nachhaltigen Einfluss auf das Vermögen und/oder die Einkommenssituation des Geschädigten haben, zum Beispiel zu einer Reduzierung des Lebensstandards oder zum Verzicht auf Vermögensteile zwingen.

- Die Risiken sind überschaubar. Typische existenzgefährdende Risiken sind viele Sachrisiken, beispielsweise ist die Zerstörung eines Hauses durch einen Brand durch den Wert des Hauses klar begrenzt, für den normalen Durchschnittsbürger aber dennoch eine einschneidende Vermögensvernichtung, die anschließend zu einer Reduzierung des Lebensstandards zum Beispiel durch Umzug in eine billige Mietwohnung zwingt.

- Die Versicherung solcher Risiken ist in jedem Fall zu empfehlen, allerdings kann das Ausmaß der Versicherung je nach subjektiver Risikoneigung unterschiedlich ausfallen. Zum Beispiel können risikofreudige Personen hohe Selbstbehalte vereinbaren oder weniger exponierte Nebenrisiken und Zusatzklauseln aus den Verträgen ausklammern.

3. Selbst tragbare Risiken

- Die finanziellen Folgen solcher Risiken sind ohne Weiteres selbst tragbar. Ein Abwälzen auf eine Versicherung ist nicht unbedingt notwendig.

- Die Versicherung solcher Risiken wird nur für Personen mit höherer subjektiver Risikoscheu zu empfehlen sein, während Personen mit höherer Risikofreudigkeit hierauf verzichten können.

Die Gliederung der Risiken nach ihrer Art und ihrem Ausmaß helfen dem Berater, einen bedarfsgerechten Versicherungsschutz für seine Kunden aufzubauen und diesen gut zu begründen. Hüten sollte sich der Berater allerdings vor Einfachrezepten, die beispielsweise durch Multiplikation der Höhe eines denkbaren Schadens mit der Wahrscheinlichkeit eines Schadeneintritts aufzeigen wollen, welche Versicherung wichtiger ist als andere. Nur weil Schäden häufiger eintreten, muss es nicht wichtiger sein, sie zu versichern, denn oft sind es gerade die kleinen, selbst tragbaren Risiken, die häufiger eintreffen. Die seltenen Risiken hingegen können Ausmaße annehmen, die einen Privathaushalt auf Dauer oder für sehr lange Zeit in schlimmste finanzielle Bedrängnis bringen können.

2.2 Lebensphasenkonzept

Eine weitere Hilfe bei der Kundenberatung stellt das Lebensphasenkonzept dar. Dabei geht man davon aus, dass bei aller Individualität von Privatpersonen auch eine Reihe Gemeinsamkeiten bei dem Versicherungsbedarf bestehen, der sich aus den jeweiligen Lebensumständen ableitet. Manche Versicherer entwickeln dazu passend Versicherungskonzepte, die alle oder viele typische Risiken einer Lebensphase abdecken sollen. Allerdings sollte man solche Konzepte trotzdem kritisch prüfen, ob sie wirklich die Bedürfnisse optimal abdecken und nicht Unverzichtbares mit Verzichtbarem an Versicherungsschutz vermischen, manchmal dabei sogar am Unverzichtbaren sparen.

Die nachfolgende Gliederung stellt ein Beispiel für ein Lebensphasenkonzept dar. Zu jeder Lebensphase werden die typischen Risiken genannt, die in dieser Lebensphase entstehen.

1. Lebensphase Kindheit

- Krankheit: Dieses Risiko besteht in allen Lebensphasen einer Person. Besondere Risiken entstehen jedoch durch angeborene Krankheiten und Behinderungen sowie durch die höhere Anfälligkeit von Kindern für Erkrankungen. Folgen sind erhöhte Kosten für Krankheitsbehandlung.

- Unfall: In der Kindheit besteht ein besonders hohes Unfallrisiko. Folgen sind zum einen die bereits früher besprochenen Kosten für eventuelle Umbaumaßnahmen. Ein Einkommensausfalls entsteht beim Kind noch nicht, aber die spätere Erwerbsfähigkeit kann beeinträchtigt werden. Beispielsweise kann eine unfallbedingte Behinderung dazu führen, dass das Kind künftig bestimmte Berufe nicht ergreifen kann. Nur für Kindergarten- und Schulkinder sowie Studenten besteht eine gesetzliche Unfallversicherung, die aber zum einen keine Unfälle in der Freizeit abdeckt und zum anderen nur eine finanzielle Grundsicherung darstellt (siehe SGB VII).

- Erwerbsunfähigkeit: Wie beim Thema Unfall schon erwähnt, kann es durch bestimmte Ereignisse dem Kind verwehrt sein, ins Erwerbsleben einzutreten oder eine besser bezahlte Tätigkeit anzunehmen, die eine intakte Gesundheit voraussetzen würde.

- Ausbildung: Eltern wollen für ihre Kinder meist das Beste, und dazu zählt auch die Ausbildung. Eine gute Ausbildung ist jedoch mit hohen Kosten verbunden, insbesondere für den Lebensunterhalt und ggf. auch für Studiengebühren.

2. Lebensphase Berufsstart

- Vermögensschäden: Mit dem Eintritt ins Berufsleben endet oft auch die Mitversicherung in elterlichen Haftpflichtversicherungen, spätestens jedenfalls mit der eigenen Haushaltsgründung. Eine Privathaftpflichtversicherung wird allgemein für unverzichtbar gehalten.

- Berufsunfähigkeit: Durch den Berufseintritt entsteht Einkommen, dass durch Krankheit, Unfall oder andere Ereignisse gefährdet sein kann. Zudem bietet die gesetzliche Sozialversicherung in den ersten fünf Jahren keinen und danach nur begrenzten Versicherungsschutz.

- Risikoneigung: In dieser Lebensphase steht auf Grund des meist noch eher geringen Einkommens die Absicherung der existenziell wichtigen Risiken im Vordergrund.

3. Lebensphase Haushaltsgründung

- Vermögensschäden: Spätestens mit der Gründung eines eigenen Hausstands entfällt eine Mitversicherung in Haftpflichtversicherungen der Eltern und mindestens eine eigene Privathaftpflichtversicherung wird notwendig.

- Sachschäden: Mit dem eigenen Haushalt ist auch der Hausrat typischen Risiken ausgesetzt. Oft ist dies auch die Phase der Anschaffung eines ersten Kraftfahrzeugs, das ebenfalls Sachrisiken ausgesetzt ist.

- Risikoneigung: In dieser Lebensphase steht auf Grund des meist noch eher geringen Einkommens die Absicherung der existenziell wichtigen Risiken im Vordergrund.

4. Lebensphase Familiengründung

- Hinterbliebenenversorgung: Nachdem in den bisherigen Lebensphasen die Privatperson selbst im Vordergrund stand, rückt mit der Familiengründung die Verantwortung für andere Personen in den Vordergrund. Partner sind gegenseitig dem Verlust des Arbeitseinkommens ausgesetzt, für die Versorgung von Kindern ist eine finanzielle Absicherung bei Verlust eines oder beider Elternteile notwendig.

- Krankheit: Über die in allen Lebensphasen bestehenden Krankheitsrisiken hinaus kommen in der Phase Familiengründung auch die Risiken der Erkrankung von Familienmitgliedern und der Betreuung von Kindern bei Ausfall von Familienmitgliedern zum Tragen.

- Risikoneigung: In dieser Lebensphase steht auf Grund des meist noch eher geringen Einkommens die Absicherung der existenziell wichtigen Risiken im Vordergrund.

5. Lebensphase Etablierung und Vermögensaufbau

- Vermögenssicherung: Über die bisherigen Risiken hinaus gewinnt die Absicherung des entstehenden Vermögens an Bedeutung. Durch Eigentumserwerb entstehen zusätzliche Sachrisiken, Finanzierungen werden gegen Personenrisiken abgesichert oder auch durch die Sparleistung bestimmter Versicherungsverträge unterstützt.

- Risikoneigung: In dieser Lebensphase steigt tendenziell die Risikoscheu, umfassendere Absicherungen werden gewünscht.

6. Lebensphase Ruhestand

- Vermögenssicherung: Diese Lebensphase ist geprägt vom Vermögensverzehr, der möglichst langsam vonstatten gehen soll und gegen die verschiedenen Risiken abgesichert werden soll.

- Rente/Pension: Das Einkommen kann meistens nicht durch gesetzliche Renten oder Pensionen allein gesichert werden. Zusätzliche private und betriebliche Altersversorgungen müssen hinzukommen. Fällige größere Beträge – zum Beispiel Auszahlung von Lebensversicherungen – sollen in lebenslängliche Rentenbeträge umgewandelt werden.

- Todesfall: Die hohen Kosten der Beerdigung sollen abgedeckt werden.

- Risikoneigung: Tendenziell liegt in dieser Lebensphase eine höhere Risiko-scheu vor, Risiken sollen möglichst umfassend abgesichert werden.

2.3   Ganzheitliche Beratung

Die Ganzheitlichkeit ist ein hoher Anspruch, mit dem man nicht inflationär umgehen sollte. Aber bezogen auf die Beratung von Privatkunden wird immer häufiger eine Beratung gefordert, bei der die Aspekte des Vermögensaufbaus und seiner Absiche-rung nicht isoliert gesehen werden, also einzelne Produkte verkauft werden, die sich nicht immer sinnvoll ergänzen und unterstützen. Beispielsweise kann eine private Rentenversicherung für einen Arbeitnehmer sinnvoll sein, eine Gehaltsumwandlung in eine vom Arbeitgeber angebotene Form der betrieblichen Altersversorgung kann aber bei gleicher Sicherheit der Anlage renditeträchtiger sein.

Der Verkaufsprozess gliedert sich typischerweise in verschiedene Phasen. Ähnlich wie in vielen anderen analytischen Prozessen steht eine Ist-Ermittlung am Anfang, hier bezieht sie sich auf die konkret vorliegende Bedarfssituation und ggf. bereits vorliegende Absicherungen. Ihr wird eine Soll-Situation gegenübergestellt, das heißt die Wünsche und Ziele des Kunden und seine Risikoneigung erfragt, um auf dieser Basis ein optimales Konzept für die Risikoabsicherung und Vorsorge zusammenzu-stellen. Dann erfolgt die Analyse der verfügbaren Mittel. Wie bei der Kreditberatung soll damit sichergestellt werden, dass die dargestellte Lösung überhaupt dauerhaft bezahlt werden kann. Eine Priorisierung der Bausteine dieser Lösung hilft dabei, die Abstimmung zwischen Wünschenswertem und Machbarem herbeizuführen.

Die nachfolgende Übersicht zeigt die idealtypische Struktur eines Verkaufsge-sprächs, das dem Konzept des Problemlösungsverkaufs folgt. Das bedeutet, dass nicht das einzelne Produkt im Vordergrund steht – zum Beispiel im Rahmen einer konzentrierten Verkaufsaktion – sondern eine ganzheitliche Problemlösung für den Kunden. Die Vorteile dieses Vorgehens liegen klar auf der Hand:

- Der Kunde erhält keine isolierten und bestenfalls zufällig passenden Produkte, sondern abgestimmte Konzepte, die langfristig tragfähig, sinnvoll und bezahlbar sind.

- Der Verkaufserfolg ist dennoch größer, denn eine Problemlösung besteht meist aus mehreren Produkten, während beim Abverkauf einzelner Produkte große Streuverluste entstehen und Bedarf für andere Produkte nicht erkannt wird.

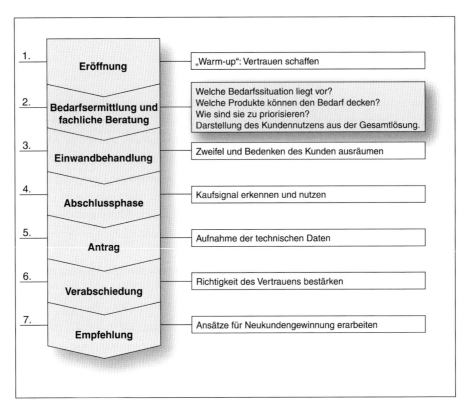

Abbildung 6: Beratungsablauf (aus: Vorlesungsskript Fachhochschule Köln)

Wenn die Versicherungsprodukte dann auch noch auf die Bankprodukte abgestimmt werden, entsteht daraus ein optimales Paket von sich gegenseitig ergänzenden und unterstützenden Lösungen für den Vermögensaufbau und die Vermögenssicherung.

Mit Umsetzung der **EU-Versicherungsvermittler-Richtlinie** muss dieser **Beratungsablauf erweitert** werden. Neu hinzu kommt eine **Erstinformation**, die der Berater bei Beratungsbeginn über sich selbst abgeben muss. Sie enthält folgende **Pflichtbestandteile** (§ 5 Versicherungsvermittlerverordnung gemäß Referentenentwurf des Bundeswirtschaftsministeriums):

- Name und Anschrift des Vermittlers,

- Angabe, ob der Vermittler als Versicherungsmakler oder als Versicherungsvertreter tätig wird,

- Angabe, ob er eine direkte oder indirekte Beteiligung von über 10 Prozent an den Stimmrechten oder am Kapital eines Versicherungsunternehmens besitzt,

- Angabe, ob ein Versicherungsunternehmen oder das Mutterhaus eines Versicherungsunternehmens eine direkte oder indirekte Beteiligung von über 10 Prozent an den Stimmrechten oder am Kapital des Vermittlers besitzt.

Des Weiteren muss der Vermittler spätestens **vor** der **Antragstellung** eine Information leisten, auf welcher Beratungsgrundlage er seine Empfehlungen abgibt (§ 42 b Versicherungsvertragsgesetz – VVG laut Referentenentwurf). Ist der Vermittler Versicherungsmakler, ist er grundsätzlich verpflichtet, „seinem Rat eine hinreichende Zahl von auf dem Markt angebotenen Versicherungsverträgen und von Versicherern zugrunde zu legen". Das bedeutet, dass in vielen Fällen eine **umfangreiche Marktanalyse** erforderlich ist, für die es allerdings in vielen Versicherungssparten Hilfsmittel (Analysetools) gibt.

Alle anderen Vermittler einschließlich auch derjenigen Makler, die ausnahmsweise nicht die oben dargestellte ausgewogene Marktuntersuchung leisten, müssen ihren Kunden darüber aufklären, welche Versicherer sie in ihre Untersuchung einbezogen haben. Handelsvertreter müssen zusätzlich angeben, für welchen oder welche Versicherer sie tätig sind. Ein **Verzicht des Kunden** auf diese Information ist nur durch **schriftliche Erklärung** möglich.

Brisant ist diese Vorschrift deshalb, weil sich der **Vermittler** gemäß § 42 e VVG **schadenersatzpflichtig** macht, wenn er die Pflicht verletzt.

Beispiel: Eine Kundenberaterin, deren Institut per Handelsvertretervertrag mit einem bestimmten Versicherungsunternehmen verbunden ist, erweckt beim Kunden den Anschein, dass die Versicherungsvermittlung als Makler erfolgt und die Auswahl der angebotenen Versicherungen auf einer breiten Marktgrundlage steht. Stellt sich später heraus, dass der Kunde dadurch falsch oder schlecht beraten wurde, weil eine andere Versicherung wichtige Leistungsmerkmale angeboten hätte, die dem gekauften Versicherungsprodukt fehlten, hat der Kunde Anspruch auf Ersatz des entstandenen Schadens. Nebenbei kann die Pflichtverletzung auch noch als Ordnungswidrigkeit mit einem Bußgeld geahndet werden.

Ebenfalls neu ist die Pflicht, die erfragten Informationen des Kunden, die abgegebenen Empfehlungen und deren Gründe zu **dokumentieren** und dem Kunden in **Textform** zu übermitteln (§ 42 c VVG Referentenentwurf). Dieses **Beratungsprotokoll** muss dem Kunden spätestens vor Abschluss des Vertrages zugegangen sein. Aus Gründen der Beweiserleichterung im Fall einer späteren Schadenersatzforderung ist es empfehlenswert, zusätzlich die Entscheidungen des Kunden im Protokoll festzuhalten – vor allem dann, wenn Empfehlungen des Beraters nicht gefolgt wurde – und sich das Protokoll gegenzeichnen zu lassen als Zeichen der Kenntnisnahme (nicht etwa der Zustimmung). Daher wird es aus praktischen Gründen vorteilhaft sein, das Protokoll sofort während des Beratungsgesprächs zu führen und zum Abschluss gemeinsam mit den Anträgen zu unterzeichnen und auszuhändigen.

2.4   Risikobewusstes Verhalten

Nicht jedes Risiko muss (vollständig) versichert werden. Versicherung ist auch nicht dazu gedacht, jedes nur denkbare Risiko abzudecken. Deutlich ist zunächst einmal das so genannte **subjektive Risiko** vom **objektiven Risiko** zu unterscheiden. Das subjektive Risiko hängt vom Verhalten der Person ab, beispielsweise kann ein Brand vorsätzlich oder grob fahrlässig unter bewusster Missachtung von Sicherheitsbestimmungen ausgelöst werden. Dieses Verhalten ist bis auf wenige Ausnahmen (z.B. Selbstmord in der Lebensversicherung, allerdings auch nur unter Einschränkungen) nicht versicherbar. Versicherungen befassen sich hingegen meistens nur mit dem objektiven Risiko, dass in einer Sache oder einem Umstand begründet liegt. Da sich Kraftfahrzeuge im Straßenverkehr bewegen, sind sie objektiv dem Risiko eines Unfalls ausgesetzt – das wird in der Regel versichert.

Auch das objektive Risiko kann jedoch begrenzt oder manchmal sogar ausgeschlossen werden. Viele dieser Maßnahmen müssen durch die so genannten **Obliegenheiten** ergriffen werden, die bei einem Versicherungsvertragsverhältnis bestehen. Vieles erschließt sich aber auch durch den gesunden Menschenverstand: So muss der Gebäudebesitzer, dessen Haus in Brand gerät, die Feuerwehr rufen und das Löschen zulassen.

Inwieweit die geforderten Maßnahmen auch umgesetzt werden, unterliegt aber im Einzelfall dem Grad der Risikoneigung des Kunden. In einigen Fällen führen unterschiedlich weitgehende Maßnahmen auch zu **Risikozuschlägen** (zum Beispiel bei Übergewicht in der Krankenversicherung) oder zu **Nachlässen** (zum Beispiel für die Installation einer Einbruchmeldeanlage in der Hausratversicherung). Zu einer Beratung gehört neben der Ermittlung des Risikos auch eine Aufklärung darüber, welche Risikobegrenzungsmaßnahmen ratsam sind.

1. Personenrisiken

- Bei den Personenrisiken vermischen sich in der Regel subjektives und objektives Risiko. Eine ungesunde Ernährung ist eine subjektive Entscheidung des Versicherten, wird aber auch zum objektiven Risiko für die Gesundheitssituation. Deshalb sind hier die Maßnahmen meistens auch mit einer Änderung der Einstellung verbunden. Einige Risiken kann man jedoch nicht wirklich begrenzen oder ausschließen, wenn man beispielsweise an Tod und Alter denkt.

- Besonders zu erwähnen sind ein gesundheitsbewusstes Leben (Ernährung, Sport, Umgebung) sowie ein wenig unfallträchtiges Leben (Verzicht auf gefährliche Sportarten zum Beispiel). Damit lassen sich die Risiken wie Krankheit und Unfall oder auch Erwerbsunfähigkeit positiv beeinflussen. Ob sie das Risiko im Einzelfall allerdings wirksam begrenzen, lässt sich nicht sicher voraussagen.

2. Vermögensrisiken

- Risiken wie Haftpflichtansprüche oder die Notwendigkeit, sein eigenes Recht aktiv durchzusetzen, lassen sich ebenfalls nur sehr wenig aktiv begrenzen.

3. Sachrisiken

Bei den Sachrisiken gibt es in der Regel mindestens Möglichkeiten zur Risikobegrenzung. Nachfolgend eine Auswahl an verschiedenen Hinweisen, die in der Kundenberatung sinnvoll sein können:

- Rauchmelder: Eine günstige und gleichzeitig wirksame Schadenverhütungsmaßnahme ist die Installation von Rauchmeldern in der Wohnung. Dadurch werden Brände wesentlich frühzeitiger entdeckt, der Sachschaden kann dadurch oft begrenzt und Personenschaden reduziert werden, insbesondere weil schlafende Personen im Haushalt geweckt werden, bevor sie durch Einatmen der Verbrennungsdämpfe ohnmächtig werden. Viele Todesfälle könnten durch einen flächendeckenden Einsatz von Rauchmeldern in den Haushalten verhindert werden. Einige Bundesländer bieten Beratungsmaterial dazu an.

- Feuerlöscher oder Löschdecken: An exponierten Stellen wie zum Beispiel in der Küche oder dem Hobbykeller sollten Feuerlöscher oder zumindest Löschdecken bereitstehen. Damit können kleine Brände erstickt und vor allem Fettbrände gelöscht werden.

- Einbruchsicherung: Einbrüche können in erster Linie durch sehr gute mechanische Sicherungen aller Öffnungen des Gebäudes oder der Wohnung wirksam verhindert werden, in zweiter Linie auch durch eine Einbruchmeldeanlage. Die mechanischen Sicherungen umfassen:

  – Abschließbare Fenstergriffe, um die Öffnung des Fensters von außen durch eine zerstörte Scheibe zu verhindern,

  – Verstärkte Beschläge als Schutz gegen das Aufhebeln von Fenstern und Türen,

  – Gitter oder durch Schlösser gesicherte Rolladen an den Fenstern oder an Glaseinsätzen in Türen zum Schutz gegen Einsteigen durch eine zerstörte Scheibe,

  – Sicherheitsschlösser mindestens mit bündigem Abschluss, besser noch mit Kernziehschutz an allen Außentüren, um das Herausbrechen des Schließzylinders zu verhindern,

  – Hinterhaken an den Türen, durch die das Aushebeln der Tür erschwert wird,

  – Panzerquerriegel oder Zusatzschlösser an Türen in nicht überschaubaren Lagen, zum Beispiel im Hinterhof, wo das Risiko besonders gering ist, beobachtet zu werden.

– Diese Maßnahmen verhindern insbesondere das Eindringen von Gelegenheitseinbrechern und solchen, die auf Schnelligkeit bei ihrem Vorgehen setzen und deshalb Widerstände scheuen. Die Einbruchmeldeanlage bietet zusätzlichen Schutz insbesondere bei exponierten Risiken (Kunst- und Wertgegenstände, prominente Haushalte), ist aber bei kompletter Ausführung sehr aufwändig und deshalb nicht allgemein zu empfehlen. Beratungshilfen gibt es dazu bei den kriminalpolizeilichen Beratungsstellen.

- Abstellen des Kraftfahrzeugs: Der Einbruch in ein geparktes Kraftfahrzeug sollte nicht provoziert werden durch offenes Liegenlassen von Taschen, Portemonnaies und Wertgegenständen oder Schlüsseln. Hochwertige Radios können mit speziellen Sicherungen versehen werden, die den Diebstahl durch eine Codierung uninteressant machen.

Diese Auswahl zeigt, dass Risiken begrenzbar sind, aber letzten Endes hat dies immer auch etwas mit dem subjektiven Verhalten zu tun. Unfälle lassen sich ebenso wie Haftungsfälle oder Sachschäden durch umsichtiges Verhalten vermeiden. Dennoch wird in den meisten Fällen ein Restrisiko bleiben, dass so hoch ist, dass man es gemäß der bereits vorgestellten Systematik als existenzzerstörend oder -gefährdend ansehen muss.

3 Betriebliches Risikomanagement

Betriebe sind ebenso wie Haushalte durch verschiedenartige Risiken gefährdet. Für einen Betrieb kann sich durch einen Unglücksfall die Existenzfrage stellen, einschließlich der betroffenen Arbeitsplätze. Deshalb gehört das Risikomanagement zu den Kernaufgaben eines Unternehmers. An dieser Stelle sollen ausschließlich diejenigen Risiken betrachtet werden, die direkt mit dem Betrieb oder mit der Unternehmereigenschaft des Inhabers zusammenhängen, nicht aber die privaten Risiken des Unternehmers, da sie sich nicht von den im vorherigen Kapitel besprochenen Risiken unterscheiden. Im Fokus stehen dabei Freiberufler und Kleingewerbetreibende, nicht jedoch Industriebetriebe, deren exponierte Risiken besondere Anforderungen an die Art ihrer Absicherung stellen. Gleichzeitig verfügen Industrieunternehmen über zusätzliche Möglichkeiten der Risikoabdeckung wie beispielsweise die Versicherung durch Captives – das Unternehmen tritt hier selbst als Risikoträger auf – oder andere alternative Risikotransfers.

3.1 Systematik der Risiken von Freiberuflern und Gewerbetreibenden

Wie bei den privaten Haushalten, lassen sich auch bei Gewerbebetrieben die Risiken auf folgende drei Grundformen zurückführen:

- Personenrisiken

- Vermögensrisiken

- Sachrisiken

Diese Risiken lassen sich außerdem auch wieder nach ihrem Ausmaß gliedern in existenzzerstörende, existenzgefährdende sowie selbst tragbare Risiken. Damit ist vor allem die Gefährdung des Fortbestandes des Betriebs gemeint, denn ein Unternehmen muss in Deutschland Insolvenz anmelden, wenn es seinen Zahlungsverpflichtungen nicht mehr nachkommen kann, was meistens die Auflösung des Unternehmens zur Folge hat.

3.1.1 Personenrisiken

Die speziellen Personenrisiken eines Betriebes werden zum einen durch den (oder die) Inhaber, zum anderen durch die Mitarbeiter ausgelöst. Gerade bei Freiberuflern oder Kleingewerbetreibenden hängt der Fortbestand des Unternehmens ganz wesentlich mit der Person des Inhabers zusammen, deshalb spielen die Personenrisiken in dieser Unternehmensform eine weitaus bedeutendere Rolle als in Großunternehmen, bei denen angestellte Manager ebenso wie Mitarbeiter vielfach geradezu austauschbar sind.

1. Todesfall

- Durch den Tod des Inhabers kann der Fortbestand des Unternehmens insgesamt gefährdet sein (zum Beispiel können die Arzthelferinnen eine Arztpraxis nach dem Tod des Arztes nicht allein weiterführen), Kredite werden fällig, ein Verkauf des Unternehmens gelingt nur bei Schuldenfreiheit. Auch eine Gefährdung trotz Fortführung des Betriebs ist denkbar, wenn durch den Ausfall eines Inhabers eine Ersatzanstellung notwendig wird oder die Hinterbliebenen den Geschäftsanteil abziehen und der oder die verbleibenden Partner neues Kapital aufbringen müssten.

- Der Tod eines Mitarbeiters kann Risiken für den Betrieb nach sich ziehen: Sollte der Tod durch einen Betriebsunfall verursacht sein, kann dies Schadenersatzforderungen für den Betrieb auslösen. Mit einem Mitarbeiter kann auch wertvolles Wissen verlorengehen, teure neue Mitarbeiter müssen angestellt werden.

2. Ausfall der Arbeitskraft

- Für Freiberufler oder Kleingewerbetreibende kann der krankheits- oder unfallbedingte Ausfall des Inhabers zu einem Stillstand des Betriebs führen.

3. Alter

- Die betriebliche Altersversorgung spielt eine besondere Rolle in Deutschland, spätestens seit sie durch die Rentenreform 2001/2002 gestärkt worden ist. Für den Inhaber wie für die Mitarbeiter bestehen attraktive Möglichkeiten zum Aufbau einer zusätzlichen Versorgung, die allerdings auch ein Kostenrisiko für den Betrieb bergen, vor allem für die Zeit, in der die gegebenen Versorgungszusagen realisiert werden.

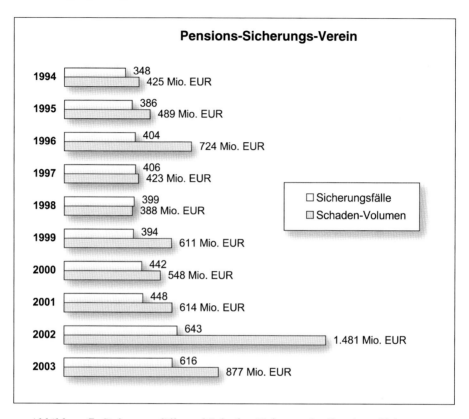

Abbildung 7: Sicherungsfälle und Schaden-Volumen des Pensions-Sicherungs-Vereins (Quelle: GDV-Jahrbuch)

Der Pensions-Sicherungs-Verein (PSV) in Köln ist eine Einrichtung zur Absicherung von Pensionsverpflichtungen, die Firmen gegenüber ihren Mitarbeitern eingegangen sind. Die steigende Zahl von Sicherungsfällen repräsentiert zunehmende Firmenpleiten, bei denen ohne eine solche Sicherung die Altersversorgung zahlreicher Mitarbeiter gefährdet wäre.

3.1.2   Vermögensrisiken

Eine besondere Rolle spielen die Vermögensrisiken, insbesondere die Haftpflichtrisiken für Betriebe. Das hängt mit der Gesetzgebung zusammen, die Gewerbetreibenden besondere Pflichten und besondere Haftungsumstände auferlegt. Als Beispiele sind das Produkthaftungsgesetz und das Umwelthaftungsgesetz zu nennen.

Beide Gesetze führen zu einer Verschärfung der Rechtslage zu Gunsten Geschädigter, unter anderem durch eine Beweislastumkehr.

- Eine **Berufshaftpflichtversicherung** (für Freiberufler) bzw. eine **Betriebshaftpflichtversicherung** (für Gewerbetreibende) sind unverzichtbar, für einige Berufsstände wie zum Beispiel Rechtsanwälte und Notare sogar vorgeschrieben. Neben der Befriedigung berechtigter Haftpflichtansprüche spielt auch die Abwehr unbegründeter Ansprüche eine wichtige Rolle. So kann es für Unternehmen, die ins Ausland exportieren, eine überaus kostspielige Angelegenheit werden, sich dort gegen behauptete Schäden zu wehren, die das gelieferte Produkt ausgelöst haben soll. Es werden vor Ort Korrespondenzanwälte benötigt, die je nach Rechtssystem deutlich teurer sein können als die hiesigen.

- Überaus wichtig ist es auch, aktiv das eigene Recht durchzusetzen. Allerdings sind **Rechtsschutzversicherungen** nur für bestimmte Risiken erhältlich, mehr dazu später.

- **Manager** sind immer häufiger dem Risiko ausgesetzt, zu Recht oder zu Unrecht wegen Fehlern in die Haftung genommen zu werden. Die schwierige wirtschaftliche Lage und zunehmende Skandale und Firmenpleiten führen dazu, dass Manager schneller für ihre Entscheidungen zur Rechenschaft gezogen werden. Schutz bieten Strafrechtsschutzversicherungen sowie die speziellen D&O- (Directors & Officers Liability) Versicherungen, eine spezielle Art der Haftpflichtversicherung.

- Viele Firmen werden auch durch ihre **Mitarbeiter** Risiken ausgesetzt. Betrug, bewusste Fehlentscheidungen oder Unterschlagungen können erhebliche Schäden auslösen. **Vertrauensschadenversicherungen** bieten hier Abhilfe.

- Auch **Kunden** können ein Unternehmen nachhaltig schädigen. Wie beispielsweise die Vereine Creditreform berichten, verschlechtert sich die Zahlungsmoral im Zuge der angespannten wirtschaftlichen Gesamtlage immer mehr. Gerade kleinere Firmen sind durch Zahlungsausfälle und -verzögerungen schnell in der Existenz gefährdet. Hier können in bestimmten Situationen **Kreditversicherungen** helfen. Gleiches gilt für Exportgeschäfte in Länder mit unabsehbaren Risiken.

- Eines der wichtigsten Vermögensrisiken ist der **Ausfall des Betriebs**. Seine Folge ist der Ausfall des Umsatzes aus Lieferungen und Leistungen, was bei weiterlaufenden Kosten das Unternehmen gefährdet. Ursachen für einen Betriebsausfall gibt es viele verschiedene: **Betriebsunterbrechung** nach einem **Sachschaden** (Brand, Sturm ...), **Streik** und andere Unruhen, **Betriebsschließung** durch behördliche Anordnung (z.B. in der Gastronomie). Außerdem können **Rückrufe** zu erheblichen Kosten führen.

3.1.3   Sachrisiken

Betriebliches Eigentum wie Gebäude, Inventar, Maschinen, EDV- und andere Geräte, Vorräte (Rohstoffe oder Ausgangsprodukte für die Herstellung sowie fertige Produkte) oder Kraftfahrzeuge sind durch die gleichen Risiken gefährdet wie privates Eigentum:

- Zerstörung von Sachen

- Beschädigung von Sachen

- Abhandenkommen von Sachen

Die Risiken unterscheiden sich in der Regel nur durch ihre absolute Höhe von denen privater Haushalte. Dennoch gibt es unterschiedliche Versicherungen, die „Hausratversicherung" des Betriebes – die Inventarversicherung – unterliegt zum Beispiel einer anderen Gestaltung als die private Hausratversicherung. Das liegt unter anderem daran, dass die Wertbestimmung für die versicherten Gegenstände als wichtige Voraussetzung für die Bestimmung einer Schadenersatzhöhe nicht ganz so einfach ist wie im privaten Bereich. So kann beispielsweise eine technische Zeichnung einen Materialwert von wenigen Euro-Cent haben, enthält sie aber das entscheidende Patent, auf dem das Unternehmen aufgebaut ist, kann sie auf einmal einen enormen Wert darstellen.

3.1.4   Ausmaß der Existenzgefährdung

Für Betriebe bietet sich die gleiche Gliederung der Risiken an wie im privaten Bereich, indem nach existenzzerstörenden, -gefährdenden und selbst tragbaren Risiken unterschieden wird. Für das betriebliche Risikomanagement spielt die Priorisierung eine besondere Rolle, denn in der Praxis haben auch viele Unternehmer unklare Vorstellungen davon, welche Auswirkungen bestimmte Risiken auf ihren Betrieb haben. Für eine kreditgebende Bank oder Sparkasse hingegen kann das nicht zufrieden stellend sein. Eine genaue Kenntnis der Risiken ist deshalb – unabhängig von der Vermittlung von Versicherungsschutz – eine wichtige Voraussetzung zur Beurteilung der Kreditwürdigkeit. Um ein Beispiel zu verwenden: Es genügt nicht, sich das Bestehen einer Feuerversicherung für ein finanziertes Betriebsgebäude nachweisen zu lassen, wenn sich dieses Gebäude in einer durch Überschwemmungen exponierten Lage befindet, solche Schäden aber in der Gebäudeversicherung nicht mit eingeschlossen wurden. Trotz Bestehen eines ausreichenden Feuerversicherungsschutzes muss das Gebäude in diesem Fall als potenziell untergangsgefährdet angesehen werden, der Kredit ist nicht ausreichend abgesichert.

1. Existenzzerstörende Risiken

- Sie sind dadurch gekennzeichnet, dass bei dem Eintritt eines Schadenereignisses der Betrieb durch Insolvenz bedroht ist. Damit können – anders als beim Privathaushalt – auch überschaubare Risiken, z.B. Sachrisiken, existenzzerstörend sein, wenn diese Risiken das Vermögen oder den langfristigen Wert des Unternehmens übersteigen, der notfalls durch Kredit beliehen werden könnte.

- In jedem Fall existenzzerstörend sind alle Risiken, deren Folgen nicht überschaubar sind, insbesondere also Personen- und Vermögensrisiken.

- Diese Risiken muss ein verantwortungsbewusster Unternehmer in jedem Fall absichern.

2. Existenzgefährdende Risiken

- Hierbei handelt es sich um überschaubare Risiken, insbesondere also Sachrisiken, deren wirtschaftliche Folgen durch den Wert der versicherten Sachen eine natürliche Grenze finden. Tritt ein Schadenereignis ein, kann zwar der Betrieb noch fortgeführt werden, aber er wird nachhaltig gefährdet, mindestens leidet seine Kreditwürdigkeit erheblich.

- Auch solche Risiken sollten unabhängig von der subjektiven Risikoneigung abgesichert werden. Allerdings kann es Sinn machen, eine hohe Selbstbeteiligung zu vereinbaren. Damit spart der Betrieb deutlich Prämie, weil er nur „Katastrophenrisiken" und keine für die Versicherung kostenintensiven Kleinschäden absichert.

3. Selbst tragbare Risiken

- Insbesondere größere Unternehmen können manche Risiken selbst tragen, die für einen Privathaushalt existenzgefährdend wären. Außerdem treten manche Schadenereignisse so regelmäßig ein – Beispiel Kaskoschäden bei Unternehmen mit einer größeren Fahrzeugflotte – dass zum Beispiel Behörden eine Eigenversicherung betreiben.

- Manche Risiken sind so überschaubar und gering, dass sie besser selbst zu tragen sind, zum Beispiel das Risiko des Glasbruchs in einer Anwaltskanzlei in einer höher gelegenen Etage, zumal bei normaler Verglasung ohne Besonderheiten.

3.2   Ganzheitliche Beratung

Die ganzheitliche Beratung eines Betriebs geht von der Prämisse aus, dass nur auf Basis einer gesicherten Erkenntnis des bestehenden Risikopotenzials eine geeignete Gesamtlösung zur Absicherung dieser Risiken entwickelt werden kann. Dabei sind folgende Schritte sinnvoll, bei denen jeweils Fragen helfen, den Beratungsprozess zu steuern:

1. Analyse der Betriebsart:

- Welche Produkte und Leistungen werden genau hergestellt, zu welchen Bedingungen werden diese an wen oder wohin verkauft?

- Welche Tätigkeiten werden genau ausgeübt, wo und von wem?

- Wie viele Mitarbeiter sind vorhanden, in welcher Aufgabenstellung?

- Welche Werte sind vorhanden: Gebäude, Inventar, Maschinen, Anlagen und Einrichtungen, Rohstoffe, Halb- und Fertigprodukte, Kraftfahrzeuge?

- Welches Eigenkapital ist vorhanden, wie hoch ist die Abhängigkeit von Fremdkapital? Wie empfindlich reagiert der Betrieb auf Schwankungen im Zahlungseingang von Abnehmern?

- Welche Pläne gibt es für die Zukunft, zum Beispiel Herstellung neuer Produkte, Erweiterung des Exports in zusätzliche Länder, Neubau eines Produktionsgebäudes?

2. Sicherungsberatung mit Begehung des Betriebs

- Welche organisatorischen Maßnahmen bestehen zur Sicherung eines ordnungsgemäßen Betriebsablaufs (Betriebshandbücher, Aushang Unfallverhütungsvorschriften, Regelung von Kompetenzen und Verantwortlichkeiten u.a.)?

- Welche Qualifikation haben der Inhaber und die Mitarbeiter?

- Welche Einbruchsicherungen sind vorhanden (Türen, Fenster, Oberlichter, sonstige Gebäudeöffnungen, Raumüberwachung, Weiterschaltung zu einem Wachdienst oder zum Inhaber u.a.)?

- Welche Brandverhütungsmaßnahmen sind getroffen worden (Brandmeldeanlage, Rauchmelder, Sprinkleranlage, Feuerlöscher, getrennte Lagerung feuergefährlicher Stoffe und Anlagen u.a.)?

- Welche (zusätzlichen) Maßnahmen zur Risikobegrenzung ist der Unternehmer bereit zusätzlich einzuführen?

3. Analyse bestehender Risikoabsicherungen

- Welche Versicherungen wurden bereits abgeschlossen, welche Leistungsmerkmale weisen diese auf?

- Welche sonstigen Risikoübertragungsmaßnahmen wurden bereits getroffen (zum Beispiel Factoring gegen Zahlungsausfälle) oder bestehen durch die Art der Tätigkeit (zum Beispiel Zugehörigkeit zu einem Berufsverband mit Anspruch auf Rechtsberatung etc.)?

- Welche Risikoneigung weist der Unternehmer auf?

4. Entwicklung eines Versicherungskonzepts

- Darstellung eines idealen Absicherungskonzeptes.

- Darstellung von Über- und Unterversicherungen und Lücken im Versicherungsschutz, ggf. Mängeln in bestehenden Absicherungen (z.B. veraltete Bedingungsstände, ungünstiges Preis-/Leistungsverhältnis).

- Darstellung von Priorisierungsmöglichkeiten und deren Auswirkungen, sofern aus Kostengründen das ideale Absicherungskonzept nicht in Frage kommt.

5. Dokumentation der Analyseergebnisse, der angebotenen Lösung und der Entscheidungen des Kunden hierzu.

Beispiel: Versicherungskonzept für einen Raumausstatter-Betrieb

- *Personenrisiko „Tod": Bei Tod des Inhabers wäre der Betrieb hinfällig und könnte aufgelöst werden. Allerdings besteht eine Kreditbelastung für die Einrichtung von rund 100.000 EUR, die die Hinterbliebenen übernehmen müssten. In dieser Höhe ist eine Todesfallabsicherung durch eine Risikolebensversicherung zu empfehlen. Priorität 1.*

- *Personenrisiko „Ausfall der Arbeitskraft": Bei Krankheit oder Unfall des Inhabers kann im Wesentlichen nur der Verkauf im Ladenlokal, nicht aber die umsatzträchtige Arbeit beim Kunden vor Ort aufrechterhalten werden. Eine kurzfristige Ersatzbeschaffung eines anderen Meisters ist unrealistisch, stattdessen muss ein erheblicher Gewinnrückgang als Risiko einkalkuliert werden. Die Absicherung des Gewinns durch eine frühzeitig, zum Beispiel nach zwei Wochen Krankheit einsetzende Krankentagegeldversicherung ist zu empfehlen. Bisher besteht nur eine Krankenversicherung mit Einschluss einer Krankenhaustagegeldversicherung. Priorität 1.*

- *Haftpflichtrisiko „Betrieb": Benötigt wird eine Betriebshaftpflichtversicherung, die die Risiken Betriebsstättenrisiko im Geschäft (Inhaber und vier Angestellte), Arbeiten auf fremden Grundstücken (Inhaber und ein Angestellter), Mietsachschäden am gemieteten Ladenlokal und Tätigkeitsschäden bei der Einrichtung von Räumen des Kunden abdeckt. Die Risiken sind existenzzerstörend. Die Mindestdeckungssummen sollten 3 Mio. EUR für Personen-, 1 Mio. EUR für Sach- und 100.000 EUR für Vermögensschäden sowie die Zusatzdeckungen betragen. Es besteht bisher keine Betriebshaftpflichtversicherung. Priorität 1.*

- *Haftpflichtrisiko „Firmenfahrzeug": Das Firmenfahrzeug muss pflichtweise haftpflichtversichert werden. Es besteht eine KFZ-Haftpflichtversicherung mit unbegrenzter Deckungssumme für Personen- und Sachschäden. Priorität 1.*

- *Sachrisiko „Betrieb": Betriebseinrichtung und Waren des Betriebs haben einen Wert von 180.000 EUR. Ein Totalverlust wäre existenzzerstörend. Mindestens abgedeckt werden sollten die Gefahren Feuer, Leitungswasser, Einbruchdiebstahl und Vandalismus. Sturm und Hagel sind auf Grund der Geschäftslage im Erdgeschoss eines mehrstöckigen Hauses weniger existenzgefährdend, denkbar wäre allenfalls eine sturmbedingte Zerstörung der Schaufenster und anschließendes Eindringen von Regenwasser. Es besteht eine Inventarversicherung mit einer Summe von 70.000 EUR und gegen die Gefahren Feuer, Einbruchdiebstahl, Leitungswasser und Sturm. Damit besteht eine Unterversicherung von 110.000 EUR. Eine Anhebung der Versicherungssumme um diesen Unterversicherungsbetrag ist zu empfehlen, da sonst in jedem Schadenfall ein hoher Abzug bei der Entschädigung droht. Priorität 1.*

- *Sachrisiko „Firmenfahrzeug": Das Fahrzeug ist vier Jahre alt und hat bereits über 100.000 km Laufleistung, der Einkaufspreis beträgt laut einschlägigen Bewertungsempfehlungen nur noch rund 5.000 EUR. Ein Totalverlust oder eine Totalzerstörung wären nicht existenzzerstörend. Damit empfiehlt sich nur der Abschluss einer Teilkaskoversicherung. Es besteht jedoch noch eine Vollkaskoversicherung. Empfehlenswert ist die Kündigung der Vollkasko- und Umstellung auf eine Teilkaskoversicherung zum nächstmöglichen Zeitpunkt. Priorität 2.*

- *Sachrisiko „Transportiertes Firmeneigentum": Mit dem Firmenfahrzeug werden regelmäßig bestellte Waren sowie Werkzeuge im Wert von bis zu 3.000 EUR zum Kunden transportiert. Das Risiko einer Entwendung oder Zerstörung zum Beispiel bei einem KFZ-Unfall ist jedoch nicht existenzzerstörend. Eine Abdeckung über eine Autoinhaltsversicherung ist möglich. Priorität 3.*

- *Vermögensrisiko „Betriebsunterbrechung": Nach einem Einbruchdiebstahl mit Entwendung der Ware oder einem Brand würde eine längere Betriebsunterbrechung von wahrscheinlich zwei bis drei Monaten eintreten, bis Ersatzräume gefunden und die teilweise ausgefallene Ware wieder beschafft ist. In dieser Zeit würden etwa 25.000 EUR laufende Kosten und entgehender Gewinn pro Monat an Betriebsunterbrechungsschaden entstehen. Ein zweimonatiger Betriebsausfall wäre existenzgefährdend. In der bestehenden Inventarversicherung ist bisher kein Betriebsunterbrechungsrisiko eingeschlossen. Der Einschluss der Klein-*

Betriebsunterbrechungsversicherung mit gleicher Versicherungssumme wie die Inventarsumme ist anzuraten. Priorität 2.

- *Vermögensrisiko „Rechtsschutz": Der Betriebsinhaber ist immer wieder gezwungen, sein Recht aktiv durchzusetzen, zum Beispiel bei Streitigkeiten um das gemietete Ladenlokal, mit Behörden oder wegen Kraftfahrzeugunfällen. Das Kostenrisiko solcher Rechtsfälle ist aber selten existenzgefährdend, zumal das häufigste Risiko – die Einforderung ausstehender Rechnungen bei Kunden – nicht versicherbar ist. Dennoch ist ein Rechtsschutzpaket für Firmen mit Einschluss des Fahrzeugrechtsschutzes zu prüfen. Priorität 3.*

3.3 Risikobewusstes Verhalten

Unternehmen sollten wegen der engen Margen in der aktuellen Wirtschaftslage ein noch stärker risikobewusstes Verhalten an den Tag legen als Privathaushalte. Zum einen ist eine Existenzgefährdung schneller erreicht, zum anderen gehört das Risikomanagement eng zum Qualitätsmanagement, ohne das viele Unternehmen heute nicht mehr bestehen können. Selbst wenn ein Unternehmen beispielsweise durch eine Rückrufkostenversicherung die finanziellen Folgen eines Produktionsfehlers tragen kann, ist der Imageschaden unter Umständen viel schwerwiegender und führt zu einem Absatzrückgang, der das Unternehmen gefährdet. Schon allein deshalb muss ein Unternehmer bestrebt sein, durch organisatorische Maßnahmen, eine gute Aus- und Weiterbildung und eine hohe Qualität in der Produkt- oder Leistungserstellung möglichst wenig Risiken einzugehen. Über die bereits erwähnten Risikobegrenzungsmöglichkeiten hinaus gibt es für einen Betrieb folgende:

1. Vermögensrisiken

   - Ein Qualitätsmanagementsystem verringert das Risiko fehlerhafter Produktion und dadurch bedingter Haftpflichtansprüche.

   - Durch die Allgemeinen Geschäftsbedingungen können innerhalb gewisser rechtlicher Grenzen Haftungen eingeschränkt und damit Haftungsrisiken begrenzt werden. Beispiel: Ein Softwarehersteller begrenzt das Risiko von Folgeschäden aus einer fehlerhaft arbeitenden Software.

- Sicherung gegen Ausfallrisiken: Eine Überprüfung von Kunden vor Vertragsschluss auf ihre Kreditwürdigkeit reduziert das Ausfallrisiko deutlich. Auskunfteien liefern dazu Bonitätsauskünfte, in die verschiedene, für den einzelnen Unternehmer oft nicht direkt zugängliche Informationen einfließen.

2. Sachrisiken

- Brandschutz: Neben den bereits erwähnten Rauchmeldern sind insbesondere in Produktionsbetrieben Brandmeldeanlagen sinnvoll, weil die Schnelligkeit der Meldung an die Feuerwehr großen Einfluss auf das Ausmaß des Schadens haben kann. Sprinkleranlagen helfen bei feuergefährdeten Betrieben, Brände schnell zu löschen. Allerdings sollte man sich darüber im Klaren sein, dass der Löschschaden manchmal größer sein kann als der Brandschaden. Bei feuergefährdeten Betrieben mit größeren Werten sind außerdem Komplextrennungen hilfreich, das heißt, Betriebsteile werden durch besonders feuerbeständige Brandmauern oder durch freie Abstände von mindestens zehn Metern voneinander getrennt, damit ein Brand nicht sofort den Gesamtbetrieb betrifft.

- Einbruchsicherung: Bei exponierten Betrieben, insbesondere solche mit Kassenbeständen oder anderen interessanten und transportablen Werten, Betriebe in unbewohnten Gewerbegebieten etc. sind Einbruchmeldeanlagen sinnvoll, bei denen die Öffnungen (Türen, Fenster, Oberlichter) durch Öffnungs- oder Glasbruchsensoren überwacht und sensible Bereiche zusätzlich durch Bewegungsmelder gesichert werden. Neben der zu Abschreckungszwecken hilfreichen akustischen und optischen Alarmgabe am Gebäude ist es noch weitaus wichtiger, eine Aufschaltung auf einen Wachdienst vorzunehmen. Schaufenster von besonders gefährdeten Geschäften oder in abgelegenen Seitenlagen können durch Sicherheitsfolien oder noch besser durch Polycarbonat-Hinterhangscheiben mindestens gegen den Durchwurf von Gegenständen und den Raub der Auslage gesichert werden.

- Einfriedungen: Insbesondere der Aufbruch betrieblicher Fahrzeuge, aber auch der Einbruch in betriebliche Gebäude wird durch Einfriedungen des Betriebsgeländes, verbunden auch mit einer nächtlichen Ausleuchtung erschwert.

- Sicherung gegen Betrug: In entsprechend exponierten Betrieben sind Sicherungsmaßnahmen gegen Betrug durch eigene Mitarbeiter möglich, zum Beispiel Taschenkontrollen bei Verlassen des Betriebs, Zugangsbeschränkungen im Internet und in der Telefonanlage (Zugang zu kostenpflichtigen Telefondiensten zum Beispiel). Eine häufiger und nicht allzu planmäßig durchgeführte Revision oder Lagerbestandskontrollen verbessern die Früherkennung von Schädigungen, da sich diese gerade bei Betrug durch Mitarbeiter meistens eher allmählich durch Wiederholungstaten ausweiten.

4 Private Versicherungen

In Deutschland gibt es ein System staatlicher Versicherungen, die verschiedene Risiken des täglichen Lebens zumindest teilweise abdecken, insbesondere die Personenrisiken wie Krankheit, Unfall, Erwerbsunfähigkeit, Arbeitslosigkeit oder Alter. Dieses System weist aber eine Reihe Lücken auf:

- Nicht alle Personen und schon gar nicht Betriebe (Ausnahme sind einige Freiberufler oder arbeitnehmerähnliche Selbstständige, die allerdings auch nicht in allen Zweigen der Sozialversicherung mitversichert werden) sind in das staatliche Versicherungssystem der Sozialversicherung einbezogen.

- Die Sozialversicherung ist in der Regel an das Bestehen eines Arbeitseinkommens gekoppelt. Nicht oder nur teilweise einbezogen sind damit insbesondere Nichterwerbstätige, Einschränkungen betreffen auch zum Beispiel Langzeitarbeitslose.

- Die Sozialversicherung deckt in der Regel die finanziellen Folgen eines Risikos nur teilweise ab, stellt also nur eine Grundsicherung dar.

Die private Versicherungswirtschaft deckt zum einen verschiedene Lücken der Sozialversicherung, zum anderen aber stellt sie in bestimmten Bereichen überhaupt erst einen Versicherungsschutz zur Verfügung. Die rund 700 Versicherungsunternehmen erzielten 2004 etwa 153 Mrd. EUR Beitragseinnahmen, davon rund 70 Mrd. EUR in der Lebens-, 56 Mrd. EUR in der Schaden- und Unfall- sowie 27 Mrd. EUR in der Krankenversicherung. Innerhalb der Schaden- und Unfallversicherung stellt die Kraftfahrtversicherung mit gut 22 Mrd. EUR Beitragseinnahmen den mit Abstand umsatzstärksten Versicherungszweig dar. Mit rund 136 Mrd. EUR schütteten die Versicherer die Beitragseinnahmen fast vollständig für Schäden bzw. Leistungsauszahlungen in der Lebens- und Krankenversicherung wieder aus, dazu kamen 2004 rund 19 Mrd. EUR Zuwachs der Leistungsverpflichtungen in der Lebensversicherung. Die Kosten der Verwaltung und des Vertriebs werden damit praktisch aus den Kapitalanlageergebnissen finanziert.

Private Versicherungen weisen demnach eine hohe volkswirtschaftliche Bedeutung auf. Ohne sie wäre ein Wirtschaftsleben nicht denkbar, weil zahlreiche Risiken nicht tragbar und damit Unternehmen nicht dauerhaft lebensfähig wären. Aber auch für Privathaushalte haben sie eine enorme Bedeutung, ohne private Versicherungen müsste der Staat wesentlich häufiger durch Sozialhilfeleistungen Existenzsicherung betreiben.

In den nachfolgenden Kapiteln wird die Funktionsweise privater Versicherungen vorgestellt, um das Verständnis für die Besonderheiten der Versicherungsverträge zu wecken, denn viele der landläufig überlieferten Probleme mit dem sprichwörtlichen „Kleingedruckten" bei Versicherungen wären bei besserer Kenntnis von Sinn und Aufbau eines Versicherungsvertrags nicht notwendig. Ein Versicherungsvertrag verbrieft wichtige Rechte für den Versicherten, aber auch Pflichten, bei deren Nichteinhaltung unterschiedlich weitgehende Konsequenzen drohen bis hin zum Verlust des Versicherungsschutzes, deshalb ist eine nähere Kenntnis ebenfalls sehr wichtig. Abschließend wird dargestellt, wie Versicherungsverträge beantragt werden und unter welchen Umständen sie zustande kommen, wie sie beendet werden können und wie im Schadenfall oder bei entsprechender Fälligkeit die Leistungen aus den Verträgen geltend gemacht werden.

4.1 Funktionsweise von Versicherungen

Private Versicherungen basieren auf anderen Prinzipien als die staatliche Sozialversicherung. Zum besseren Verständnis trägt daher eine Abgrenzung nach den wichtigsten Unterscheidungsmerkmalen zwischen beiden Versicherungssystemen bei.

1. Entstehungsgrund für das Versicherungsverhältnis

- In der Sozialversicherung entsteht das Versicherungsverhältnis durch Aufnahme einer sozialversicherungspflichtigen Tätigkeit automatisch und pflichtweise bei dem jeweils dafür zuständigen Versicherungsträger.

- In der privaten Versicherung entsteht das Versicherungsverhältnis durch den Abschluss eines Versicherungsvertrages mit einem Versicherungsunternehmen und damit grundsätzlich freiwillig. Eine Ausnahme besteht in einigen Fällen durch Pflichtversicherungsgesetze, durch die bei Aufnahme einer bestimmten Tätigkeit (z.B. bestimmte Berufe) oder durch Anschaffung, Herstellung oder Verwendung bestimmter Gegenstände (z.B. Kraftfahrzeug) eine Pflicht zum Abschluss eines Versicherungsvertrages ausgelöst wird, wobei die Auswahl des Versicherers dabei immer noch freiwillig bleibt, das heißt, der Besitzer eines PKW muss diesen zwar gegen Kraftfahrthaftpflichtschäden pflichtweise versichern, da er sonst keine Zulassung erhält, kann sich aber für einen der mehreren hundert Kraftfahrzeugversicherer nach eigener Wahl entscheiden.

2. Versicherungsprinzip

- Die Sozialversicherung ist durch das Solidaritätsprinzip gekennzeichnet. Analog zur automatischen Entstehung des Versicherungsverhältnisses besteht hiernach auch eine Pflicht zur Aufnahme in die Versicherung. Die Beitragsberechnung erfolgt nach sozialen Kriterien, in der Regel auf Basis des erzielten Arbeitseinkommens. Zum gleichen Beitrag können Familienmitglieder mitversichert sein.

- In der privaten Versicherung herrscht das Äquivalenzprinzip, das heißt, jedes versicherte Risiko und die dazu vereinbarten Leistungen müssen auch mit einem adäquaten Preis bezahlt werden, und zwar unabhängig von sozialen Erwägungen. Analog zur Freiwilligkeit beim Abschluss einer Versicherung für den Kunden besteht grundsätzlich auch keine Annahmepflicht für den Versicherer, das bedeutet, er prüft die ihm angetragenen Risiken und entscheidet sich, ob er sie versichern will oder nicht.

3. Leistungen

- In der Sozialversicherung sind die Leistungen gesetzlich weitgehend festgelegt, geringe Spielräume gibt es lediglich bei der Krankenversicherung und einigen dort möglichen Zusatzleistungen.

- Die Leistungen einer privaten Versicherung werden einzelvertraglich und individuell festgelegt. In der Praxis verwendet man dafür vorformulierte Allgemeine Versicherungsbedingungen (AVB) und ergänzende Besondere Versicherungsbedingungen und Risikobeschreibungen bis hin zu einzelvertraglichen Zusatzregelungen in der Versicherungspolice. Dadurch kann einerseits eine hohe Standardisierung bei den typischen Massen-Versicherungsprodukten erreicht werden, aber andererseits auch auf die individuelle Risikolage Rücksicht genommen werden.

Es gibt weitere Unterscheidungsmerkmale wie beispielsweise die Trägerschaft, die bei der Sozialversicherung ausschließlich öffentlich-rechtlicher Art mit einer Selbstverwaltung der Versicherten ist, während private Versicherungsunternehmen als privatrechtliche Aktiengesellschaften, genossenschaftsähnliche Versicherungsvereine auf Gegenseitigkeit (VVaG) oder als öffentlich-rechtliche Körperschaften auftreten können (Beispiel Provinzial-Gesellschaften). Die Rechtsgrundlagen finden sich für die Sozialversicherung im Sozialgesetzbuch, in der privaten Versicherungswirtschaft im Wesentlichen in privatrechtlichen Gesetzen, unter denen das Versicherungsvertragsgesetz (VVG) und das Versicherungsaufsichtsgesetz (VAG) hervorzuheben sind. Kommt es zu rechtlichen Auseinandersetzungen, entscheidet bei der Sozialversicherung die Sozialgerichtsbarkeit, bei privaten Versicherungen die ordentlichen Gerichte (Amtsgericht, Landgericht, Oberlandesgericht, Bundesgerichtshof).

Entscheidend für das Verständnis privater Versicherungen ist daher:

- Risikobeschreibung: Was oder wer versichert werden soll, muss exakt beschrieben werden. Bei Personenversicherungen sind es Name, Geburtsdatum, Geschlecht und nähere Angaben zum Gesundheitszustand, die für die Risikobeschreibung benötigt werden. Bei Sachversicherungen ist eine genaue Beschreibung des versicherten Gegenstandes, ggf. seiner Adresse (bei Gebäuden, Hausrat, Inventar z.B.) sowie seiner Beschaffenheit nötig.

- Versichert ist nur, was ausdrücklich als versichert bezeichnet wird. Versicherungsverträge können besondere Ausnahmen (Ausschlüsse) dazu formulieren, beispielsweise sind in der Privathaftpflichtversicherung Haftpflichtansprüche gegen eine Person versichert, aber vorsätzlich verursachte Haftpflichtschäden wieder ausgeschlossen.

- Versichert ist immer eine bestimmte Leistung, das heißt, in aller Regel ein begrenzter Geldbetrag. Ersatzleistungen werden bei Sachen immer durch den Wert der Sache begrenzt, selbst wenn höhere Versicherungssummen vereinbart sein sollten.

- Der Eintritt eines Schadens oder Leistungsfalls muss ungewiss sein. Deshalb sind bereits eingetretene Schäden ausgeschlossen, zum Beispiel ein bereits eingetretener Streitfall in der Rechtsschutzversicherung. Lediglich bei bestimmten Versicherungsvertragsformen ist zusätzlich zum Risikoschutz auch eine Sparleistung vereinbart, die zu einem bestimmten Zeitpunkt und damit vorhersehbar fällig wird (Kapitallebens-, Rentenversicherung, Unfallversicherung mit Beitragsrückgewähr).

- Die Versicherungsprämie (bei Versicherungsvereinen auf Gegenseitigkeit üblicherweise als Beitrag bezeichnet) bemisst sich nach den objektiven Risikoverhältnissen. In der Praxis werden für durchschnittliche Risiken einer bestimmten Art (zum Beispiel Alter und Geschlecht in der Personenversicherung oder Feuerversicherungsklasse einer Betriebsart) einheitliche Tarifprämiensätze erhoben, die durch Risikozu- oder -abschläge individuell korrigiert werden, beispielweise als Risikozuschlag bei erhöhter Gesundheitsgefährdung durch Vorerkrankungen in der Krankenversicherung oder Risikoabschlag wegen jahrelanger schadenfreier Fahrweise in der Kraftfahrtversicherung.

- Versicherung ist ein „Risikoausgleich im Kollektiv" und kein Sparvertrag mit einer möglichst hohen Rendite, sichergestellt durch häufige Inanspruchnahme. Versicherungen können also nur funktionieren, wenn sich viele von den gleichen Risiken bedrohten Personen oder Betriebe zusammentun und die statistisch eher seltenen Fälle, dass sich eine Gefahr verwirklicht und der Schaden eintritt, durch Verteilung der dadurch entstehenden Kosten auf alle tragbar wird. Deshalb müssen die Versicherer sicherstellen, dass Versicherungen nicht von einzelnen Versicherten zu Lasten aller unnötig oft und unnötig hoch in Anspruch genommen werden. Dazu dienen Sicherungsvereinbarungen, Obliegenheiten oder im Einzelfall auch einmal die schadenbedingte Sanierung von Verträgen, das heißt, hoch schadenbelastete Verträge werden gekündigt oder zu einer neuen, teureren Prämie versichert. Eine Ausnahme stellen auch hier nur die Sparanteile bestimmter Lebensversicherungsverträge dar, bei denen es in der Tat um eine Optimierung der Rendite geht.

Beispiel einer gängigen **Definition** des Begriffs **Versicherung** (nach Farny): „Versicherung ist die Deckung eines im Einzelnen ungewissen, insgesamt geschätzten Mittelbedarfs auf der Grundlage des Risikoausgleichs im Kollektiv und in der Zeit."

Die Prämien für Versicherungsverträge errechnen sich aus der Addition des Risikobeitrags, der sich wiederum aus der Schadenhäufigkeit mal der durchschnittlichen Schadenhöhe für ein bestimmtes Risiko ergibt, einem Sicherheitszuschlag und dem Kostenbeitrag, der zur Deckung der Verwaltungs- und Vertriebskosten notwendig ist. Für die versicherungsmathematisch einwandfreie Kalkulation steht ein umfangreiches Statistikwesen zur Verfügung und zeichnet ein Aktuar verantwortlich, der in der Regel dem Vorstand des Versicherungsunternehmens angehört.

4.2 Wichtige Rechte aus Versicherungsverträgen

Der Kunde einer Versicherung, in Versicherungsbedingungen als Versicherungsnehmer bezeichnet, erwirbt mit Abschluss des Versicherungsvertrages verschiedene Rechte.

4.2.1 Versicherungsleistung

Das wichtigste Recht aus einem Versicherungsvertrag ist eine Leistung, die dem Versicherungsnehmer, also der vertragschließenden Person, oder dem Bezugsberechtigten, also einer anderen für die Versicherungsleistung empfangsberechtigten Person, unter bestimmten Umständen versprochen wird. Diese Umstände können entweder der Eintritt eines Ereignisses – zum Beispiel ein Schaden oder eine Erkrankung – sein, oder der Ablauf des Versicherungsvertrages zu einem bestimmten Zeitpunkt, wie dies bei Kapitallebens- und Rentenversicherungen üblich ist. Diese Leistung kann sein:

1. Auszahlung einer Versicherungssumme, Beispiele:

   - In der Lebensversicherung wird eine bestimmte Ablaufleistung fällig, bestehend aus garantierten Leistungen und erzielten Überschüssen.

   - In der Rentenversicherung wird eine bestimmte lebenslängliche Rentenzahlung fällig, die sich ebenfalls aus garantierten Leistungen und Überschüssen zusammensetzt.

   - In der Unfallversicherung wird eine bestimmte Summe bei Eintritt einer unfallbedingten Invalidität, einem Todesfall u. a. fällig.

   - In der Kranken- und der Unfallversicherung kann bei Krankenhausaufenthalten oder in der Krankenversicherung bei Krankheitsfällen ein bestimmtes Tagegeld fällig werden.

2. Ersatz des entstandenen Schadens, Beispiele:

   - Auszahlung des Versicherungswertes bei Zerstörung oder Abhandenkommen von Sachen entweder mit Zweckbestimmung (in der Gebäudeversicherung beispielsweise muss das zerstörte oder beschädigte Gebäude auch wieder aufgebaut werden) oder ohne eine solche.

- Auszahlung einer Reparatur bei beschädigten Sachen, sofern die Reparatur günstiger ist als die Neuanschaffung.

- Übernahme der Wiederbeschaffung durch direkte Beauftragung und Bezahlung entsprechender Fachunternehmen (in der Glasversicherung zum Beispiel).

- Übernahme weiterer Kosten, die in Zusammenhang mit dem Schaden entstanden sind, beispielsweise Aufräumungskosten nach einem Sturmschaden, Schmerzensgeld nach einem Autounfall.

Beim Ersatz des entstandenen Schadens gilt immer eine doppelte Begrenzung: zum einen darf der Schadenersatz nicht höher sein als der tatsächlich entstandene Schaden (**Bereicherungsverbot**), zum anderen kann er auch nicht höher sein als die vereinbarte Versicherungssumme. Zusätzlich können Selbstbeteiligungen in Ansatz gebracht werden.

Während in der so genannten Summenversicherung – Beispiele dafür finden sich oben unter „Auszahlung einer Versicherungssumme" – die Summen frei zwischen Versicherer und Versicherungskunden vereinbart und im Zweifel allenfalls durch Annahmerichtlinien des Versicherers begrenzt werden (zum Beispiel in der Lebensversicherung, damit der Anreiz zum Betrug durch vorgetäuschten oder tatsächlichen Mord an einer versicherten Person zur Erlangung der Versicherungssumme nicht zu groß wird), stellt in der Schadenversicherung der **Versicherungswert** einer versicherten Sache oder Leistung die allgemeine Kalkulationsgrundlage dar, und zwar sowohl für den Schadenersatz als auch für die Prämienberechnung. Ist die Versicherungssumme höher als der tatsächliche Versicherungswert, liegt eine **Überversicherung** vor, im gegenteiligen Fall eine **Unterversicherung**. Die Überversicherung führt lediglich dazu, dass die Ersatzleistung auf den Versicherungswert begrenzt wird und der Kunde damit effektiv zu hohe Prämien gezahlt hat, es sei denn, dass sie zu betrügerischen Zwecken vereinbart wurde. Die Unterversicherung hingegen hat gravierende Auswirkungen, weil der Schadenersatz im Fall der Unterversicherung auch in dem Verhältnis reduziert wird, in dem die versicherte Sache zu niedrig bewertet worden ist. Das heißt, dass im Totalschadenfall nur die vereinbarte Versicherungssumme ausgezahlt wird, im Teilschadenfall (bei Beschädigung der versicherten Sache) die Auszahlung des entstandenen Schadens im selben Verhältnis gekürzt wird, in dem die Versicherungssumme zu niedrig bemessen war.

Beispiel: Ein Gebäude ist mit 1.200.000 EUR versichert. Der tatsächliche Wert wird jedoch mit 1.800.000 EUR festgestellt. Entstandene Schäden (Reparatur, Wiederaufbau) werden dann wie folgt reguliert:

- *Leitungswasserschaden – 2.000 EUR Reparatur: 2.000 Euro Schaden x 1.200.000 EUR Versicherungssumme / 1.800.000 EUR Versicherungswert = 1.333,33 EUR Schadenersatz*

- *Vollständiger Wiederaufbau nach einem Brand: Ersatz bis 1.200.000 EUR entsprechend der Versicherungssumme*

Der Versicherungswert ist in den verschiedenen Versicherungssparten unterschiedlich definiert. Die häufigste Form ist der so genannte **Neuwert**, das heißt, eine Sache wird zu dem Wert versichert, den die Wiederbeschaffung einer gleichen oder nach Art und Güte gleichwertigen Sache zum Zeitpunkt des Schadens kostet. Üblich ist dies zum Beispiel in der Hausrat- und in der Inventarversicherung. Eine Variante ist die gleitende Neuwertversicherung in der Gebäudeversicherung, die im Kapitel 5.5 näher vorgestellt wird. Abweichend davon spielt teilweise aber auch der **Zeitwert** eine Rolle, das heißt, die Sache wird zu dem Wert versichert, den sie zum Zeitpunkt des Schadens unter Berücksichtigung von Alter und Abnutzung hat. In der Haftpflichtversicherung beispielsweise wird nach den gesetzlichen Haftungsbestimmungen nur der tatsächlich entstandene Schaden entschädigt, und das ist bei einer beschädigten oder zerstörten Sache der Zeitwert.

Die Auszahlung einer Versicherungsleistung ist entweder zum vereinbarten Zeitpunkt (Vertragsablauf z.B.) oder nach abschließender Feststellung eines Versicherungsfalles fällig, das heißt, wenn feststeht, dass der Versicherer für einen entstandenen Schaden aus einem abgeschlossenen Versicherungsvertrag aufzukommen hat.

Zusätzlich bieten viele Versicherer inzwischen auch Beratungsleistungen oder ergänzende Dienstleistungen im Rahmen von Serviceschutzbriefen an. Darüber können zum Beispiel Pannenhelfer gesucht und beauftragt oder Anwälte und Werkstätten empfohlen werden.

4.2.2 Verbraucherinformation

Ein weiteres wichtiges Recht des Versicherungskunden betrifft den Abschluss des Versicherungsvertrages. Die komplizierte Versicherungsmaterie überfordert den durchschnittlichen Kunden, deshalb zwingt der Gesetzgeber die Versicherungsunternehmen, Kunden vor Vertragsabschluss über alle wesentlichen Details und Auswirkungen des abzuschließenden Vertrags zu informieren. „Die Verbraucherinformation hat schriftlich zu erfolgen. Sie muss eindeutig formuliert, übersichtlich gegliedert und verständlich in deutscher Sprache oder der Muttersprache des Versicherungsnehmers abgefasst sein" (§ 10a VAG).

Der Versicherer kann abweichend die Verbraucherinformation erst nach Abschluss aushändigen, üblicherweise zusammen mit der Übersendung des Versicherungsscheins (so genanntes **Policenmodell**). Dann muss er allerdings den Kunden ausdrücklich und schriftlich aufklären, dass er nach Erhalt der Verbraucherinformation ein vierzehntägiges Sonderkündigungsrecht hat (§ 5a VVG). Unterbleibt die Belehrung oder überhaupt die ordnungsgemäße und vollständige Aushändigung der Verbraucherinformation, gilt der Versicherungsvertrag für ein Jahr ab der Zahlung der ersten Versicherungsprämie als schwebend unwirksam, das heißt, der Kunde kann den Vertrag innerhalb dieser Frist widerrufen. Der Versicherer muss den Vertrag dann rückabwickeln, also den Kunden so stellen, als wäre der Vertrag nie abgeschlossen worden. Eine besondere Schwierigkeit besteht beim Policenmodell zudem in der Beweisführung, dass der Kunde die Informationen und die Belehrung über sein Sonderkündigungsrecht tatsächlich erhalten hat. Policen werden in aller Regel nicht per Einschreiben/Rückschein versendet oder persönlich gegen Quittung ausgehändigt, so dass ein behaupteter Verlust auf dem Postweg nicht widerlegbar ist.

Eine Ausnahme besteht nur dann, wenn ausdrücklich ein sofortiger Versicherungsschutz gewünscht war.

Mit Umsetzung der EU-Versicherungsvermittler-Richtlinie ins deutsche Recht durch das „Erste Gesetz zur Neuregelung des Versicherungsvermittlerrechts" kommt voraussichtlich ab Mitte 2005 die Pflicht zur Aushändigung eines **Beratungsprotokolls** durch den Vermittler hinzu, der in Deutschland in rund 97 % aller Fälle für den Versicherungsabschluss zwischen Versicherer und Kunde eingeschaltet wird. Das Beratungsprotokoll muss dem Kunden spätestens „vor Vertragsabschluss" in Textform vorliegen. Das bedeutet, dass es regelmäßig entweder bei Antragstellung ausgehändigt oder aber spätestens mit der Police zugesandt wird, wenn das oben beschriebene Policenmodell angewendet wird.

Beispiel eines Beratungsprotokolls:

1. **Vermittler:** *Versicherungsdienst der X-Bank GmbH, Musterstr. 13, 99999 Musterstadt, Telefon 0123/45 67 89*

2. **Kunde**: *Hartmut Mustermann, Musterweg 56c, 99999 Musterstadt*

3. **Beratungsgrundlage**: *In die Beratung wurden grundsätzlich die Angebote und Informationen folgender Versicherer einbezogen: Sekura Versicherung AG, Sekura Lebensversicherung AG, Sekura Krankenversicherung AG, Assekura Versicherung VVaG, Assekura Lebensversicherung VVaG, Congenial Krankenversicherung AG sowie Jura Rechtsschutzversicherung AG. Der Versicherungsdienst der X-Bank GmbH ist als Versicherungsvertreter für diese Versicherungsgesellschaften tätig; die X-Bank GmbH ist jedoch für keine der genannten Gesellschaften ausschließlich tätig.*

4. **Beratungstermin: 16. Januar 2005**

5. **Wünsche und Bedürfnisse des Kunden**

5.1 Kundenwünsche: *Herr Mustermann wünschte eine Beratung zum Thema Absicherung seiner Arbeitskraft durch eine Unfallversicherung. Dabei waren ihm eine vollständige Absicherung eventueller Einkommensausfälle und ein angemessenes Preis-/ Leistungsverhältnis wichtig.*

5.2 Kundenbedarf: *Herr Mustermann ist am 22.08.1970 geboren, seit 1990 als kaufmännischer Angestellter mit derzeit 3.000 EUR Brutto-/1.800 EUR Nettoeinkommen tätig, ledig, es sind keine weiteren Personen zu versorgen, es liegen keine gefährlichen Hobbys oder Tätigkeiten, keine Behinderungen oder besonderen Vorerkrankungen vor. Bisher bestehen weder eine Unfall- noch eine Berufsunfähigkeitsversicherung. Über die Neuregelung der gesetzlichen Berufsunfähigkeitsrente seit 2001 war er bisher nicht informiert.*

6. **Rat – Begründung – Kundenentscheidung**

6.1 Risikobewertung/Komplexität: *Herr Mustermann wurde darüber aufgeklärt, dass ein Einkommensverlust nicht nur durch Unfall, sondern auch durch Krankheiten u. a. eintreten kann. Für das Risiko Berufsunfähigkeit hat er keinen Anspruch auf gesetzliche Berufsunfähigkeitsrente, lediglich auf Rente wegen vollständiger oder teilweiser Erwerbsminderung, deren Bedeutung erläutert wurde. Da keine weiteren Personen zu versorgen sind, besteht mindestens ein Einkommensverlustrisiko durch Krankheit, Unfall o. ä. von derzeit 1.800 EUR Monatsnettoeinkommen. Ein zusätzliches Risiko besteht durch einen eventuell notwendigen, behindertengerechten Wohnungsumbau, der mit rund 10.000 – 15.000 EUR angesetzt werden* kann. Im Fall der Pflegebedürftigkeit besteht das Risiko zusätzlicher stationärer oder ambulanter Pflegekosten, die aus dem Nettoeinkommen allein nicht getragen werden können und je nach Pflegestufe bis zu über 2.000 EUR monatlich ausmachen können.

6.2 Rat und Begründung: Wir haben Herrn Mustermann den Abschluss einer Selbstständigen Berufsunfähigkeitsversicherung bei der Assekura Lebensversicherung VVaG empfohlen, weil diese ein angemessenes Preis-/Leistungsverhältnis aufweist und von der einschlägigen Ratingagentur Vergleichsprofi GmbH mit einer Bestnote ausgezeichnet wurde (Bedingungsstand: 01.01.2005). Die Absicherung sollte 1.800 EUR Berufsunfähigkeitsrente bis zum Alter 60 betragen und eine regelmäßige Anpassung an Inflation und evtl. Gehaltssteigerungen durch eine 5 %-ige Dynamik vorsehen.

Weiter haben wir Herrn Mustermann den Abschluss einer Unfallversicherung empfohlen, um zumindest bei unfallbedingter Behinderung einen behindertengerechten Wohnungsumbau finanzieren zu können. Als Versicherer haben wir die Sekura Versicherung AG empfohlen, weil sie ein angemessenes Preis-/Leistungsverhältnis aufweist. Damit auch bei unfallbedingter Invalidität von weniger als 100 %, mindestens aber 50 % bereits ein Einmalbetrag von 15.000 EUR zur Verfügung steht, haben wir die Leistung Unfall-Invalidität ohne Progression mit einer Höchstentschädigungssumme von 30.000 EUR bei Vollinvalidität empfohlen.

Schließlich haben wir Herrn Mustermann auf die Möglichkeit einer Pflegekostenversicherung bei der Congenial Krankenversicherung AG oder einer Pflegerentenversicherung bei der Assekura Lebensversicherung VVaG aufmerksam gemacht, um die pflegebedingten Mehrkosten abzusichern.

6.3 Kundenentscheidung: Herr Mustermann hat sich entschieden, das Angebot einer Berufsunfähigkeitsversicherung sowie einer Unfallversicherung anzunehmen, das Angebot einer Versicherung des pflegebedingten Mehraufwands jedoch abgelehnt.

Musterstadt, den 16.01.2005, Unterschrift Versicherungsdienst der X-Bank GmbH, Unterschrift Hartmut Mustermann

4.2.3 Widerrufs- und Rücktrittsrechte

Der Kunde besitzt weitere Rechte gegenüber dem Versicherungsunternehmen:

1. Antragswiderruf

- Privatkunden besitzen ein 14-tägiges Widerrufsrecht für alle Versicherungs-anträge außer Sachversicherungen mit weniger als einem Jahr Laufzeit und Versicherungen mit sofortigem Versicherungsschutz. Die Frist läuft ab Un-terzeichnung des Antrags und muss zur Wahrung der Frist nur rechtzeitig ab-geschickt werden (§ 8, Absätze 4 und 5 VVG).

- Das Widerrufsrecht verlängert sich auf einen Monat ab Zahlung der ersten Versicherungsprämie, sofern der Versicherer den Kunden über das Antrags-widerrufsrecht nicht ausdrücklich schriftlich aufgeklärt hat und sich dieses per Unterschrift hat bestätigen lassen. In der Praxis findet man die entspre-chende Belehrung im Antrag vorgedruckt.

2. Widerspruch nach Übersendung des Versicherungsscheins

- Der Kunde kann dem Versicherungsabschluss widersprechen, wenn der Ver-sicherer die Verbraucherinformation nicht vor Abschluss des Vertrages aus-gehändigt bekommen hat (§ 10a VAG), innerhalb von 14 Tagen ab Überlas-sung der Verbraucherinformation oder innerhalb eines Jahres nach Zahlung der ersten Prämie, wenn die Belehrung über dieses Widerspruchsrecht unter-blieben ist (§ 5a VVG).

- Außerdem kann der Kunde innerhalb eines Monats nach Übersendung des Versicherungsscheins dem Vertrag widersprechen, wenn der Inhalt des Ver-sicherungsscheins vom Antrag abweicht, wenn also beispielsweise eine ein-schränkende Bedingung eingefügt oder eine Leistung ausgeschlossen wurde. Sofern eine ausdrückliche Aufklärung des Kunden über diese Abweichung oder auffällige Markierung im Versicherungsschein unterbleibt, gilt der In-halt des Antrags weiter (§ 5 VVG).

Auf die fristgerechten sowie außerordentlichen Kündigungsrechte des Kunden geht das Kapitel 4.6 gesondert ein.

4.2.4 Beschwerden

Der Kunde hat das Recht, sich über seinen Versicherer und mit der Umsetzung der EU-Vermittlerrichtlinie im nächsten Jahr auch über den Versicherungsvermittler zu beschweren. Hierfür gibt es zum einen eine amtliche Institution, **die Bundesanstalt**

für Finanzdienstleistungsaufsicht, Graurheindorfer Str. 108, 53117 Bonn, www.bafin.de. Sie ist zuständig für die Überwachung der Versicherungsunternehmen und bearbeitet entsprechende Beschwerden. Die Adresse muss in der Verbraucherinformation gemäß § 10a VAG genannt werden.

Bevor sich der Kunde an die BaFin wendet, kann er zum anderen eine außerbehördliche Einigung suchen mit einer Beschwerde an den **Versicherungsombudsmann** e.V., Kronenstr. 13, 10117 Berlin, www.versicherungsombudsmann.de, bzw. nur für die private Krankenversicherung den **Ombudsmann der privaten Krankenversicherung**, Leipziger Str. 104, 10117 Berlin, www.pkv-ombudsmann.de. Der Versicherungsombudsmann wird von der Versicherungswirtschaft getragen und hat in gewissen betragsmäßigen Grenzen das Recht, für die angeschlossenen Versicherungsunternehmen bindende Entscheidungen zu treffen und darüber hinaus Empfehlungen auszusprechen. Der Ombudsmann für die private Krankenversicherung kann allerdings nur Empfehlungen aussprechen. Der Versicherungsombudsmann wird voraussichtlich auch die gleiche Funktion für Beschwerden gegenüber Versicherungsvermittlern wahrnehmen. Beide Einrichtungen erfüllen eine wertvolle Aufgabe zur außergerichtlichen Vermittlung von Streitigkeiten und sollen damit auch das nicht immer spannungsfreie Verhältnis zwischen Versicherern, Vermittlern und Kunden verbessern helfen.

4.3 Wichtige Pflichten aus Versicherungsverträgen

Die wichtigste Pflicht aus einem Versicherungsvertrag für den Kunden wird aus seiner Sicht diejenige zur Zahlung der Versicherungsprämie sein. Weniger bekannt oder beachtet sind jedoch eine Reihe weiterer Pflichten, die sich am Besten nach der typischen Lebensdauer eines Versicherungsvertrags gliedern lassen.

4.3.1 Pflichten bei Antragstellung

1. Vorvertragliche Anzeigepflicht

- „Der Versicherungsnehmer hat bei der Schließung des Vertrags alle ihm bekannten Umstände, die für die Übernahme der Gefahr erheblich sind, dem Versicherer anzuzeigen. Erheblich sind die Gefahrumstände, die geeignet sind, auf den Entschluss des Versicherers, den Vertrag überhaupt oder zu dem vereinbarten Inhalt abzuschließen, einen Einfluss auszuüben. Ein Umstand, nach welchem der Versicherer ausdrücklich und schriftlich gefragt hat, gilt im Zweifel als erheblich" (§ 16, 1 VVG). In der Praxis verwenden die Versicherer umfangreiche Antragsformulare, bei Geschäftsinhaltsversicherungen auch ergänzende Sicherungsbeschreibungen, um alle für die Risikobeurteilung wichtigen Tatbestände zu erfahren.

- Verletzungen der vorvertraglichen Anzeigepflicht können verschiedene Rechtsfolgen nach sich ziehen. Ist der Antragsteller schuldlos daran, weil er einen für den Versicherer wichtigen Umstand nicht kannte, hat der Versicherer das Recht, eine ggf. notwendige höhere Prämie zu verlangen oder den Versicherungsvertrag innerhalb eines Monats ab Kenntnisnahme der Anzeigepflichtverletzung mit einem Monat Frist zu kündigen (§§ 16, 41 VVG). Schlimmer ist es, wenn der Antragsteller schuldhaft einen für die Risikobeurteilung erheblichen Umstand verschwiegen oder falsch dargestellt hat, zum Beispiel eine Vorerkrankung nicht erwähnt hat. Der Versicherer ist dann zum Rücktritt vom Vertrag innerhalb eines Monats nach Bekanntwerden des gefahrerheblichen Umstands berechtigt mit der Folge, dass der Vertrag rückabgewickelt wird (§§ 16, 17, 20 VVG).

- Tritt ein Schaden oder Leistungsfall ein, kommt es darauf ab, ob der vom Antragsteller verschwiegene oder falsch dargestellte Tatbestand auf den eingetretenen Schadenfall Einfluss hatte oder nicht. Falls ja, ist der Versicherer leistungsfrei, das heißt, er braucht den Schaden nicht zu erstatten (§ 21 VVG).

- In der Lebensversicherung wird die Folge unrichtiger Angaben allerdings beschränkt, bei falscher Altersangabe kann der Versicherer in der Regel nicht zurücktreten und mindert nur entsprechend die Leistung (§ 162 VVG), allgemein wird das Rücktrittsrecht nach spätestens 10 Jahren ausgeschlossen, sofern die Anzeigepflichtverletzung nicht arglistig war (§ 163 VVG), nach den Allgemeinen Lebensversicherungsbedingungen wird dies sogar auf drei Jahre reduziert.

Praxistipp: Insbesondere bei den Personenzweigen sollten Anträge höchst sorgfältig ausgefüllt werden. Selbst unerheblich erscheinende Erkrankungen gehören in jedem Fall zu den Gesundheitsangaben, wenn auch ggf. nur mit einem allgemeinen Hinweis zum Beispiel „übliche Erkältungskrankheiten und grippale Infekte". Bei Gebäude-, Hausrat- und Inventarversicherungen werden gerne gefahrerhöhende Umstände vergessen, zum Beispiel feuergefährliche Betriebe in der Nachbarschaft. Bei der Hausratversicherung ist nahezu jeder Betrieb in der direkten Nachbarschaft (im selben Haus oder Nachbarhaus) gefahrerheblich, bei den Betriebsversicherungen sind es zumindest die Nachbarbetriebe mit einer höheren tariflichen Einstufung in der Feuerklasse.

2. Bindefrist

- Der Kunde ist nach Antragstellung an diesen Antrag gebunden. Die Bindefrist beträgt in der Feuerversicherung zwei Wochen (§ 81 VVG), in allen anderen Versicherungszweigen auf Basis der im Antrag und der Verbraucherinformation festgelegten Fristen, üblicherweise zwei Wochen für die sonstigen Sachversicherungen, einen Monat für die Haftpflicht-, Unfall-, Kraftfahrt- und Rechtsschutzversicherung sowie sechs Wochen in der Krankenversicherung.

4.3.2 Pflichten während des Vertragsverhältnisses

Ist der Versicherungsvertrag abgeschlossen, treffen den Kunden weitere Pflichten.

1. Gefahrerhöhung

- Verändern sich die bei der Antragstellung bekannten Risikoumstände, muss dies dem Versicherer angezeigt werden, sofern dies die Eintrittswahrscheinlichkeit eines Schadens vergrößert. Es gibt unterschiedliche Rechtsfolgen.

- Der Kunde selbst darf ohne Einwilligung des Versicherers keine Gefahrerhöhung vornehmen oder dies gestatten; passiert es trotzdem, muss er dies anzeigen (§ 23 VVG). Der Versicherer hat daraufhin einen Monat ab Kenntnisnahme das Recht zur Kündigung, entweder fristlos bei schuldhafter Veränderung der Risikoumstände oder mit einem Monat Frist, wenn der Kunde hieran keine Schuld hatte, beispielsweise wenn im Nachbarhaus ein feuergefährlicher Betrieb eingezogen ist (§ 24 VVG).

- Der Versicherer kann sich bei Eintritt eines Schadens auf Leistungsfreiheit berufen, wenn der Kunde schuldhaft die Gefahrerhöhung herbeigeführt oder wenn der Kunde eine unverzügliche Mitteilung versäumt hat und der Schaden mindestens einen Monat später eintritt, als die Mitteilung hätte eingehen müssen (§ 25 VVG). Das gilt allerdings nur, wenn die Gefahrerhöhung auch tatsächlich einen Einfluss auf den Eintritt des Schadenfalls oder auf die Höhe des Schadens hatte.

Praxistipp: *Auch vorübergehende Gefahrerhöhungen, wie zum Beispiel die Anbringung eines Baugerüstes an einem Haus, sollten in jedem Fall schriftlich dem Versicherer angezeigt werden. Bei Betriebsversicherungen sollte der Kunde gegenüber seinem Versicherungsvermittler darauf drängen, ein Jahresgespräch einzuhalten, in dem unter anderem die Risikoanalyse wiederholt und die Risikobeschreibungen in den Verträgen überprüft werden. Bei den Betriebsversicherungen werden teilweise die Anträge mitsamt den dort gemachten Angaben unmittelbarer Vertragsbestandteil.*

2. Umzug

- Ein Wohnungswechsel oder ein Umzug eines Betriebs müssen dem Versicherer angezeigt werden (§ 10 VVG).

3. Meldepflicht bei Veräußerung der versicherten Sache

- Wird eine versicherte Sache (Kraftfahrzeug, Haus etc.) verkauft, muss dies dem Versicherer angezeigt werden (§ 71, 151 VVG).

- Rechtsfolge bei versäumter Mitteilung ist die Leistungsfreiheit im Schadenfall, wenn die Zeit seit der eigentlich fälligen Mitteilung bereits um einen Monat überschritten ist.

4. Mitteilungspflicht bei mehrfacher Versicherung

- Der Kunde muss dem Versicherer mitteilen, wenn er in der Schadenversicherung mehrere Versicherungen für dieselbe versicherte Sache und gegen dieselben versicherten Gefahren abgeschlossen hat (§ 58 VVG). Damit soll verhindert werden, dass sich der Kunde nach einem Schaden bereichert, indem er denselben Schaden bei mehreren Versicherern abrechnet. Doppelversicherungen, also mehrfache Versicherungen, deren gesamte Versicherungssumme den Versicherungswert übersteigt, müssen deshalb auch beseitigt werden (§§ 59, 60 VVG).

4.3.3 Pflichten im Schadenfall

Tritt der Versicherungsfall (Schaden oder Leistungsfall) ein, muss der Kunde dies dem Versicherer unverzüglich nach Kenntnis mitteilen (§ 33 VVG). Außerdem muss er bei der Feststellung des Schadens und der Ersatzpflicht durch entsprechende Auskünfte und ggf. durch das Besorgen von Belegen aktiv mithelfen (§ 34 VVG).

1. Anzeigepflicht

- Die unverzügliche Mitteilung eines Schadens ist in verschiedenen Versicherungssparten in der Regel durch das VVG näher definiert. Die kürzeste Anzeigefrist besteht mit 48 Stunden in der Unfall-Todesfallversicherung, drei Tage genügen in der Feuer- und der Todesfallversicherung (§§ 92, 171 VVG), vier Tage in der Hagelversicherung (§ 110 VVG) und eine Woche in der Haftpflichtversicherung (§ 153 VVG).

2. Schadenminderung

- In der Schadenversicherung ist der Kunde verpflichtet, einen Schaden nach Möglichkeit zu verhindern oder zumindest zu mindern (§ 62, 1 VVG). Dazu muss er ggf. auch Weisungen des Versicherers folgen, beispielsweise nach einem Einbruch eine Notverschließung des Hauses vornehmen lassen oder nach einem Brand ins Freie geschafftes Inventar witterungssicher einlagern lassen, damit der Schaden nicht noch größer wird.

- Diese Obliegenheit des Kunden kann ebenfalls zu einer Leistungsfreiheit des Versicherers führen, wenn der Kunde vorsätzlich oder grob fahrlässig gegen die Schadenminderungspflicht verstößt, wobei im Fall der groben Fahrlässigkeit geprüft werden muss, ob die Obliegenheitserfüllung überhaupt am Schadenumfang etwas geändert hätte (§ 62, 2 VVG).

Zusammenfassend ist festzuhalten, dass ein Kunde immer auch verschiedene Pflichten aus seinem Versicherungsvertrag hat, deren Nichtbeachtung teilweise gravierende Folgen nach sich zieht. Auch daran wird deutlich, dass ein Versicherungsvertrag kein verkappter Sparvertrag ist, sondern ein Leistungsversprechen, dass sich eine Gefahrengemeinschaft gleichartig bedrohter Kunden gegenseitig abgibt. Wie in einer Familie, einem Verein oder in einem Betrieb jeder seine Pflichten erfüllen muss, um sich auch bestimmte Rechte zu sichern, ist auch der Versicherungskunde bestimmten Zwängen unterworfen. Ohne die würde allerdings das Versicherungsgeschäft auch nicht funktionieren.

4.4 Beantragung von Versicherungen

Das vorherige Kapitel hat bereits einen Eindruck davon gegeben, welche Rechte, aber auch Pflichten aus einem Versicherungsvertrag entstehen und welche Folgen manche Pflichtverletzungen nach sich ziehen. Sehr viele Fehler werden schon bei der Antragstellung gemacht, deshalb soll dieses Kapitel einen näheren Überblick über die Vorgehensweise bei der Antragstellung geben.

4.4.1 Versicherungsvermittler

In Deutschland stellt der Versicherungsabschluss bei einem so genannten Direktversicherer den absoluten Ausnahmefall dar. Stattdessen werden die allermeisten Versicherungsverträge durch Versicherungsvermittler vermittelt oder abgeschlossen. Sie haben grundsätzlich die Aufgabe, die notwendige Beratung einschließlich Bedarfsermittlung und Risikobeschreibung durchzuführen, die Antragsaufnahme durchzuführen oder zu unterstützen und meistens auch anschließend den Versicherungsvertrag zu verwalten sowie bei Schaden- und Leistungsfällen unterstützend zur Verfügung zu stehen, zum Beispiel bei der Ermittlung des Schadens und der Leistungspflicht. Vermittler ist jedoch nicht gleich Vermittler.

1. Versicherungsvertreter

- Sie sind meistens Handelsvertreter (§§ 84, 92 HGB) oder angestellt und damit in jedem Fall Repräsentanten ihres Versicherungsunternehmens, dessen Interessen sie zu vertreten haben. Laut GDV gibt es rund 80.000 haupt- und über 300.000 nebenberufliche Vertreter. Sie repräsentieren in den allermeisten Fällen ein einzelnes Versicherungsunternehmen bzw. einen Versicherungskonzern, da durch die aufsichtsrechtliche Spartentrennung bedingt verschiedene Versicherungssparten wie Lebens-, Kranken- oder Schadenversicherung nicht in einem gemeinsamen Versicherungsunternehmen betrieben werden dürfen.

- Die Interessenvertretung des Versicherers bringt es mit sich, dass das Angebot der Vertreter meistens nicht den ganzen Versicherungsmarkt repräsentiert, so dass ein Vergleich der Angebote verschiedener Vermittler notwendig sein kann.

- Informationen, die der Kunde dem Vertreter über seine Risikoverhältnisse gibt oder die dem Vertreter auf anderem Weg bekannt geworden sind, gelten gleichzeitig auch dem Versicherungsunternehmen als zugegangen, der Vertreter wird von der Rechtsprechung als „Auge und Ohr" seines Versicherungsunternehmens bezeichnet. Damit ist die Rechtsprechung über den § 44 VVG hinweggegangen, der die Verantwortung z.B. für die richtige Beantwortung von Antragsfragen beim Kunden ansiedelt.

- Für Beratungsfehler des Vertreters haftet das Versicherungsunternehmen, für das er tätig ist.

2. Mehrfachvertreter

Sie sind ebenfalls Handelsvertreter, dürfen aber mehrere Versicherungsunternehmen vertreten. An der rechtlichen Eigenschaft ändert sich nichts, aber faktisch haben sie eine größere Auswahl an Produkten und Tarifen zur Verfügung und können damit unter Umständen dem Kunden die Mühe ersparen, bei verschiedenen Vermittlern Angebote einzuholen.

3. Versicherungsmakler

- Sie sind anders als der Vertreter Beauftragte des Kunden, von dem sie mittels eines Maklervertrags beauftragt werden, seine Versicherungen zu prüfen, zu vermitteln und zu verwalten. Gleichzeitig enthält der Vertrag in der Regel auch eine Vollmacht, den Kunden gegenüber dem Versicherer zu vertreten (Maklervollmacht).

- Die Pflichten gegenüber dem Kunden bestimmen sich nach dem Maklervertrag und können unterschiedlich weitgehend sein. Üblich ist, dass die Vermittlung von Direktversicherungen ausgeschlossen wird, weil diese keine oder nur sehr geringe Provisionen bezahlen. Die Leistungen können auch auf einzelne Versicherungen oder einzelne Bereiche des Kunden – z.B. nur auf den Betrieb oder nur auf seine privaten Versicherungen – beschränkt werden.

- Hat der Makler von bestimmten Risikomerkmalen oder wichtigen Umständen Kenntnis erhalten, wird dies nicht automatisch auch dem Versicherungsunternehmen zugerechnet. Das bedeutet, dass der Makler selber sehr stark für Fehler in der Beantragung von Versicherungen haftet.

- Für Beratungsfehler haftet der Makler selber und in vollem Umfang. Ein seriöser Makler hat deshalb heute schon eine Vermögensschadenhaftpflichtversicherung abgeschlossen, mit Umsetzung der EU-Vermittlerrichtlinie ab 2005 wird diese Pflicht werden.

Für den Kunden spürbare praktische Unterschiede zwischen den Vermittlertypen liegen vor allem darin, dass der Makler mit dem Kunden zunächst einen Maklervertrag abschließt, ehe er tätig wird. Das hat keine Auswirkungen auf die Bezahlung, denn alle Vermittler erhalten traditionell ihre Vergütung (Provision bzw. Courtage beim Makler) vom Versicherer. Der Vertreter hingegen schließt keinen Vertrag mit dem Kunden ab, sondern unterbreitet ihm Versicherungsangebote und nimmt bei positiver Entscheidung den Antrag auf.

Ein weiterer Unterschied besteht bei den Anträgen selber. Vertreter beantragen alle Versicherungen auf den offiziellen Antragsformularen des Versicherers. Das hat den Vorteil, dass alle vom Versicherer für wichtig gehaltenen Fragen sowie die notwendigen Belehrungen über Rechte und Pflichten, Datenschutzerklärungen u.a. dort enthalten sind und nicht vergessen werden können. Der Makler hingegen arbeitet nur in den Personenversicherungszweigen mit den offiziellen Antragsformularen wegen der besonderen Bedeutung der Gesundheitsfragen, die nicht jeder Versicherer gleich stellt. Aber in der Schadenversicherung verwendet er üblicherweise Deckungsaufgaben, das heißt, er erstellt selber eine Risikobeschreibung und sendet diese zusammen mit den Vertragsdetails wie Beginn und Laufzeit der Versicherung, Zahlungsweise und Höhe der Versicherungsprämie an den Versicherer, der diese Deckungsaufgabe dann entweder annimmt oder ablehnt.

Zusammenfassend kann man sagen, dass der Kunde gegenüber einem Versicherungsvertreter weitgehende eigene Pflichten hat, die Vorteilhaftigkeit eines Angebotes zu prüfen und die richtige Beantragung unter Angabe aller für den Versicherer wesentlichen Risikobeschreibungen zu steuern, auch wenn die Beweislast gegenüber dem Vertreter inzwischen erleichtert wurde. Der Versicherungsmakler übernimmt selber einen guten Teil der Verantwortung gegenüber dem Versicherer für die richtige Darstellung des zu versichernden Risikos sowie gegenüber dem Kunden für die richtige Auswahl des Versicherers und des Versicherungsschutzes.

4.4.2   Parteien beim Versicherungsvertragsverhältnis

Beim Versicherungsvertragsverhältnis gibt es mindestens zwei beteiligte Parteien, einerseits das Versicherungsunternehmen und andererseits den **Versicherungsnehmer**, in diesem Buch meistens als Kunde bezeichnet.

Vom Versicherungsnehmer unterscheiden muss man die **versicherte Person**. Sie kann, muss aber nicht identisch sein mit dem Versicherungsnehmer. Beispiel: Ein Familienvater schließt als Versicherungsnehmer eine Unfallversicherung für seine Tochter ab, die versicherte Person dieses Vertrages ist. Ist die versicherte Person nicht mit dem Versicherungsnehmer identisch, muss sie einer auf ihr Leben abgeschlossenen Versicherung zustimmen, ausgenommen bei der Versicherung des minderjährigen Kindes durch seine Erziehungsberechtigten (siehe auch § 159 VVG).

Praxistipp: Bei den Personenversicherungen sollten Sie immer prüfen, ob über einen Vertrag eine oder mehrere andere Personen versichert werden sollen als der Versicherungsnehmer selbst und diese zum Beratungstermin hinzuziehen, damit sie ihr Einverständnis durch Mitunterschrift des Antrags erklären können.

Daneben gibt es auch **mitversicherte Personen**, zum Beispiel den Fahrer eines Kraftfahrzeugs, sofern er vom Halter zum Fahren berechtigt ist, oder die mitversicherten Personen in einer Krankenversicherung. Auch im Rahmen von Gruppenversicherungsverträgen (z.B. Gruppenunfallversicherung in einem Betrieb) gibt es mitversicherte Personen, die allerdings meistens nicht eigenständig berechtigt sind, Leistungen aus dem Versicherungsvertrag geltend zu machen, dies bleibt dem Versicherungsnehmer (z.B. Arbeitgeber) vorbehalten.

Des Weiteren kann es auch **Bezugsberechtigte** geben. Sie sind weder Versicherungsnehmer, noch (mit)versicherte Person, sondern lediglich Begünstigte aus einem Versicherungsvertrag. Typisch ist dies bei der Lebensversicherung, wenn beispielsweise ein Kunde eine Lebensversicherung auf das eigene Leben abschließt und eine(n) Lebensgefährtin/-en als Bezugsberechtigte/-n einsetzt. Die Bezugsberechtigung wird in der Regel widerruflich vereinbart, das heißt, der Versicherungsnehmer kann das Bezugsrecht jederzeit ändern. Beim unwiderruflichen Bezugsrecht kann er es nur noch mit Zustimmung des Bezugsberechtigten ändern.

Abweichend vom Versicherungsnehmer kann es auch einen anderen **Beitragszahler** geben. Beispielsweise kommt dies bei Familienversicherungsverträgen vor, wenn einzelne Familienmitglieder für andere die Beitragszahlung einer Versicherung übernehmen.

4.4.3   Rechtlicher Charakter des Antrags

Der Antrag auf Versicherungsschutz stellt eine Willenserklärung des Kunden dar, die vom Versicherer angenommen oder abgelehnt werden kann. Hier liegt ein wichtiger Unterschied der privaten zur Sozialversicherung vor, denn selbst bei der Pflichtversicherung – zum Beispiel der Kraftfahrthaftpflichtversicherung – besteht zwar die Pflicht, eine private Versicherung abzuschließen, aber der einzelne Versicherer hat durchaus grundsätzlich das Recht, die Antragsannahme abzulehnen.

Damit die Willenserklärung „Antrag" so formuliert ist, dass der Versicherer diese ausreichend prüfen kann, wird, wie schon früher dargestellt, in der Regel ein Formular verwendet. Entscheidend ist dabei, dass der Kunde durch seine Unterschrift ausdrücklich den Wunsch erklärt, die im Formular näher beschriebene Versicherung abzuschließen. Zusätzlich enthält der Antrag die Belehrungen des Versicherungsnehmers und die Erklärungen zu deren Kenntnisnahme sowie zum Einverständnis der Datenspeicherung gemäß Bundesdatenschutzgesetz.

Der Versicherungsvertrag kommt erst zustande, wenn der Versicherer ihn ausdrücklich annimmt, entweder durch Zusendung einer Versicherungspolice oder einer Antragsannahmeerklärung. Ausnahme ist die Erklärung des sofortigen Versicherungsschutzes, wie dies beispielsweise in der Kraftfahrzeugversicherung oder bei Veranstaltungsversicherungen üblich ist. Hier kommt zumindest ein vorläufiger Versicherungsvertrag sofort zustande, der allenfalls nach einer kurzen Zeit wieder endet, wenn der Versicherer den Antrag auf eine dauerhafte Versicherung ablehnt oder eine Einigung über die Versicherungsprämie und -bedingungen scheitert.

Praxistipp: *In manchen Fällen, wie zum Beispiel in der Krankenversicherung, kann es fatale Folgen für den Kunden haben, wenn eine Versicherung gewechselt werden soll, aber trotz fehlender Antragsannahmeerklärung die alte Versicherung bereits beendet wird. Deshalb sollte beispielsweise ein freiwillig gesetzlich Krankenversicherter, der den Wechsel in die private Krankenvollversicherung prüft, seine Mitgliedschaft nicht kündigen, bevor er keine verbindliche Aussage eines privaten Krankenversicherers vorliegen hat, ihn zu vertretbaren Bedingungen zu versichern.*

4.5   Angebotsbeurteilung

Eine besondere Schwierigkeit stellt es vor allem für Nichtfachleute dar, die Vorteilhaftigkeit der verschiedenen Angebote zu beurteilen. Allein einige hundert deutsche Anbieter und zahlreiche ausländische Versicherungsunternehmen konkurrieren miteinander und bieten oft auch wieder verschiedene Produkte und Tarife an. Sofern der Versicherungsvermittler nicht an ein einzelnes oder einige wenige Versicherer gebunden ist, stellt sich ihm damit ein großes Problem, vor allem dann, wenn er gegenüber dem Kunden als Makler auftritt und sich damit verpflichtet, eine „ausgewogene Untersuchung" der am Markt vorhandenen Angebote zu leisten. Das VVG wird dem Makler die Pflicht auferlegen, „seinem Rat eine hinreichende Zahl von auf dem Markt angebotenen Versicherungsverträgen und von Versicherern zugrunde zu legen, so dass er nach fachlichen Kriterien eine Empfehlung dahin abgeben kann, welcher Versicherungsvertrag geeignet ist, die Bedürfnisse des Versicherungsnehmers zu erfüllen." Ausnahmsweise kann er diese Beratungsgrundlage einschränken, muss dies aber dem Kunden vorab ausdrücklich mitteilen. Wichtig für die Vermittlungspraxis wird der neue § 42a, Abs. 3, letzter Satz: „Als Versicherungsmakler gilt, wer gegenüber dem Versicherungsnehmer den Anschein erweckt, er erbringe seine Leistungen als Versicherungsmakler."

Beispiele für Außendarstellungen, die in Bezug auf den Anschein einer Maklertätigkeit nachteilig sein können:

- *Angabe „Versicherungen aller Art" auf Visitenkarten, Briefbögen, Werbeschildern, in Prospekten und Anzeigen.*

- *Unterschlagen jeglicher Versicherer-Hinweise in den o. g. Veröffentlichungen.*

- *Attribute wie „unabhängig", „objektiv", „verbraucherorientiert", wenn diese auf die Vermittlereigenschaft bezogen werden könnten.*

- *Aussagen wie „wir beraten unabhängig von den Interessen einzelner Versicherungsgesellschaften", „Sie können frei entscheiden", wenn diese als freie Auswahl unter allen am Markt angebotenen Versicherern missverstanden werden können.*

Ein bewährtes Vorgehen bei der Beschaffung einer Marktübersicht ist die Aufforderung zur Angebotsabgabe an geeignete Versicherer, wobei alle Versicherer eine vorbereitete, möglichst erschöpfende Risikobeschreibung erhalten sowie die genauen Angaben zum gewünschten Leistungsumfang. Im Detail müssen folgende Daten angegeben werden:

1. Allgemeine Vertragsdetails

- Versicherungsnehmer (Name, Firmenbezeichnung, Adresse)

- Abweichender Beitragszahler (Name, Firmenbezeichnung, Adresse)

- Beginn des Versicherungsschutzes

- Gewünschte Vertragslaufzeit

- Gewünschte Zahlungsweise

- Gewünschte Zahlungsart (Lastschrifteinzug, Rechnung)

2. Vertragsdetails (Sachversicherungen)

  - Versichertes Risiko (Gebäude, Hausrat, Inventar, Maschine ...)

  - Versicherungsort (Adresse des stationären Risikos oder Geltungsbereich des mobilen Risikos)

  - Risikobeschreibung (z.B. Bauart des Gebäudes, Sicherungen in der Einbruchdiebstahlversicherung, Betriebsart)

  - Gefahrerhöhungen (z.B. feuergefährliche Betriebe in der Nachbarschaft)

  - Versicherungsbedingungen

  - Versicherte Gefahren (Feuer, Einbruchdiebstahl, Leitungswasser, Sturm/ Hagel, Transportmittelunfall, Betriebsunterbrechung ...)

  - Versicherte Kosten (z.B. Aufräumungskosten, Überspannungsschäden ...)

  - Versicherung von Zusatzrisiken (z.B. Nebengebäude, Bearbeitungsschäden in der Haftpflichtversicherung ...)

  - Versicherungssumme (Höhe, Wertermittlungsart) bzw. Deckungssummen (Haftpflichtversicherung; Personen-, Sach- und Vermögensschäden)

  - Gewünschte Selbstbeteiligung

  - Gewünschte besondere Vereinbarungen

  - Vorversicherungen (wann, bei wem und wogegen bestand schon einmal Versicherungsschutz, von wem wurde er beendet?)

- Vorschäden (Anzahl, Art und Höhe; meistens für die letzten fünf Jahre gefordert)

3. Vertragsdetails (Personenversicherungen)

- Versicherte Personen (Name, Geburtsdatum, Geschlecht, Adresse)

- Gewünschter Versicherungsschutz

- Versicherungssumme

- Ggf. gewünschte dynamische Anpassung der Versicherungssumme

- Gewünschte besondere Vereinbarungen

- Gesundheitsbeschreibung: Diese wird in aller Regel auf einem eigenen Formular des Versicherers ausgefüllt.

Die Details an möglichem Versicherungsumfang finden sich in den Darstellungen der einzelnen Versicherungssparten in diesem Buch. Mit Hilfe einer Ausschreibung können viele verschiedene Versicherer zur Angebotsabgabe auf einheitlicher Basis aufgefordert werden. Allerdings nimmt das dem Vermittler/Berater nicht die Arbeit ab, die daraufhin erstellten Angebote genau zu vergleichen, zumal seit der Deregulierung des Versicherungswesens, die in Stufen bis 1994 erfolgt ist, die Versicherungsbedingungen nicht mehr brancheneinheitlich verwendet werden müssen, sie also von Versicherer zu Versicherer abweichen können.

Bei der Arbeit des Vergleichens und Beurteilens helfen in vielen Versicherungssparten spezialisierte Ratingagenturen und Verbraucherschutzeinrichtungen. Beispielhaft und ohne Anspruch auf Vollständigkeit zu nennen sind:

- Private Versicherungsprodukte: Preis- und Leistungsvergleiche bieten die Zeitschriften FinanzTest und Test (Stiftung Warentest) oder Capital. Auch einige Versicherungsportale wie www.aspect-online.de oder www.finanzscout24.de bieten zumindest Preisvergleiche, viele Portale sind allerdings mehr oder weniger stark an die Interessen einzelner Anbieter oder Vermittler gebunden.

- Personenversicherungen (Lebens-, Kranken-, Berufsunfähigkeitsversicherung): Preis- und Leistungsvergleiche sowie eine Beurteilung der Leistungsfähigkeit der Anbieter bieten zum Beispiel Franke und Bornberg, Morgen & Morgen, Map Report.

- Kraftfahrtversicherungen: Preis- und Leistungsvergleiche bietet beispielsweise NAFI, aber auch viele Internetportale.

- Firmenversicherungen: Eine neutrale Bewertung von Angeboten leistet zum Beispiel der DVS Deutscher Versicherungs-Schutzverband e.V. in Bonn, eine Interessengemeinschaft der versicherungsnehmenden Wirtschaft.

Daneben gibt es reine Verbraucherschutzinstitutionen, die bei der neutralen Bewertung von Versicherungsangeboten helfen können, zum Beispiel die Verbraucherberatungen bei privaten Versicherungen oder die (wenigen) gerichtlich zugelassenen Versicherungsberater. Diese Institutionen dürfen selbst keine Versicherungen vermitteln, sondern ausschließlich beraten, weshalb die Leistung auch honorarpflichtig ist.

4.6   Beendigung von Versicherungsverträgen

Versicherungsverträge können wie jeder andere Vertrag auch verschiedene Beendigungsarten aufweisen: vom Vertragsablauf zum vorher vereinbarten Termin über die fristgerechte Kündigung, die Kündigung aus wichtigem Grund ohne Einhaltung einer Kündigungsfrist und die Vereinbarung im gegenseitigen Einvernehmen. Zusätzlich kennt das Versicherungsrecht die außerordentliche Kündigung aus bestimmten Kündigungsgründen sowie die außerordentliche Beendigung auf Grund Wagnisfortfalls.

4.6.1   Ablauf

Typisch für Verträge mit festem Ablauf sind zum einen Lebensversicherungsverträge, die zu einem bestimmten Termin enden oder fällig werden (Rentenversicherungen) sowie kurzfristige Versicherungen für bestimmte Anlässe, zum Beispiel kurzfristige Reiseversicherungen oder Veranstaltungsversicherungen.

Der Versicherungsvertrag läuft aus, die gegenseitigen Rechte und Pflichten erlöschen mit dem Ablauf.

Anders als die Versicherungsverträge mit festem Ablauf stellen in den meisten Versicherungssparten solche Verträge den Regelfall dar, die zwar eine bestimmte Vertragslaufzeit von zwischen ein und fünf Jahren vorsehen, aber eine automatische Verlängerungsklausel enthalten. Das heißt, dass sich diese Verträge automatisch um ein weiteres Jahr verlängern, wenn sie nicht fristgerecht zum Ablauf gekündigt werden. Früher wurden in der Sachversicherung vielfach 10-Jahresverträge verkauft, seit Mitte der 1990er Jahre haben die Kunden aber ein Kündigungsrecht nach fünf Jahren Laufzeit (§ 8, 3 VVG).

4.6.2 Kündigung

Beide Vertragsparteien können den Versicherungsvertrag unter Einhaltung bestimmter Kündigungsfristen – üblicherweise drei Monate zum Ende des Versicherungsjahres, in der Kraftfahrtversicherung ein Monat – kündigen (**ordentliche Kündigung**). Das Kündigungsrecht des Versicherers ist allerdings in der Krankenversicherung eingeschränkt. Ebenfalls kein ordentliches Kündigungsrecht hat der Versicherer bei der Lebensversicherung während der Vertragslaufzeit. In beiden Fällen hat das den Sinn, zu verhindern, dass Versicherer Personen kündigen, sobald sie älter, kränker oder sonst anfälliger werden und damit ein schlechteres Versicherungsrisiko darstellen als zu Beginn der Versicherungszeit.

Daneben gibt es aber auch verschiedene Gründe für eine außerordentliche Kündigung:

- Zum einen gibt es das Recht zur Kündigung aus wichtigem Grund wegen schwerer Verletzung von Vertragspflichten, zum Beispiel der schon besprochenen **Obliegenheiten** des Versicherungsnehmers oder wegen **Gefahrerhöhung**.

- Weiterhin besteht ein außerordentliches Kündigungsrecht bei **Nichtzahlung der Folgeprämien** (§ 39 VVG). Im Gegensatz dazu hat der Versicherer bei Nichtzahlung der Erstprämie das Recht, vom Vertrag zurückzutreten (§ 38 VVG).

- Bei **Prämienanpassung** ohne Veränderung des Versicherungsschutzes kann der Kunde innerhalb eines Monats nach Zugang der Mitteilung, frühestens aber zum Wirksamwerden der Erhöhung außerordentlich kündigen (§ 31 VVG).

- Bei **Veräußerung der versicherten Sache** gibt es für den Versicherer und den Erwerber, auf den die Versicherung mit Veräußerung zunächst übergeht, ein außerordentliches Kündigungsrecht, das innerhalb von einem Monat ab Kenntnisnahme ausgeübt werden muss und mit Frist von einem Monat vom Versicherer auszuüben ist, bzw. wahlweise mit sofortiger Wirkung oder zum Schluss des laufenden Versicherungsjahres vom Erwerber (§ 70 VVG).

Praxistipp: Erwerber sollten immer zum Ende des laufenden Versicherungsjahres kündigen, weil dem Versicherer in jedem Fall die volle Versicherungsprämie für das laufende Versicherungsjahr zusteht, eine sofortige Kündigung also nicht zur Prämienfreiheit oder Rückerstattung bereits geleisteter Prämien führt.

- Ein außerordentliches Kündigungsrecht besteht bei der Schadenversicherung im **Schadenfall**. Damit sollen beide Parteien die Möglichkeit haben, sich bei Unzufriedenheit mit der Schadenregulierung oder bei neuen Erkenntnissen über die Risikolage aus dem Vertrag zu lösen. Auch dieses Kündigungsrecht muss innerhalb eines Monats nach Abschluss der Schadenregulierungsverhandlung ausgeübt werden und gilt mit einer Kündigungsfrist von einem Monat für den Versicherer, für den Versicherungsnehmer mit einer frei wählbaren Kündigungsfrist bis spätestens zum Ende des laufenden Versicherungsjahres (§§ 96, 158 VVG, etwas abweichende Regelung für die Hagelversicherung im § 113 VVG).

- Bei **Insolvenz** des Versicherungsnehmers oder Zwangsverwaltung eines versicherten Grundstücks kann der Versicherer das Vertragsverhältnis mit einer Kündigungsfrist von einem Monat außerordentlich kündigen (§ 13 VVG).

4.6.3   Wagnisfortfall

Bei Fortfall des versicherten Wagnisses – zum Beispiel Verkauf oder Zerstörung einer versicherten Sache – entfällt auch die Versicherung, weil sie dann offensichtlich keinen Sinn mehr macht (§ 68, 2 VVG). Die Versicherungsprämie steht dem Versicherer bis zu dem Zeitpunkt zu, zu dem der Versicherer vom Wagnisfortfall Kenntnis genommen hat, außer wenn der Wagnisfortfall durch Eintritt des Versicherungsfalles geschieht. Dann hat der Versicherer noch Anspruch auf die Prämie für das laufende Versicherungsjahr (§ 68, 4 VVG).

Bei **Tod des Versicherungsnehmers** endet ein auf ihn abgeschlossener Personenversicherungsvertrag (Lebens-, Kranken-, Unfall-, Berufshaftpflichtversicherung). Ist hingegen durch den Vertrag eine Sache versichert, die auch nach dem Tod bestehen bleibt, geht die Versicherung mitsamt der Sache auf die Erben des Versicherungsnehmers über.

4.6.4 Aufhebung

Ein Versicherungsvertrag kann im beiderseitigen Einvernehmen zu einem beliebigen Datum aufgehoben werden. Dieser Beendigungsgrund ist eher selten, er wird beispielsweise gewählt, wenn ein Versicherungsvermittler oder -mitarbeiter den Arbeitgeber wechselt und seine eigenen Verträge zum neuen Arbeitgeber mitnehmen möchte.

In der Industrieversicherung ist es nicht ungewöhnlich, im gegenseitigen Einvernehmen die Kündigungsfristen eines Vertrages zu verkürzen, beispielsweise weil man sich nicht schnell genug auf die Prämien und Bedingungen für das kommende Versicherungjahr einigen kann. Das führt zwar nicht zur Beendigung des Vertrages, verlängert aber den Verhandlungszeitraum für beide Parteien.

Ein Versicherungsvertrag kann schließlich auch von vornherein **nichtig** sein, wenn er zum Beispiel wegen **arglistiger Täuschung** durch eine Vertragspartei angefochten wird. Ein **Rücktritt** in Folge Verletzung der vorvertraglichen Anzeigepflicht oder wegen Nichtzahlung der Erstprämie führt ebenfalls zur Beendigung des Versicherungsvertrages.

4.7 Geltendmachung von Schäden und Leistungen

Tritt ein Versicherungsfall ein, muss der Kunde diesen seinem Versicherer melden (§ 33 VVG), sofern der nicht auf anderem Weg bereits Kenntnis erlangt hat. Dabei sind einerseits bestimmte Fristen für die Meldung zu beachten, andererseits aber auch die Beibringung von bestimmten Unterlagen, die der Versicherer zur Beurteilung seiner Ersatzpflicht braucht oder zum Nachweis, dass der Versicherte alles getan hat, um den Schaden abzuwehren oder zu mindern. Deshalb ist beispielsweise die Polizeimeldung bei Diebstahlsdelikten wichtig, damit zumindest eine Chance besteht, die gestohlene Sache wieder aufzufinden.

1. Fristen

   - Die Anzeige soll unverzüglich erfolgen, wobei in verschiedenen Versicherungssparten die Unverzüglichkeit in Tagen näher definiert wird, die zwischen zwei Tagen und einer Woche liegt (siehe Kapitel 4.3.3).

2. Vorzulegende Unterlagen

- Lebensversicherung

  – Hier muss der Versicherungsschein vorgelegt werden, der in der Lebens-
    versicherung eine Urkunde darstellt, die den Anspruch auf die Leistung
    verbrieft.

  – Weiterhin verlangt der Lebensversicherer eine amtliche, Alter und Ge-
    burtsort enthaltende Sterbeurkunde sowie

  – ein ausführliches ärztliches oder amtliches Zeugnis über die Todesursache
    sowie über Beginn und Verlauf der Krankheit, die zum Tode des Versi-
    cherten geführt hat (§ 10 der Musterbedingungen für die Kapitallebens-
    versicherung bzw. § 11 der Musterbedingungen für die Risikolebensver-
    sicherung).

- Krankenversicherung

  – Der Krankenversicherer verlangt (Original-)Rechnungen der Ärzte, Kran-
    kenhäuser oder von sonstigen Leistungen (Medikamente, Brillen, Hörge-
    räte etc.). Die Belege gehen ins Eigentum des Versicherers über (§ 6 der
    Musterbedingungen für die Krankheitskostenversicherung).

- Unfallversicherung

  – Erklärung zur Entbindung von der Schweigepflicht für behandelnde Ärz-
    te.

- Sachversicherung

  – Ein Nachweis einer polizeilichen Meldung, z.B. Nummer des Tage-
    bucheintrags, Kopie des Polizeiprotokolls, wird verlangt bei Versiche-
    rungsfällen in den Bereichen:

    - Einbruchdiebstahl- und Raubversicherung,

    - bei Abhandenkommen oder Entwendung von versicherten Sachen in
      der Feuerversicherung (z.B. Diebstahl von Hausrat während eines
      Brandes durch Plünderer),

- in der Hausratversicherung bei Brand, Explosion, Einbruchdiebstahl, Raub und Vandalismus sowie

- in der Kraftfahrtversicherung bei Kraftfahrzeugunfällen und bei Eigentumsdelikten.

— Anschaffungsbelege oder andere Nachweise über zerstörte und abhanden gekommene Sachen oder Nachweise über den Wert beschädigter Sachen, bei denen eine Reparatur in Frage kommen könnte.

Praxistipp: In der Hausrat- und in der Inventarversicherung eines Betriebes ist es in der Praxis nicht immer einfach, für alle Gegenstände Kaufbelege aufzufinden. Höherwertige Gegenstände wie Schmuck, antike Gegenstände, Maschinen und Computer sollten deshalb entweder in Listen erfasst und beschrieben oder noch besser fotografiert oder gefilmt werden. Diese Nachweise gehören dann in einen Safe oder ein Schließfach, zum Beispiel bei der Bank.

— Die beschädigten oder zerstörten Sachen sollen aufbewahrt werden, bis der Versicherer Gelegenheit hatte, sie ggf. zu besichtigen.

Praxistipp: Der Kunde sollte zusammen mit der Schadenmeldung auch angeben, wo und vor allem wie lange die beschädigten Sachen oder deren Überreste zu besichtigen sind und für die Besichtigung eine angemessene Frist setzen, zum Beispiel drei Wochen, verbunden mit dem Hinweis, dass die Sachen anschließend entsorgt oder repariert werden, sofern der Versicherer dem nicht ausdrücklich widerspricht. Bei großen Schadensfällen – z.B. Bränden – ist es allerdings üblich und auch meistens nichts anders zumutbar, dass unmittelbar ein Sachverständiger des Versicherers an den Schadensort kommt. Außerdem ist es nicht verkehrt, selbst Foto- oder Filmaufnahmen zu machen, die beim Nachweis des Schadenumfangs wertvoll sein können.

Die praktische Seite der Schaden- oder Leistungsfallmeldung sieht so aus, dass in der Regel eine telefonische oder schriftliche (am besten per Fax oder Brief; per E-Mail nur mit Empfangsbestätigung) Meldung an das Versicherungsunternehmen direkt oder an den Versicherungsvermittler erfolgt. Daraufhin erhält der Versicherte (und der Geschädigte bei Schadenfällen, in denen Dritte Ansprüche anzumelden haben) ein Schadenmeldeformular, dass alle für die erste Beurteilung des Schadenfalles wichtigen Informationen wie Schadenstag, Uhrzeit, Ort, Beteiligte, Schadenshergang, voraussichtliche Schadenshöhe, bisher eingeleitete Maßnahmen zur Schadenminderung oder -verhütung, betroffener Versicherungsvertrag etc. enthält. Einige Versicherer bieten dafür auch Online-Schadenmeldeformulare an.

Praxistipp: Um auf keinen Fall eine Obliegenheitsverletzung mit der möglichen Konsequenz einer Leistungsfreiheit des Versicherers bei der Einhaltung der Meldefristen zu riskieren, sollte immer eine ausdrückliche Bestätigung des Eingangs verlangt werden. Diese wird entweder durch Zusendung des Schadenformulars oder eine frei formulierte Eingangsbestätigung bestätigt.

Im Schadenfall ist immer wieder zu beachten, dass der Versicherte eigene Anstrengungen zur Abwehr oder Minderung des Schadens vornehmen muss. Dazu gehören beispielsweise:

1. Unfallversicherung

   - Das Unfallopfer muss unverzüglich einen Arzt aufsuchen und dessen Anordnungen befolgen (Abschnitt 7.1 der Allgemeinen Unfallversicherungsbedingungen).

   - Es kann auch sein, dass der Unfallversicherer von sich aus zusätzliche Ärzte mit Untersuchungen beauftragt, auch das muss die versicherte Person zulassen.

2. Haftpflichtversicherung

   Der Versicherte darf nicht eigenmächtig Schäden gegenüber Dritten anerkennen, sondern muss dem Versicherer Gelegenheit zur Prüfung der Ersatzpflicht geben. Der Versicherte ist außerdem verpflichtet, den Versicherer bei seiner Prüfung zu unterstützen und ihm auf Anforderung ergänzende Auskünfte zu geben oder Belege beizubringen. Im Prozessfall soll der Versicherte dem Versicherer die Prozessführung überlassen und ihn unterstützen (vgl. § 5 der Musterbedingungen zur Allgemeinen Haftpflichtversicherung).

3. Kraftfahrtversicherung

   - Die Kraftfahrtversicherung ist besonders häufig Anlass für Unstimmigkeiten über Ausmaß und Höhe der Ersatzpflicht des Versicherers, zum Beispiel für Ersatzfahrzeuge nach einem Unfall. Auch wenn ein Geschädigter eine Abtretungserklärung an einen Werkstattbetrieb unterschreibt, heißt das noch lange nicht, dass alles bezahlt wird, was die Werkstatt abrechnet. Deshalb sollte der Geschädigte ebenso wie der Versicherte immer mindestens eine telefonische Abstimmung mit dem Versicherer herbeiführen, auf welchen Schadenersatz er Anspruch hat.

- Der Geschädigte hat Anspruch auf Kosten eines Sachverständigen zur Begutachtung des ihm entstandenen Schadens. Diese müssen aber angemessen sein.

- Wird ein beschädigtes Fahrzeug nicht repariert, sondern will der Versicherte oder der Geschädigte den Schadenersatz ausgezahlt erhalten, darf der Versicherer nach neuestem Rechtsstand die anteilige Mehrwertsteuer nicht mit auszahlen. Diese wird nur erstattet, wenn sie auch wirklich angefallen ist.

4. Rechtsschutzversicherung

- Der Versicherte muss entweder einen geeigneten Rechtsanwalt auswählen oder ihn vom Versicherer auswählen lassen, das heißt, im Zweifel ist im Schadenfall eine Abstimmung mit dem Versicherer mindestens empfehlenswert.

- Mit dem Rechtsanwalt muss der Versicherte dann vertrauensvoll zusammenarbeiten und ihm ausreichend und wahrheitsgemäß Auskunft über alle für den Fall wichtigen Fragen erteilen.

- Bevor der Anwalt tätig wird, sollte die Kostenübernahmeerklärung des Rechtsschutzversicherers abgewartet werden, denn diese kann Beschränkungen enthalten oder in bestimmten Fällen verweigert werden, der Versicherer übernimmt dann nicht etwaige Kosten einer verfrühten Beauftragung des Anwalts (vgl. § 17 der Musterbedingungen für die Allgemeine Rechtsschutzversicherung).

Die Kundeninformationen, die vor Vertragsabschluss ausgehändigt werden oder mit der Police an den Kunden übersandt werden, enthalten in der Regel einleitende Tipps zum richtigen Verhalten im Schaden- oder Leistungsfall, ansonsten finden sich diese auch in den Versicherungsbedingungen. Die Beachtung dieser Hinweise vermeidet, den Versicherungsschutz durch falsches Verhalten zu gefährden.

4.8 Betreuung von Versicherungsverträgen

Versicherungsverträge sind meist lang laufende Vertragsbeziehungen. In dieser Zeit können sich Risikoverhältnisse verändern, neue Produkte und Tarife auf den Markt kommen oder sich beim Kunden Veränderungen ergeben. Hier ein kurzer Überblick mit wichtigen Hinweisen für die laufende Betreuung, ohne die in der Versicherungsvermittlung nur ein halber Service geleistet würde.

4.8.1 Jahresgespräch

Auch nach Vertragsabschluss hat der Versicherungskunde eine Reihe von Obliegenheiten zu erfüllen. Dazu gehört insbesondere die Meldepflicht von Veränderungen der Risikoverhältnisse, die Einfluss auf die Risikoeinschätzung durch den Versicherer haben können. In der Praxis ist bei Weitem nicht jedem Kunden klar, welche Faktoren so wichtig sein können, dass sie mitgeteilt werden müssen. Außerdem können neue Risiken entstehen, zum Beispiel durch:

- Neue Familienmitglieder: Hier kann Versicherungsbedarf entstehen, zum Beispiel Einschluss in eine Kranken- oder Unfallversicherung.
- Berufliche Veränderung: In verschiedenen Personenversicherungen spielt der Beruf eine Rolle für die Risikoeinschätzung.
- Umzug: Nach einem Umzug muss mindestens der Hausratversicherer informiert und eine neue Risikoeinschätzung vorgenommen werden, ggf. auch eine Veränderung der Vertragsbedingungen, zum Beispiel kann eine höhere Wohnfläche zum Verlust eines Unterversicherungsverzichts (Erläuterungen dazu im Kapitel 5.6) führen.
- Betriebe: Aufnahme neuer Geschäftsfelder, Neu- oder Umbau von Geschäftsräumen, Erweiterung der betrieblichen Anlagen, Erhöhung des Inventars, Veränderung der Mitarbeiterzahl oder der Lohn- und Gehaltssumme (bedeutsam für die Haftpflichtversicherung).

Alle Veränderungen können einerseits zu Anpassungen bestehender Verträge Anlass sein, aber ggf. auch den Abschluss neuer Versicherungsverträge zur Deckung der neu entstandenen Risiken erfordern. Um dies systematisch regelmäßig zu überprüfen, bietet sich das Jahresgespräch mit dem Kunden an, in dem am Besten an Hand der ursprünglichen Risikoermittlungsergebnisse – zum Beispiel einem Beratungsprotokoll, wie es mit Umsetzung der EU-Vermittlerrichtlinie vorgeschrieben wird – eine Überprüfung der Risikoverhältnisse vorgenommen wird.

Bei Betrieben sollte das Jahresgespräch in jedem Fall persönlich mit dem Betriebs-inhaber oder einem verantwortlichen Mitarbeiter geführt, anschließend ein Protokoll angefertigt und vom Kunden gegengezeichnet oder ihm ausdrücklich zur Kenntnis gegeben werden. Bei Privatkunden wird das Verfahren meistens aus wirtschaftlichen Gründen nicht in Frage kommen, alternativ bietet sich aber ein jährliches Telefon-interview an. Neben einem selbst festgelegten Termin für ein Jahresgespräch bieten sich folgende weitere Gelegenheiten an:

- Betriebe: Die Betriebshaftpflichtversicherung versendet jährlich einen Fragebo-gen über neue oder veränderte Risikoverhältnisse als Anlage zur Prämienrech-nung, mit dessen Ausfüllung viele Kunden überfordert sind. Gemeinsam mit dem Kunden durchgeführt, leistet der Vermittler einen guten Service und erledigt dabei die Überprüfung der Risikoverhältnisse.

- Mitteilungen des Kunden: Teilt der Kunde von sich aus Adressänderungen oder andere Veränderungen mit, bietet sich dies als Anlass für ein außerordentliches Jahresgespräch an.

- Schadenfälle: Im Schadenfall muss ein Versicherungsvertrag beweisen, dass er den ihm zugedachten Zweck erfüllt. Bei der Schadenregulierungsverhandlung ergibt sich oft automatisch eine erneute Risikoanalyse und -beratung.

Für Banken und Sparkassen ist der Gedanke tendenziell ungewohnt, aktiv auf einen Kunden zuzugehen. Dies ist beim Jahresgespräch aber erforderlich. Dass selbst Versicherungsvermittler hier oft nachlässig sind, kann nicht darüber hinwegtäu-schen, dass der Vermittler einen schlechten Service leistet, wenn er über Jahre nicht überprüft, ob die Versorgung noch den Risikoverhältnissen angemessen ist. Dies wird in der Praxis mit einer hohen Angreifbarkeit ungepflegter Versicherungsbe-stände durch den Wettbewerb teuer bezahlt.

4.8.2 Zahlungsschwierigkeiten

Ein besonderes Problem stellen Zahlungsausfälle oder -verzögerungen nicht nur für Kreditgeber, sondern auch für Versicherungsvertragsverhältnisse dar. Der Kunde riskiert vor allem den Verlust seines Versicherungsschutzes. Bei den lang laufenden Personenversicherungsverträgen (Lebens-, Krankenversicherung) kann er zusätzlich durch die vorzeitige Kündigung des Vertrages viel Geld verlieren (niedrige Rück-kaufswerte in der Lebensversicherung, Verlust der Alterungsrückstellungen in der Krankenversicherung) und hat unter Umständen später keine Chance mehr auf einen

Neuabschluss oder nur zu erschwerten Bedingungen (veränderte Gesundheitssituation, höheres Eintrittsalter). Aus diesem Grund sind verantwortungsbewusste Versicherungsvermittler gehalten, ihren Kunden bei Zahlungsschwierigkeiten zu helfen und ihnen Möglichkeiten anzubieten, wie sie sowohl mit vorübergehenden, als auch mit dauerhaften Zahlungsproblemen umgehen können.

Für **vorübergehende Zahlungsschwierigkeiten** bieten sich insbesondere folgende Maßnahmen an:

- Veränderung der **Zahlungsweise**: Versicherungsverträge müssen immer im Voraus gezahlt werden. Entspannung kann eintreten, wenn eine jährliche Zahlung in einer Summe umgestellt wird in unterjährige Raten. Allerdings ist dies auch mit Ratenzuschlägen verbunden, die meistens einer relativ teuren Effektivverzinsung entsprechen. Deshalb sollte nach Abstellung der Zahlungsschwierigkeiten in der Regel wieder auf jährliche Zahlungsweise gewechselt werden.

- **Policendarlehen**: In der Lebensversicherung gibt es unter gewissen Voraussetzungen die Möglichkeit, vorübergehend Deckungskapital zu entnehmen und dieses später verzinst wieder zurückzuzahlen.

- **Beitragsstundung**: Diese ist in Einzelfällen möglich, insbesondere in der Lebensversicherung.

Bei dauerhaften Zahlungsschwierigkeiten können folgende Rettungsmaßnahmen geprüft werden, um den grundsätzlichen Versicherungsschutz zu erhalten:

- **Ausschluss** aller nicht existenzwichtigen Einschlüsse, beispielsweise Mitversicherung von Fahrraddiebstahlschäden in der Hausratversicherung oder Vollkaskoversicherung für ein älteres Auto.

- **Lebensversicherung**: Herabsetzung der Versicherungssumme, Verlängerung der Vertragslaufzeit bei gleicher Versicherungssumme oder als „letztes Mittel" die **Beitragsfreistellung**. Dabei wird in Lebensversicherungen, bei denen bereits ein Rückkaufswert besteht, die Beitragszahlung eingestellt und eine reduzierte neue Versicherungssumme gebildet unter Berücksichtigung der verbleibenden Restlaufzeit und des bisher vorhandenen Deckungskapitals. Damit bleibt zumindest ein kleiner Todesfallschutz und eine kleinere Auszahlungsleistung bestehen, die eingezahlten Beiträge sind nicht verloren.

5 Rund um die Finanzierung

Der Bank- oder Sparkassenmitarbeiter kommt typischerweise mit Versicherungen in Berührung, wenn es um Finanzierungen geht. So ist die Restschuldversicherung in Kreditverträgen verbreitet, manchmal soll eine Eigentumsfinanzierung mit einer Kapitallebensversicherung getilgt werden oder es werden Feuerversicherungsnachweise verlangt. Das Hauptinteresse des Kreditgebers liegt zunächst einmal darin, seinen Kredit abzusichern, also bei Ausfall der Tilgung oder des zur Tilgung Verpflichteten entweder einen Ersatz der Tilgungsleistung oder einen gesicherten Gegenwert zu erhalten. Deshalb spielt die Absicherung des Schuldners über Lebensversicherungen sowie die Absicherung des finanzierten Objekts – Haus, Auto, Betriebsinventar etc. – gegen den Totalverlust eine solch große Rolle. Wenn man den Anlass Finanzierung im Sinne einer ganzheitlichen Kundenberatung betrachtet, werden aber noch mehr potenzielle Risiken in den Fokus rücken. So muss es nicht der Totalverlust und schon gar nicht nur der durch einen Brand sein, der die Kreditabsicherung durch den Sachwert gefährdet. Der Kunde wird mit dem finanzierten Objekt auch neue Interessen entwickeln, sich vor Schäden für, aber auch durch dieses Objekt abzusichern. Die Kraftfahrzeugversicherung ist ein einleuchtendes Beispiel, aber auch die von einem Haus ausgehenden Gefahren dürfen nicht unterschätzt werden.

Aus diesem Grund werden in diesem Kapitel anlassbezogen die Versicherungen näher beschrieben, die in Zusammenhang mit einem finanzierten Objekt in Frage kommen können. Finanzierte Objekte können Gebäude, Gebäudeinhalte (Hausrat bzw. Inventar), Kraftfahrzeuge oder auch Maschinen und EDV-Anlagen sein.

5.1 Bedarfsermittlung

In der Kreditberatung werden bereits die grundlegenden Informationen über einen Finanzierungswunsch erhoben und auf die Einkommens- und Vermögensverhältnisse des Kunden abgestimmte Vorschläge entwickelt. Darin spielt zunächst einmal der **Wert des finanzierten Objektes** eine wesentliche Rolle. Dazu kommen **die Einkommens- und Vermögensverhältnisse des Kreditnachfragers**. Davon ausgehend sind die in Kapitel 2.1 und 3.1 beschriebenen typischen Risiken und deren Wirkung zu untersuchen.

1. Personenrisiken des Kreditschuldners

- Todesfall

  - Wirkung: Bei vorzeitigem Tod entfällt die Tilgungsleistung und muss mindestens in Höhe der jeweils noch vorhandenen Restschuld abgesichert werden. Das Risiko wirkt in der Regel existenzzerstörend.

  - Produkte: Die Absicherung ist möglich über die Risikolebensversicherung oder über den in einer Kapitallebensversicherung enthaltenen Todesfallschutz. Die spezielle Form der Restschuldversicherung mit fallender Todesfallsumme berücksichtigt, dass der Restkredit im Lauf der Zeit sinkt und stellt deshalb eine optimale Deckung ausschließlich des jeweils noch vorhandenen Risikos dar.

  - Höhe: Die Versicherungssumme sollte inklusive Überschussanteilen den Kreditbetrag mindestens erreichen. Sollen noch weitere Zwecke mit der Lebensversicherung erreicht werden – z.B. eine Hinterbliebenenversorgung – ist eine entsprechend höhere Summe notwendig.

- Einkommensausfall

  - Wirkung: Durch Krankheit, Unfall, Berufsunfähigkeit oder Arbeitslosigkeit kann das Einkommen gefährdet werden, das der Kreditschuldner zur Tilgung braucht. Beim Unternehmer gefährden die Risiken Krankheit, Unfall und Berufsunfähigkeit den Fortbestand des Unternehmens oder zwingen zu teuren Ersatzanstellungen. Die Wirkung kann existenzgefährdend bis -zerstörend sein.

  - Produkte: Die Krankentagegeldversicherung deckt beim Arbeitnehmer den Einkommensausfall nach Entfall der Lohnfortzahlung bzw. beim Unternehmer das entfallende Einkommen oder alternativ die zusätzlichen Kosten der Unternehmervertretung. Die Berufsunfähigkeitsversicherung kann eigenständig oder als Zusatzversicherung zur Lebensversicherung abgeschlossen werden und deckt den Einkommensausfall bei krankheits- oder unfallbedingter oder sonstiger Unfähigkeit, den Beruf weiter auszuüben. Die Unfallversicherung kann mit einer ausreichenden Invaliditätsleistung das Gleiche zumindest für das Ausschnittsrisiko Unfall abdecken. Spezielle Arbeitslosigkeitsversicherungen sind selten und weisen meistens nur einen begrenzten Schutz auf, der aber bei höher qualifizierten Arbeitnehmern wertvoll sein kann für Übergangsphasen bei Verlust des bisherigen Arbeitsplatzes.

– Höhe: Die Krankentagegeldversicherung muss beim gesetzlich Pflichtversicherten die Lücke zwischen dem Krankengeld (in der Regel 90 % des letzten Nettogehalts bis zur Beitragsbemessungsgrenze, abzüglich Arbeitnehmeranteile der Beiträge zur Arbeitslosen-, Renten- und Pflegeversicherung) und dem Nettogehalt abdecken, jeweils aber erst nach Auslaufen der meist sechswöchigen Lohnfortzahlung. Beim Selbstständigen hingegen muss sie in jedem Fall das volle, nachweisbare Nettoeinkommen aus der unternehmerischen Tätigkeit abdecken und sollte früher als nach sechs Wochen beginnen, da es hier keine Lohnfortzahlung gibt. Die Berufsunfähigkeitsversicherung sollte eine Rentenleistung aufweisen in Höhe der Lücke zwischen bisherigem Nettogehalt und zu erwartender gesetzlicher Leistungen (Renten wegen verminderter Erwerbsfähigkeit). Ist nur die Absicherung von Unfällen gewünscht bzw. bezahlbar, muss die Invaliditätsleistung einer Unfallversicherung bei finanzmathematischer Verteilung eine in gleicher Höhe ausfallende Rentenleistung finanzieren können. Arbeitslosigkeitsversicherungen sollten die Lücke zwischen bisherigem Nettogehalt und zu erwartender Leistung aus Arbeitslosengeld abdecken.

2. Vermögensrisiken durch das finanzierte Objekt

• Haftpflichtansprüche

– Wirkung: Aus einem Grundstück, Gebäude, einer Eigentumswohnung oder einem Gewerbebetrieb entstehen Haftungsrisiken. Bekannt sind die Risiken aus Versäumnis der Instandhaltung oder Schneebeseitigung, aber auch auf die Nachbarschaft übergreifende Brände können Haftpflichtansprüche Dritter auslösen. Ein Kraftfahrzeug muss pflichtweise gegen Haftpflichtansprüche versichert werden, um zugelassen werden zu können. Haftpflichtrisiken sind unübersehbar und damit in jedem Fall existenzzerstörend.

– Produkte: Die Privathaftpflichtversicherung deckt diese Risiken bei selbst genutztem Wohneigentum, spezielle Haus- und Grundbesitz- oder die Betriebshaftpflichtversicherung können die übrigen Risiken abdecken.

Die Risiken aus Umweltverschmutzung decken Öltankhaftpflichtversicherungen, spezielle weitere Umweltrisiken deckt die Umwelthaftpflichtversicherung innerhalb der Betriebshaftpflicht.

- Höhe: Die Deckungssummen in der Haftpflichtversicherung betragen meistens mehrere Millionen Euro bis hin zu unbegrenzten Deckungen, die in seltenen, aber nicht unmöglichen Fällen benötigt werden. In der Regel ist es weder lohnens- noch empfehlenswert, an den Deckungssummen zu sparen.

- Rechtsschutz

  - Wirkung: Der Besitz von Kraftfahrzeugen, Immobilien oder anderen Objekten kann auch Rechtsschutzfälle auslösen, in denen das eigene Recht aktiv durchgesetzt werden muss, zum Beispiel nach einem Verkehrsunfall, gegen säumige Mieter, gegen klagefreudige Nachbarn etc. Die Wirkung ist meistens eher existenzgefährdend, nur selten existenzzerstörend.

  - Produkte: Es gibt spezielle Rechtsschutzversicherungen für Verkehr, immobilienbezogene Risiken oder Betrieb und Beruf.

  - Höhe: Die Deckungssummen unterscheiden sich wenig, durch die Gebührenordnungen sind die Kosten typischer Rechtsschutzfälle relativ gut kalkulierbar.

- Mietausfall

  - Wirkung: Ist nach einem Schaden eine Wohnung nicht mehr (voll) bewohnbar, zahlt der Mieter keine oder eine geminderte Miete. Ein Betrieb muss nach einem Schaden umziehen und ein anderes Betriebsgebäude anmieten, bis das bisherige wiederhergestellt ist. Die Wirkung kann mindestens existenzgefährdend sein.

  - Produkte: Es gibt eine spezielle Mietverlustversicherung, die in der Verbundenen Wohngebäudeversicherung integriert ist, bei gewerblichen Gebäudeversicherungen aber separat abgeschlossen werden muss.

  - Höhe: Die Höhe orientiert sich an der Summe der Mieteinnahmen oder bei eigener Bewohnung an einer vergleichbaren Miete.

- Betriebsunterbrechung

  – Wirkung: Speziell Betriebe sind durch Zerstörung oder Beschädigung ihrer Immobilien oder Anlagen, Geräte oder Vorräte in ihrer Existenz gefährdet, weil der Betrieb und damit die Möglichkeit zur Umsatzerzielung unterbrochen wird. Auch Streik oder innere Unruhen und kriegerische Auseinandersetzungen gefährden den laufenden Betrieb.

  – Produkte: Für die Betriebsunterbrechungen nach einem versicherten Schaden (Feuer, Wasser, Sturm, Einbruchdiebstahl u.a.) am Inventar gibt es eine entweder an die Inventarversicherung angekoppelte oder eigenständige Betriebsunterbrechungsversicherung. Krieg, innere Unruhen oder Streik sind meistens nicht versicherbar.

  – Höhe: Die Versicherungssumme einer Betriebsunterbrechungsversicherung orientiert sich an der maximalen Summe laufender Kosten und entgehender Gewinne, die im versicherbaren Zeitraum einer Betriebsunterbrechung (meistens ein oder zwei Jahre) anfallen können.

3. Sachrisiken

- Wirkung: Durch Sachrisiken kann das finanzierte Objekt komplett oder teilweise untergehen. Dies kann existenzgefährdend bis sogar -zerstörend sein, wenn man beispielsweise an Betriebsgebäude und -anlagen denkt.

- Produkte: Für verschiedene Sachen gibt es unterschiedliche Versicherungen, Gebäudeversicherungen; Hausrat- und Inventarversicherungen für den Gebäudeinhalt, Maschinen- und Elektronikversicherungen, Kaskoversicherungen für Kraftfahrzeuge und Schiffe. Beim Neubau von Gebäuden sind spezielle Bauversicherungen sinnvoll.

- Höhe: Bei den Sachrisiken orientiert sich die Versicherungssumme immer am Versicherungswert der versicherten Sache. Zusätzliche Kosten zum Beispiel für Aufräumungskosten nach einem Schaden, behördliche Beschränkungen beim Wiederaufbau u.a. werden in eigenen Kostenpositionen zusätzlich abgedeckt.

Der vorstehende Überblick kann sicher an der einen oder anderen Stelle noch erweitert werden. Aber bereits so wird deutlich, dass bei einer ganzheitlichen Risikoanalyse und Kundenberatung weit mehr angesprochen werden muss als nur der Einschluss einer Restschuldversicherung und einer Feuerversicherung.

In den nachfolgenden Kapiteln werden die wichtigsten Versicherungszweige, die sich im Fall einer Finanzierung anbieten, näher besprochen.

5.2 Darlehensabsicherung durch Risikolebensversicherungen

Die Risikolebensversicherung wird auf das Leben einer oder mehrerer versicherter Personen (verbundene Risikolebensversicherung) abgeschlossen und deckt innerhalb der vereinbarten Vertragsdauer das Risiko des Versterbens. Zusätzlich enthält sie üblicherweise ein **Umtauschrecht**, das heißt, sie kann innerhalb der ersten zehn Versicherungsjahre ohne erneute Gesundheitsprüfung in eine kapitalbildende Lebensversicherung umgewandelt werden. Die **Versicherungssumme** einer Risikolebensversicherung kann in freier Vereinbarung festgelegt werden und ist in der Regel über die gesamte Vertragslaufzeit konstant. Bei der Restschuldversicherung hingegen wird eine mit der Vertragslaufzeit fallende Versicherungssumme vereinbart.

Die Antragstellung erfolgt über ein umfangreiches Antragsformular, das unter anderem eine Reihe Gesundheitsfragen und Fragen zu bereits bestehenden oder bereits früher beantragten Lebensversicherungen enthält. Der Lebensversicherer führt eine **Risikoprüfung** durch und entscheidet daraufhin, ob er die Risikolebensversicherung zum tariflichen Beitrag oder gegen Risikozuschlag oder gegen Leistungsausschluss oder überhaupt nicht annehmen kann. Ein Leistungsausschluss könnte vereinbart werden, wenn eine schwer wiegende Vorerkrankung vorliegt und der Versicherer nur Todesfälle versichert, die nicht mit dieser Vorerkrankung zusammenhängen. Bei höheren Versicherungssummen können **ärztliche Untersuchungen** obligatorisch sein. Bei Restschuldversicherungen wird meistens auf eine umfangreiche Risikoprüfung verzichtet.

Der **Versicherungsschutz beginnt**, sobald der Erstbeitrag bezahlt ist und die Lebensversicherungspolice an den Kunden übersandt ist, frühestens allerdings zu dem in der Police genannten Beginntermin. Die **Laufzeit** des Vertrages kann unterschiedlich lang gewählt werden. Bei einer Restschuldversicherung wird sie an die Kreditlaufzeit angepasst.

Die **Beitragskalkulation** erfolgt auf Basis von so genannten Sterbetafeln, das heißt, statistisch bekannten Sterbewahrscheinlichkeiten von Personen in einem bestimmten

Alter. Diese Sterbetafeln werden für Männer und Frauen getrennt geführt wegen der sehr unterschiedlich langen Lebensdauer. Da diese für Männer kürzer ist, sind Risikolebensversicherungen für Männer teurer als für Frauen. Unter dem Stichwort **Unisex-Tarife** gibt es ein Bestreben der Europäischen Union, diese Ungleichbehandlung nach Geschlecht abzuschaffen. Auswirkung hat das zunächst nur auf die „Riester-Rente", die im Kapitel 6.3 besprochen wird. Wesentliche Kriterien für die Beitragsermittlung sind derzeit Alter und Geschlecht des oder der Versicherten. Das Eintrittsalter ist meistens nicht mit dem Lebensalter komplett identisch, die Lebensversicherer runden es vielmehr bereits ein halbes Jahr nach einem Geburtstag auf das nächste Lebensalter auf.

Auf den Beitrag werden bei Bedarf Risikozuschläge sowie Zuschläge für Verwaltungs- und Vertriebskosten und Gewinn des Versicherungsunternehmens aufgeschlagen. Die Beiträge sind im Voraus zu entrichten, wobei die jährliche oder aber die monatliche Zahlungsweise dominieren, bei Restschuldversicherungen teilweise auch der Einmalbeitrag für die gesamte Laufzeit.

Risikolebensversicherungen können frühestens nach einem Versicherungsjahr jederzeit **gekündigt** werden, und zwar jeweils zum Schluss eines Versicherungsjahres (das ist das Jahr vom Beginndatum eines Vertrages an gerechnet) oder aber bei unterjähriger Zahlweise mit einmonatiger Kündigungsfrist zum nächst möglichen Ende eines Ratenzahlungszeitraums. Beispiel: eine Risikolebensversicherung mit monatlicher Zahlweise wird am 01.10.2004 abgeschlossen. Erstmals kann der Kunde sie zum 30.09.2005 kündigen, danach jeweils mit einem Monat Kündigungsfrist zum Monatsende.

Restschuldversicherungen werden in der Regel an das Kreditinstitut abgetreten, das heißt, der Kunde ist nicht ohne Zustimmung des Kreditgebers zur Kündigung berechtigt. Auch andere Risikolebensversicherungen können zur Absicherung einer Finanzierung an das Kreditinstitut abgetreten werden.

Einschränkungen beim Versicherungsschutz gibt es, wenn ein Versicherter durch **kriegerische Ereignisse** ums Leben kommt. Hier kann der Lebensversicherer in seinen Bedingungen vorsehen, im ersten Versicherungsjahr keine Todesfallleistung zu erbringen und danach nur, wenn der Versicherte nicht selbst aktiv, zum Beispiel als Soldat, am Kriegsgeschehen beteiligt war. Wehrdienst, Polizeidienst oder innere Unruhen hingegen gelten als mitversichert. Ebenfalls nicht mitversichert ist in den ersten drei Versicherungsjahren die **Selbsttötung**, sofern sie nicht auf „einem die freie Willensbestimmung ausschließenden Zustand krankhafter Störung der Geistestätigkeit" beruht.

Lebensversicherungen erzielen durch die Anlage der vereinnahmten Gelder und eine vorsichtige Kalkulation der Beiträge **Überschüsse**, die sie anders als andere Wirtschaftsunternehmen nicht als bilanziellen Gewinn verwenden dürfen, sondern ganz überwiegend an die Versicherten wieder ausschütten müssen. Gerade das macht allerdings die Rendite einer Lebensversicherung aus. Das gilt auch für Risikolebensversicherungen, auch wenn sie keinen Sparbeitrag enthalten, denn auch sie müssen so vorsichtig kalkuliert werden, dass Schwankungen in der tatsächlichen Sterblichkeit vertragen werden. Außerdem wirkt die steigende Lebenserwartung zu Gunsten der Risikoversicherung, denn sie senkt das Risiko des vorzeitigen Todes. Die erzielten Überschüsse können in unterschiedlichen Gewinnverwendungssystemen an den Versicherten ausgeschüttet werden. Verbreitet sind die **Beitragsverrechnung**, das heißt, dass erzielte Überschüsse zur Senkung des tariflichen Beitrags führen, oder das **Bonussystem**, das heißt, dass die erzielten Überschüsse zur Erhöhung der tatsächlich auszuzahlenden Versicherungssumme verwendet werden.

Praxistipp: Die Lebensversicherer kalkulieren sehr unterschiedlich, deshalb sollte man beide Gewinnverwendungssysteme durchrechnen, um festzustellen, bei welchem das Preis-/Leistungsverhältnis für ein konkretes Angebot am günstigsten ist.

Reine Risikolebensversicherungen werden gemäß § 10 Abs. 1 Satz 3 EStG (Stand 01.01.2005) bei der **Einkommensteuer** als **Vorsorgeaufwendungen** anerkannt, unabhängig von ihrer Laufzeit und Höhe, das heißt, sie können im Rahmen der beschränkten Abzugsmöglichkeiten für Vorsorgeaufwendungen steuermindernd wirken. Die Todesfallleistung bleibt steuerfrei.

5.3 Finanzierung mit der Kapitallebensversicherung

Im Gegensatz zur Risikolebensversicherung bietet die Kapitallebensversicherung auch eine Sparleistung an. Diese wird durch Überschüsse erhöht, wobei die Überschussbeteiligung zum einen aus einem garantierten Überschussanteil auf Basis des **Garantiezinses** von derzeit 2,75 Prozent (ab 2004, in älteren Lebensversicherungsverträgen gelten noch höhere Sätze) und zum anderen einem nicht garantierten, Jahr für Jahr neu festgesetzten freien Überschuss zusammengesetzt ist. Verzinst wird dabei nur der Sparanteil, um den der ansonsten wie bei der Risikolebensversicherung berechnete Beitrag erhöht wird.

Kapitallebensversicherungen können zu Finanzierungszwecken eingesetzt werden, in dem ein Kredit mit **Tilgungsaussetzung** gewährt wird gegen Abtretung einer Kapitallebensversicherung, deren **Ablaufleistung** zum Zeitpunkt der Kreditfälligkeit ebenfalls fällig wird und den Kredit tilgen kann. Diese Konstruktion ist dann sinnvoll, wenn die effektive Verzinsung der Lebensversicherung gerade auch unter Berücksichtigung von Steuervorteilen höher ist als der Kreditzins, also beispielsweise bei Immobilienfinanzierungen. Keinen Sinn macht dies grundsätzlich bei kurzfristigen Krediten. Wenig Sinn macht es außerdem bei Mobilienfinanzierung und anderen Kreditformen mit relativ hohen Kreditzinsen. Sinnvoll sein kann hingegen die Finanzierung mit Lebensversicherungen für Unternehmer und Unternehmen, wenn sie die Beiträge zur Kapitallebensversicherung zusätzlich als Betriebsausgaben steuersenkend absetzen können (Ersparnis z. B. von Einkommen- und Gewerbesteuer). Beachten muss man allerdings, dass die Gestaltung der Lebensversicherung nicht steuerschädlich ausfällt, insbesondere die Ablaufleistung nicht die Kreditsumme übersteigt.

Für die ab 01.01.2005 neu abgeschlossenen Versicherungsverträge gilt eine **geänderte steuerliche Behandlung** der Kapitallebensversicherung. Nach dem am 11.06.2004 verabschiedeten Alterseinkünftegesetz (AltEinkG) werden die Kapitalerträge als Differenz zwischen eingezahlten Beiträgen und erreichter Ablaufleistung voll besteuert. Läuft der Vertrag allerdings mindestens 12 Jahre und ist der Versicherte bei Auszahlung mindestens 60 Jahre alt, werden die Kapitalerträge nur zur Hälfte besteuert. Dies wird die Attraktivität der Kapitallebensversicherung auch für Finanzierungszwecke schmälern. Gebeutelt ist sie ohnehin durch die mehrfache Senkung des Garantiezinses und der freien Überschüsse, die in einigen Fällen sogar ganz gestrichen werden mussten. Dazu beigetragen haben die seit vielen Jahren niedrigen Erträge aus Rentenpapieren, in die Versicherer wegen ihrer Verpflichtung zur vorsichtigen und langfristigen Kapitalanlage besonders stark anlegen. Die Börsenkrise der vergangenen Jahre hat ebenfalls einen maßgeblichen Anteil an der Senkung der freien Überschüsse.

Praxistipp: Wenn Kreditkunden in der Vergangenheit Finanzierungen mit einer tilgungsaussetzenden Kapitallebensversicherung vereinbart haben, sollten sie neue Beispielrechnungen von ihrem Lebensversicherer anfordern, wie sich nach derzeitigem Stand der Überschussbeteiligungen die Ablaufleistung darstellen wird. Durch die finanzmathematisch hohe Wirkung langfristiger Zinsänderungen kann es in solchen Fällen zu spürbaren Unterfinanzierungen kommen, die durch Nachversicherung oder anderweitige Vorsorge abgedeckt werden müssen.

Welche langfristige Auswirkung die Senkung der Überschussbeteiligungen hat, lässt sich überschlägig auch selbst ermitteln. Dazu werden nachfolgend die Schritte angegeben, jeweils mit einem Zahlenbeispiel:

1. Ermittlung des Sparbeitrags:

   - Beitrag zur Kapitallebensversicherung – Beitrag einer Risikolebensversicherung mit gleicher Versicherungssumme und Laufzeit = ungefährer Sparbeitrag der Kapitallebensversicherung

   - Beispiel: 3.000 EUR Jahresbeitrag Kapitallebensversicherung – 400 EUR Jahresbeitrag Risikolebensversicherung = 2.600 EUR Sparbeitrag

2. Hochrechnung auf den Fälligkeitstermin mit dem Endwertfaktor:

   - Ungefährer Sparbeitrag der Kapitallebensversicherung x Endwertfaktor; Endwertfaktor = $((1+i)^n - 1)/i)$, wobei n = Restlaufzeit (Jahre) und i = Zinssatz / 100, und zwar einmal zum alten und einmal zum neuen Zinssatz

   - Beispiel Senkung der Überschussbeteiligung von 6,5 Prozent auf 5,0 Prozent, 22 Jahre Restlaufzeit:

     – Alte Ablaufleistung für die Restlaufzeit des Vertrages: 2.600 EUR Sparbeitrag x $((1+0,065)^{22} - 1)/0,065)$ = 119.864,25 EUR

     – Neue Ablaufleistung für die Restlaufzeit des Vertrages: 2.600 EUR Sparbeitrag x $((1+0,05)^{22} - 1)/0,05)$ = 100.113,56 EUR

     – Differenz aus alter und neuer Ablaufleistung für die Restlaufzeit des Vertrages (Deckungslücke): 119.864,25 EUR – 100.113,56 EUR = 19.750,69 EUR

Die Berechnung ist zwar finanzmathematisch genau, aber trotzdem überschlägig, weil der genaue Sparbeitrag in der Regel nicht bekannt ist. Genauere Berechnungen muss man vom Lebensversicherer direkt anfordern.

Im obigen Beispiel wurde deshalb überschlägig ein Sparbeitrag aus der Differenz vergleichbarer Kapital- und Risikolebensversicherungen ermittelt und auf die Restlaufzeit der Kapitallebensversicherung zu einer anteiligen Ablaufleistung hochgerechnet, und zwar einmal mit dem bisherigen Überschussbeteiligungssatz und zum anderen mit dem neuen nach Senkung der Überschussbeteiligung. Aus der Differenz der beiden anteiligen Ablaufleistungen ergibt sich die Deckungslücke, mit der ein Finanzierer rechnen muss.

Gliederung der Versicherungsleistungen	2003 (Mio. EUR)	Veränderung zum Vorjahr (in %)
Aufwendungen für Versicherungsfälle gesamt	43.626,4	13,3
Davon:		
Kapitalbeträge aus Hauptversicherungen	38.205,4	13,6
Davon fällig durch:		
Tod	3.667,4	0,5
Invalidität, Heirat oder andere Ursachen	232,1	88,6
Ablauf oder Erleben	34.305,9	14,9
Rentenbeträge aus Hauptversicherungen	3.381,3	8,9
Kapitalbeträge aus Zusatzversicherungen	184,4	18,7
Rentenbeträge aus Zusatzversicherungen	1.638,4	6,6
Sonstige Leistungen	216,9	136,6
Vorzeitige Leistungen	12.361,1	35,1
Ausgezahlte Überschussguthaben	8.909,4	3,9
Insgesamt	**64.896,9**	**15,4**

Tabelle 1: An Versicherungsnehmer ausgezahlte Versicherungsleistungen der Lebensversicherung 2003 (Quelle: GDV-Jahrbuch 2004)

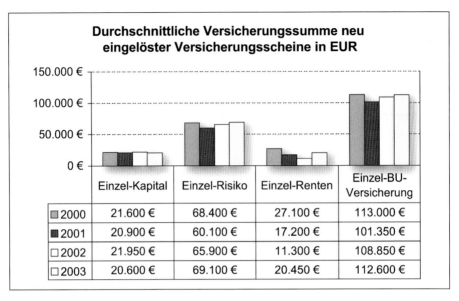

	Einzel-Kapital	Einzel-Risiko	Einzel-Renten	Einzel-BU-Versicherung
2000	21.600 €	68.400 €	27.100 €	113.000 €
2001	20.900 €	60.100 €	17.200 €	101.350 €
2002	21.950 €	65.900 €	11.300 €	108.850 €
2003	20.600 €	69.100 €	20.450 €	112.600 €

Abbildung 8: Durchschnittliche Versicherungssummen neu eingelöster Versicherungsscheine in EUR (Quelle: GDV-Jahrbuch 2004)

5.4   Schutz vor Tilgungsausfällen

In diesem Abschnitt soll vor allem die Einkommenssicherung bei Berufsunfähigkeit oder Arbeitslosigkeit dargestellt werden.

5.4.1   Berufsunfähigkeitsversicherung

Die Berufsunfähigkeitsversicherung wird entweder **als selbstständige Berufsunfähigkeitsversicherung** oder als **Berufsunfähigkeitszusatzversicherung** in Ergänzung zu einer Risiko- oder Kapitallebensversicherung angeboten. Dabei ist die Zusatzversicherung in der Regel sogar etwas günstiger als die selbstständige, obwohl der Leistungsumfang in der Regel gleich oder ähnlich ist.

Die Berufsunfähigkeitszusatzversicherung kann je nach Ausgestaltung eine Zusatzleistung darstellen, indem sie die **Beitragszahlung zur Hauptversicherung** übernimmt. Diese Beitragsbefreiung ist vor allem interessant bei der Tilgungsaussetzungsversicherung, damit diese fortgesetzt werden kann, auch wenn der Schuldner sein Arbeitseinkommen verloren hat und die Beiträge zur Lebensversicherung und damit letzten Endes die Tilgung des Kredites nicht mehr aufbringen kann.

Die eigentliche Hauptleistung der Berufsunfähigkeitsversicherung ist eine frei zu vereinbarende **Rentenzahlung**. Die Rentenzahlung ist bis zum Vertragsablaufdatum befristet, sinnvoll ist eine Begrenzung auf den Zeitpunkt, zu dem der Versicherte erstmals eine Altersrente wegen Schwerbehinderung erhalten kann.

Abhängig ist die Leistung vom Eintritt einer **Berufsunfähigkeit**. Nach den Musterbedingungen liegt diese vor, „wenn der Versicherte infolge Krankheit, Körperverletzung oder Kräfteverfalls, die ärztlich nachzuweisen sind, voraussichtlich dauernd außerstande ist, seinen Beruf oder eine andere Tätigkeit auszuüben, die aufgrund seiner Kenntnisse und Fähigkeiten ausgeübt werden kann und seiner bisherigen Lebensstellung entspricht." Die Leistung kann auch schon bei einer teilweisen Berufsunfähigkeit fällig werden, üblicherweise wird ein Mindestprozentsatz als Voraussetzung definiert, der meistens bei 50 Prozent liegt. Bei **Pflegebedürftigkeit** sehen die Bedingungen feste Prozentsätze für die Berufsunfähigkeit vor. Nach den „Bedingungen für die Berufsunfähigkeits-Zusatzversicherung" zum Beispiel sind den Pflegestufen I = 40 Prozent, II = 70 Prozent und III = 100 Prozent Berufsunfähigkeit zugeordnet, das heißt, die typische Berufsunfähigkeitsversicherung würde erst ab Pflegestufe II leisten.

Praxistipp: *Verschiedene Versicherer bieten abweichend entweder höhere Mindestprozentsätze – z. B. 70 Prozent – oder Staffelvarianten mit teilweisen Leistungen bei niedrigeren Prozentsätzen an. Hierbei ist Vorsicht geboten, weil die Beiträge dort nur deshalb günstiger sind, weil die Versicherung seltener in Anspruch genommen werden kann.*

Die Berufsunfähigkeitsversicherung leistet nicht bei Krieg oder inneren Unruhen, wenn der Versicherte hieran „auf Seiten der Unruhestifter teilgenommen hat", wenn die Berufsunfähigkeit durch Begehung einer Straftat oder vorsätzlich herbeigeführt wurde. Auch gefährliche Veranstaltungen (Autorennen) oder Strahlung sind ausgeschlossen.

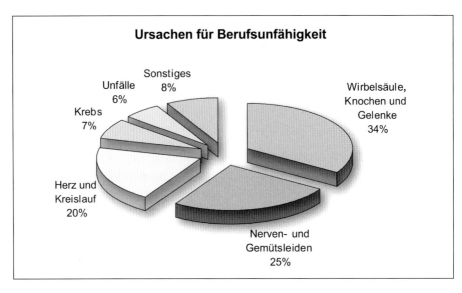

Ursachen für Berufsunfähigkeit

Sonstiges 8%

Unfälle 6%

Krebs 7%

Wirbelsäule, Knochen und Gelenke 34%

Herz und Kreislauf 20%

Nerven- und Gemütsleiden 25%

Abbildung 9: Ursachen für Berufsunfähigkeit (Quelle: Verkaufsunterlagen eines Versicherungsunternehmens)

Die Feststellung der Berufsunfähigkeit nimmt ein Arzt vor. Allerdings hat der Versicherer zwei Rechte zur so genannten **Verweisung**. Bei der konkreten Verweisung kann der Versicherer die Leistung ablehnen, wenn der Versicherte einen anderen Beruf aufgenommen hat. Die abstrakte Verweisung ist in der oben zitierten Definition der Berufsunfähigkeit angelegt, wonach der Versicherer den Versicherten auch auf einen anderen Beruf oder eine andere Tätigkeit verweisen kann, zumindest soweit sie mit dem bisherigen Beruf vergleichbar ist. Es wird zwar jedem einleuchten, dass ein Vorstandsvorsitzender nach Eintritt der Berufsunfähigkeit nicht auf die Tätigkeit eines Pförtners verwiesen werden kann, weil dies weder den Kenntnissen noch der bisherigen Lebensstellung angemessen ist, aber man kann erahnen, dass in der Praxis die Diskussion nicht ganz so einfach ist, welche Tätigkeiten für einen Versicherten noch zumutbar sind. Und dies gilt auch unabhängig von der Tatsache, ob überhaupt eine freie Stelle verfügbar ist.

Praxistipp: Die meisten Berufsunfähigkeitsversicherer verzichten inzwischen auf das Recht zur abstrakten Verweisung.

5.4.2   Arbeitslosigkeitsversicherung

Im Rahmen der gesetzlichen Sozialversicherung gehört auch die **Arbeitslosenversicherung** zum Leistungsumfang. Alle abhängig Beschäftigten sind dort pflichtversichert. Die Leistungen bestehen einerseits in der Beratung und Unterstützung bei der Stellensuche und der beruflichen Qualifizierung, andererseits in Geldleistungen bei Arbeitslosigkeit. Das Arbeitslosengeld erreicht nur rund 60 Prozent des letzten Nettogehalts, wobei nur das Gehalt bis zur Beitragsbemessungsgrenze herangezogen wird. Damit entsteht in der Praxis eine erhebliche Versorgungslücke, die mindestens mit einer drastischen Senkung des Lebensstandards einhergeht. Die Leistungen sind zudem zeitlich begrenzt.

Private Arbeitslosigkeitsversicherungen haben sich bisher am Markt nicht durchsetzen können, obwohl oder gerade weil der Bedarf in Zeiten schwacher Beschäftigungslage hoch ist. Nach einer Untersuchung der Stiftung Warentest von 2003 (Finanztest 3/2003) gibt es nur wenige Angebote, die meistens als Zusatzversicherungen zu Kreditverträgen angeboten werden und nur selten als echte Einkommensersatzleistung dienen. Zudem wird das Preis-Leistungsverhältnis als ungünstig eingeschätzt, zumal lange Wartezeiten von zum Beispiel drei Jahren bestehen, ehe diese Versicherung erstmals in Anspruch genommen werden kann. Am meisten Sinn macht die Arbeitslosigkeitsversicherung dann, wenn Kreditraten durch sie abgesichert werden.

5.5   Schutz der Sachwerte – Gebäudeversicherung

Für überwiegend zu Wohnzwecken genutzte Gebäude bietet die Verbundene Wohngebäudeversicherung umfassenden Schutz für die typischen Sachrisiken sowie bestimmte Vermögensschäden, insbesondere Mietverlust und Kosten, die rund um Sachschäden zusätzlich entstehen können. Die Zerstörung oder weitgehende Beschädigung eines Gebäudes ist in der Regel mindestens ein existenzgefährdendes Risiko.

Als **Versicherungswert** wird in der Regel der so genannte **Gleitende Neuwert** verwendet. Sein Vorteil ist, dass der Gebäudewert und damit die Versicherungssumme laufend an inflationäre Entwicklungen angepasst werden. Ist also der Versicherungswert einmal korrekt ermittelt, kann grundsätzlich keine Unterversicherung auftreten.

Praxistipp: Bei Finanzierungsgesprächen geht es nicht selten um Aus- und Umbauten oder höherwertige Ausstattung von Gebäuden. Dies ist ein wichtiger Ansatzpunkt für eine neue Wertermittlung des Gebäudes, um eine Unterversicherung zu vermeiden.

Der Gleitende Neuwert wird ermittelt, indem der jeweils aktuelle Wert des Hauses – der Bau- oder der Kaufpreis – auf einen fiktiven **Gebäudewert** von **1914** heruntergerechnet wird. Dazu wird der **Baupreisindex** verwendet, der auf Basis des Jahres 1914 einen Indikator für die Entwicklung der Kosten auf dem Bau darstellt. Steht kein Preis zur Verfügung, kann auch ein Sachverständigengutachten oder eine vereinfachte Ermittlung des Gebäudewertes nach seiner Größe (Kubikmeter umbauter Raum) und Ausstattung als Grundlage herangezogen werden. Für Ein- und Zweifamilienhäuser gibt es eine noch einfachere Methode auf Basis der **Wohnfläche** und der Geschosszahl. Außerdem darf auch ein Wert verwendet werden, den ein öffentlich-rechtlicher Versicherer ermittelt hat, da dieser für die Richtigkeit der Berechnung haften muss. Neben dem Gebäude selbst können auch Nebengebäude und Einfriedungen, Carports etc. mitversichert werden.

Der Gleitende Neuwert kann jederzeit auf den aktuellen Wert wieder heraufgerechnet werden. Für die **Prämienberechnung** wird ebenfalls der Versicherungswert 1914 verwendet, indem er mit einem tariflichen Beitragssatz und dann einem jährlich nach der Inflation veränderten Anpassungsfaktor multipliziert wird, in den auch noch andere statistische Faktoren neben den Baukosten einfließen.

Bei der **Tarifeinstufung** eines Gebäudes werden verschiedene Merkmale berücksichtigt. Dazu zählt insbesondere, ob die Außenmauern massiv oder aber in anderer Weise (z. B. Fachwerk, Holz) ausgeführt sind und ob die Dacheindeckung „hart" (Ziegel, Beton z. B.) oder „weich" (Ried, Stroh, Holz z. B.) ist. Besondere Einstufungen gibt es außerdem für Fertighäuser. Ein weiteres wichtiges Merkmal sind eventuelle **Gefahrerhöhungen** durch die Betriebsart oder die Art gelagerter Stoffe, wenn sich ein Betrieb im Gebäude oder in der direkten Nachbarschaft – ohne Trennung durch einen Zwischenraum von mindestens zehn Metern oder eine Brandmauer – befindet. Zuschläge gibt es auch für Gebäude mit erhöhter Risikoneigung, weil sie nicht ständig bewohnt sind, zum Beispiel Ferienhäuser, oder wenn sie durch Schwimmbäder, Fußbodenheizung, Verkleidungen der Außenwände besonders anfällig sind für die Risiken Leitungswasser- oder Sturmschäden.

Versichert werden in aller Regel folgende Risiken:

- Feuer: Brand, Blitzschlag, Explosion, Implosion, Aufprall eines Luftfahrzeuges

- Wasser: Schäden durch bestimmungswidrig ausgetretenes Leitungswasser sowie Schäden durch Rohrbuch oder Frost

- Sturm und Hagel: Sturm ab Windstärke 8

Versichert ist die **Reparatur** oder der **Wiederaufbau** bzw. die **Wiederbeschaffung**, wenn durch eine dieser Gefahren das Gebäude beschädigt oder zerstört wird. Auch Folgeschäden oder Einwirkungsschäden sind mitversichert. Beispiel: Ein Sturm deckt Teile des Dachs ab, anschließend dringt Regenwasser ins Gebäude ein und schädigt das Mauerwerk. Wichtig ist, dass die Ersatzleistung in der Gebäudeversicherung zweckgebunden ist, das heißt, über die durchgeführte Reparatur oder den Wiederaufbau muss ein Nachweis erbracht werden. Deshalb sind im Schadenfall Rechnungen beauftragter Betriebe oder Belege über erbrachte Eigenleistungen zu sammeln. Wer die Wand nach einem Leitungswasserschaden selbst wieder tapeziert und streicht, kann hierfür auch einen Schadenersatz für Material und aufgewendete Stunden geltend machen, letzteres muss allerdings günstiger sein als beim Fachbetrieb.

Bei **Brandschäden** ist es wichtig zu wissen, dass reine **Sengschäden** oder Schäden an Sachen, die ohnehin einem **Nutzfeuer** ausgesetzt wurden (Heizungsanlage z.B.) nicht versichert sind. Blitzschäden sind nur versichert, wenn der Blitz direkt in das Gebäude eingeschlagen ist, allerdings können im Rahmen der zusätzlichen Einschlüsse über Klauseln auch **Überspannungsschäden** wieder eingeschlossen werden, die unter anderem durch entfernt eingeschlagene Blitze ausgelöst sein können.

Bei den **Leitungswasserschäden** muss man sehr genau differenzieren, was alles zum versicherten Wasserleitungsnetz gehört. Mitversichert sind alle Zu- und Ableitungen der Wasserversorgung **im Haus** und die sonstigen damit verbundenen Einrichtungen wie z. B. Boiler oder Waschmaschinen, Heizungen oder Klimaanlagen. **Außer** Haus sind nur die Zuleitungsrohre zur Wasser- oder Heizungswasserversorgung und auch nur auf dem Grundstück gegen Bruch und Frost mitversichert, nicht aber die Ableitungsrohre.

Praxistipp: Deckungslücken entstehen bei den Rohren außerhalb des Hauses regelmäßig dann, wenn Leitungen auch außerhalb des Grundstücks verlaufen, typischer-

weise vom Kanal in der Mitte einer öffentlichen Straße bis zur Grundstücksgrenze und in jedem Fall bei den Ableitungsrohren auf und außerhalb des Gebäudes. Das hartnäckige Gerücht, die jeweilige Gemeinde würde für solche Schäden aufkommen, sollte man am besten selbst überprüfen, es dürfte sich in der Regel als falsch herausstellen. Man kann diese Deckungslücken über Klauseln wieder einschließen. In letzter Zeit sind die Versicherer allerdings zurückhaltend geworden und schließen bei Neuordnungen von Versicherungsverträgen teilweise die Ableitungsrohre außer Haus wieder aus, hier ist Vorsicht geboten.

Ebenfalls nicht versichert sind Schäden durch Plansch- und Reinigungswasser, durch Schwamm oder durch Regenwasser an den Regenfallrohren. Letzteres wird allerdings in manchen Deckungskonzepten über eine zusätzliche Klausel wieder eingeschlossen.

Bei **Sturmschäden** ist wichtig zu wissen, dass ein Sturm mit einer Windstärke von mindestens 8 vorgelegen haben muss. Sturmböen sind oft lokal begrenzt, das heißt, der Versicherer weiß möglicherweise nicht, dass in diesem Gebiet ein Sturm stattgefunden hat. Ein Nachweis lässt sich dann darüber erbringen, dass man ähnliche Schäden an benachbarten Gebäuden belegen kann.

Die Leitungswasser- und die Sturmversicherung werden beide zum Leidwesen der Versicherer mitunter als Reparaturkostenversicherungen genutzt. Das heißt, marode Dächer oder Wasserleitungen werden nicht instand gesetzt, sondern der Versicherer wird beim nächsten, sicher eintretenden Schaden die Reparatur und damit eine stückweise Sanierung bezahlen. Für den Kunden birgt das aber das Risiko, dass eine zu hoch belastete Gebäudeversicherung gekündigt wird, manchmal verbunden mit dem Angebot eines geänderten Versicherungsumfangs, zum Beispiel durch Vereinbarung einer Selbstbeteiligung oder eines Ausschlusses der schadenbelasteten versicherten Gefahren. Mit solchen Vorschäden belastet, wird es aber auch schwer, einen neuen Versicherer zu finden, weil Vorschäden angegeben werden müssen und die Versicherer auch untereinander Vorversicherungsinformationen austauschen.

Praxistipp: *Vorsicht bei der Umdeckung von Gebäudeversicherungen von einem Versicherer auf den anderen. Ist der Vertrag mit Vorschäden belastet, kann das den Kunden teuer zu stehen kommen. Vorsicht auch bei finanzierten Gebäuden und bei Eigentumswohnungsanlagen, denn hier muss jedes Kreditinstitut um Zustimmung gebeten werden, die Feuerversicherung auf einen anderen Versicherer zu übertragen. Bei Eigentumswohnungen ist die Kündigung des alten Versicherers rechtsun-*

wirksam, wenn dieser Nachweis nicht bis einen Monat vor Vertragsablauf vollständig erbracht wird.

Daneben gibt es weitere Risiken für ein Gebäude und Kosten, die entstehen können. Besonders wichtig sind die **Elementarschäden** wie Erdbeben, Erdrutsch und -senkung, Lawinen, Sturmflut oder Überschwemmungen. Diese sollten auch in weniger risikoexponierten Lagen mitversichert werden, weil Elementarschäden ähnlich wie ein Brand das Gebäude in hohem Maß bedrohen, vollkommen zerstört zu werden. Die diversen Hochwasserkatastrophen der letzten Jahren an der Elbe und anderswo sind ein Beleg dafür.

Mitversichert werden **Kosten** für Aufräumung und Abbruch, Bewegungs- und Schutzkosten und Schadenabwendungs- und -minderungskosten, beispielsweise für das Abtragen einer Brandruine und Entsorgung des Schutts, für die Einrüstung des Gebäudes nach einem Sturmschaden etc. Auch Preissteigerungen, die während des Wiederaufbaus auftreten oder Mehrkosten durch behördliche Beschränkungen beim Wiederaufbau spielen eine Rolle, wenn beispielsweise Denkmalschutzbestimmungen oder neue Bauvorschriften zu zusätzlichen Kosten führen.

Durch Klauseln kann man eine Reihe weiterer Kosten einschließen. Besonders sinnvoll sind Dekontaminationsschäden, wenn zum Beispiel nach einem Brand Erdreich untersucht, gereinigt oder ausgetauscht werden muss. Andere Klauseln wie Beseitigung von Graffitischäden, Fahrzeuganprall oder Kosten der Beseitigung umgestürzter Bäume kann man mitversichern, sollte aber prüfen, ob diese nicht auch selbst tragbar sind.

Praxistipp: Es gibt am Markt zahlreiche Deckungskonzepte, die automatisch die Mitversicherung vieler Kosten und Leistungen vorsehen, deren Weglassen keine spürbare Prämienersparnis bringen würde.

Die **Vertragsdauer** in der Gebäudeversicherung kann frei vereinbart werden, allerdings kann der Kunde nicht länger als fünf Jahre wirksam an den Vertrag gebunden werden. Die Kündigungsfrist beträgt drei Monate zum Vertragsablaufdatum.

Die Sachversicherungen erscheinen dem Laien oft sehr kompliziert durch die vielen Ein- und Ausschlüsse, deren praktische Bedeutung man nicht immer sicher einschätzen kann. Wichtig für das Verständnis ist jedoch immer, sich Folgendes vor Augen zu halten:

- Versichert ist nur, was exakt als versichert beschrieben und im Versicherungs-schein aufgeführt ist.

- Versichert ist die versicherte Sache immer nur gegen die ausdrücklich genannten Gefahren.

- Versichert ist die versicherte Sache immer maximal zu dem im Versicherungs-schein genannten Versicherungswert.

Das bedeutet, dass sich die Prüfung eines Angebotes immer auf die Fragen konzen-trieren muss, ob alles enthalten ist, was versichert sein soll, also alle Gebäude, Ne-bengebäude, Gebäudebestandteile, ob diese gegen alle wichtigen, weil für das Ge-bäude existenzbedrohlichen Gefahren versichert sind und ob der Wert richtig ermit-telt wurde. Als nächstes muss geprüft werden, ob alle wichtigen Gefahren als versi-chert gelten und ggf. mit welchen summenmäßigen Beschränkungen und Ausschlüs-sen.

5.6 Schutz der Sachwerte – Hausratversicherung

Die Verbundene Hausratversicherung auf Basis des Bedingungswerkes „VHB 2000" oder älterer Allgemeiner Versicherungsbedingungen für die Verbundene Hausrat-versicherung stellt in der Praxis den häufigsten Typ der Hausratversicherung dar. Die Zerstörung des Hausrats zum Beispiel durch einen Brand oder das Abhanden-kommen der wertvollen Bestandteile des Hausrats, zum Beispiel Wertgegenstände und technische Geräte, kann für einen Privathaushalt ein existenzzerstörendes, min-destens aber ein existenzgefährdendes Risiko sein. Die Hausratversicherung stellt allerdings ähnlich wie die Verbundene Wohngebäudeversicherung ein Paket an Absicherungen bereit, wobei nicht alle Risiken existenzgefährdend sein dürften. Ein „Aufschnüren" solcher Pakete ist aber aus wirtschaftlichen Gründen in der Regel nicht möglich.

Versicherungswert ist in der Verbundenen Hausratversicherung der **Neuwert**, das heißt, alle noch zum regulären Gebrauch dienenden Hausratgegenstände werden zu dem Wert versichert, den vergleichbare neuwertige Gegenstände kosten. Bezahlt wird entweder eine Reparatur oder eine Neuanschaffung, wobei die Ersatzleistung anders als in der Gebäudeversicherung nicht zweckgebunden ist, der Kunde kann also die Ersatzleistung auch anderweitig verwenden.

Der Hausrat ist jedoch nicht überall versichert, sondern:

- auf dem im Versicherungsschein bezeichneten Grundstück,

- in der Wohnung des Kunden, zu der auch Loggien, Balkone, direkt an die Wohnung angrenzende Terrassen, eigene, abgeschlossene Keller- und Bodenräume sowie Nebengebäude auf demselben Grundstück gehören,

- in Gemeinschaftsräumen nur für Waschmaschinen und Trockner,

- in privat genutzten Garagen, die sich in der Nähe des Versicherungsortes (im Versicherungsschein bezeichnetes Grundstück) befinden,

- privat angebrachte Antennen und Markisen auf dem ganzen Grundstück,

- weltweit über die so genannte Außenversicherung, allerdings mit zeitlichen Einschränkungen (bis drei Monate Abwesenheit pro Jahr), inhaltlichen Einschränkungen (insbesondere in der Einbruchdiebstahlversicherung muss ein Einbruchdiebstahl im Sinne der Bedingungen stattfinden) und summenmäßigen Einschränkungen (versichert ist der Hausrat nur bis zu 10 Prozent der Versicherungssumme, maximal 10.000 EUR).

Praxistipp: Die weltweite Geltung des Hausratversicherungsschutzes besteht standardmäßig erst seit den Bedingungen VHB 1992, in älteren Allgemeinen Versicherungsbedingungen ist der Versicherungsschutz auf das geografische Europa begrenzt worden.

Versichert ist der **Hausrat**, das sind nach einer einfachen Definition alle Gegenstände, die beim Umzug mitgenommen würden. Genauer sind es Sachen, die im Haushalt zur Einrichtung, zum Gebrauch oder zum Verbrauch dienen sowie Bargeld und Wertsachen, letztere allerdings nur innerhalb gewisser Grenzen. Mitversichert werden allerdings auch Sachen, die ein Mieter in das Gebäude eingefügt hat und für die er die Gefahr trägt (d. h., für die er im Zweifel aufzukommen hat), zum Beispiel Bodenbeläge oder Einbauküchen. Auch die vom Mieter außen angebrachten Sachen, wie Satellitenempfänger oder Markisen, sind mitversichert, aber auch hier nur, wenn sie dem Mieter allein gehören und er die Gefahr dafür trägt. Weiterhin sind auch Gegenstände mitversichert, die der Wohnungsinhaber oder eine in seinem Haushalt lebende Person für seinen Beruf oder sein Gewerbe braucht.

Praxistipp: *Wertsachen wie Geld, Schmuck, Briefmarken- und Münzsammlungen, Urkunden, Kunstgegenstände, Pelze, Gobelins oder mindestens 100 Jahre alte Antiquitäten (außer Möbel) sind standardmäßig nur mit sehr begrenzten Werten von zum Beispiel 20 Prozent der Versicherungssumme mitversichert, die sich aber gegen Zuschlag anheben lassen. Dies sollte bei der Beratung zur Hausratversicherung regelmäßig hinterfragt werden, gerade bei kleineren Versicherungssummen kann die Begrenzung schnell nicht ausreichen.*

Nicht mitversichert sind in jedem Fall Kraftfahrzeuge und deren Teile, lediglich die eingelagerten Reifen oder Dachgepäckträger werden mitversichert. Weitere, nicht versicherte Gegenstände werden im § 1, 4 der VHB 2000 aufgelistet.

Versichert werden in aller Regel folgende Risiken:

- Feuer: Brand, Blitzschlag, Explosion, Implosion, Aufprall eines Luftfahrzeuges

- Wasser: Schäden durch bestimmungswidrig ausgetretenes Leitungswasser sowie Schäden durch Rohrbuch oder Frost

- Sturm und Hagel: Sturm ab Windstärke 8

- Einbruchdiebstahl, Raub, Vandalismus nach einem Einbruch

Wie in nahezu allen Sachversicherungen, sind auch in der Hausratversicherung **vorsätzlich oder grob fahrlässig verursachte Schäden**, Schäden durch **Krieg** und **innere Unruhen** sowie durch **Kernenergie** ausgeschlossen.

Zum Schutz gegen **Einbruchdiebstahl** gelten einige Besonderheiten: Einbruchdiebstahl kann nur vorliegen, wenn jemand Unberechtigtes in ein geschlossenes Gebäude einbricht, einsteigt oder mit falschem Schlüssel oder Werkzeug eindringt. Damit ist klar, dass das Aufbrechen eines Kraftfahrzeugs nicht unter den Einbruchdiebstahlbegriff der Hausratversicherung fällt. Ebenfalls kein Einbruchdiebstahl kann bei Veranden und Balkonen sowie in nicht abgeschlossenen Gemeinschaftsräumen eines Hauses stattfinden. Ein Einbruchdiebstahl kann auch erfolgen, wenn der Dieb den richtigen **Wohnungsschlüssel** durch Raub oder durch einfachen Diebstahl an sich gebracht hat. Allerdings darf der Kunde dies auf keinen Fall begünstigen, er muss also sofort die Wohnungsschlösser austauschen, sobald er den Verlust seines Schlüssels feststellt.

Praxistipp: *Höherwertige Hausratgegenstände sollten katalogisiert oder fotografiert/gefilmt und diese Nachweise dann außerhalb der Wohnung, zum Beispiel in einem Bankschließfach, aufbewahrt werden, um den Nachweis im Schadenfall zu erleichtern. Ein guter Nachweis gelingt auch durch eine Wohnungsbegehung, bei der eine umfassende Liste der Hausratgegenstände zur Ermittlung der Versicherungssumme angelegt und anschließend zu den Versicherungsunterlagen genommen wird.*

Raub bedeutet, dass der Dieb Gewalt gegen den Wohnungsbesitzer ausübt, um in den Besitz des Schlüssels oder von Wertgegenständen zu gelangen. Kein Raub dagegen ist der typische Trickdiebstahl, bei dem zum Beispiel ein Wertgegenstand durch Anrempeln unauffällig entwendet wird.

Vandalismus ist eine häufige Begleiterscheinung von Einbrüchen. Einbrecher verwüsten die Wohnung aus Enttäuschung über zu geringe vorgefundene Werte oder aus Zerstörungswut und verursachen damit erheblichen Schaden. Voraussetzung ist aber auch hier, dass zuvor ein Einbruch erfolgt ist.

Praxistipp: *Vandalismus ist in den alten Bedingungswerken VHB 1974 und davor noch nicht standardmäßig mitversichert gewesen. Gerade in der Hausratversicherung lohnt es sich, einen Bedingungsvergleich anzustellen und zu prüfen, ob alte Bedingungen aus anderen Gründen noch vorteilhaft für den Kunden sind oder eine Umstellung auf neuere Bedingungen empfehlenswert ist.*

Auch die Hausratversicherung deckt neben den reinen Sachwerten weitere **Kosten** ab, insbesondere Aufräumungs-, Bewegungs- und Schutzkosten, Schadenabwendungs- und Schadenminderungskosten oder Schlossänderungskosten. Zusätzlich übernimmt die Hausratversicherung den an einem Gebäude entstandenen Schaden durch Einbruchdiebstahl und Vandalismus nach einem Einbruch, also zum Beispiel die Reparatur der Wohnungstür. Nach einem Leitungswasserschaden werden auch Reparaturkosten an den Bodenbelägen und Tapeten gemieteter Wohnungen übernommen, wobei hier eine Doppelversicherung mit der Gebäudeversicherung entstehen kann, die durch ein Teilungsabkommen zwischen den beteiligten Versicherern ausgeglichen wird. Ist eine Wohnung nach einem versicherten Schaden unbewohnbar, übernimmt die Hausratversicherung die vorübergehende (bis 100 Tage) Unterbringung der Bewohner in einem Hotel sowie die Transport- und Lagerkosten für die vorübergehende Einlagerung von Hausrat. Außerdem werden nach einem Einbruch Bewachungskosten oder provisorische Schutzmaßnahmen übernommen, wie zum Beispiel ein behelfsmäßiger Ersatz einer zerstörten Scheibe.

Neben den Grundgefahren gibt es auch in der Hausratversicherung verschiedene weitere Risiken für den Hausrat, die entweder standardmäßig oder durch Zusatzklauseln mitversichert werden. Besonders wichtig sind auch hier die **Elementarschäden**, also die Versicherung gegen u.a. Erdbeben, Erdsenkung, Überschwemmung, Lawinen. Diese Klausel muss in der Regel separat abgeschlossen werden und sieht eine Selbstbeteiligung im Schadenfall vor, die aber angesichts der Existenzgefährdung dieser Risiken vertretbar ist. Weiterhin sind heute meistens **Überspannungsschäden** durch Blitz mitversichert. Besonders eingeschlossen werden kann der Diebstahl von **Fahrrädern**, wobei insbesondere für die nächtliche Abstellung Einschränkungen gelten. Ob dies ein existenzgefährdendes Risiko darstellt, sollte ein Kunde für sich selbst entscheiden. Wer **Aquarien** oder **Wasserbetten** besitzt, sollte über deren Einschluss in die Leitungswasserversicherung nachdenken, das heißt, der Wasseraustritt würde dann wie ein Leitungswasserschaden behandelt.

Bei **Umzug** ist zu beachten, dass der Versicherungsschutz auf die neue Wohnung übergeht und für eine Übergangszeit von bis zu zwei Monaten in beiden, der alten und der neuen Wohnung, Versicherungsschutz besteht.

Die **Prämie** für die Hausratversicherung berechnet sich zum einen nach der vereinbarten Versicherungssumme, zum anderen nach dem Ort, in dem das Versicherungsgrundstück gelegen ist. Darin spiegelt sich die unterschiedliche Gefährdung von Wohnungen im Bereich Einbruchdiebstahl wider. Außerdem spielt wie bei der Gebäudeversicherung die Bauart des Gebäudes eine Rolle, in dem sich der Hausrat befindet. Vereinfacht gesagt, gelten Zuschläge für alle Gebäude, die kein massives Mauerwerk und bzw. oder keine „harte" Dachung aufweisen. Schließlich spielt auch noch die Nutzungsart der Wohnung eine Rolle. Der Standardfall sind dauerhaft bewohnte Wohnungen. Aber auch nicht ständig bewohnte Gebäude wie z.B. Ferienwohnungen oder der bei Speditionen eingelagerte Hausrat lassen sich versichern, wenn auch zu höheren Prämiensätzen. Zuschläge werden außerdem erhoben, wenn sich in der Nachbarschaft eine **Gefahrerhöhung** durch einen Betrieb ergibt, dessen Feuerklasse höher ist als die der Wohnung.

Ein interessanter Einschluss in der Hausratversicherung kann der **Unterversicherungsverzicht** sein. Dieser darf je nach Versicherungsgesellschaft ab einer bestimmten Versicherungssumme pro Quadratmeter Wohnfläche (z. B. 600 EUR) vereinbart werden und besagt, dass der Versicherer im Schadenfall darauf verzichtet, das Bestehen einer Unterversicherung zu prüfen und bei der Ermittlung der Schadenzahlung in Abzug zu bringen. Allerdings darf man dabei nicht vergessen, dass trotzdem die Versicherungssumme die Obergrenze des Schadenersatzes darstellt, wodurch trotz ausreichender Versicherungssumme pro Quadratmeter im Totalschadenfall insgesamt eine Unterversicherung bestehen kann.

Praxistipp: In der Regel enthält die Hausratversicherung noch eine **Vorsorge** *von 10 Prozent, um die im Schadenfall die Versicherungssumme erhöht wird, wenn sie nicht ausreichend bemessen war.*

Um die Hausratversicherung vor inflationsbedingtem Wertverlust zu schützen, wird die Versicherungssumme jährlich gemäß den vom Statistischen Bundesamt festgestellten **Preisänderungen** angepasst. Dieser Anpassung kann der Kunde allerdings schriftlich innerhalb eines Monats nach Mitteilung widersprechen.

Auch die **Prämiensätze** können sich verändern. Maßgeblich dafür ist die Veränderung der Gesamtversicherungssummen zu den Gesamtschadenzahlungen der deutschen Hausratversicherer. Erhöhen kann, senken muss der Versicherer seinen Prämiensatz. Der Kunde hat allerdings ein Sonderkündigungsrecht im Fall der Prämiensatzerhöhung, das er innerhalb eines Monats nach Zugang der Erhöhungsmitteilung mit sofortiger Wirkung, frühestens allerdings zu dem Zeitpunkt ausüben kann, zu dem die Prämiensatzerhöhung wirksam wird.

Die **Vertragsdauer** in der Hausratversicherung kann frei vereinbart werden, allerdings kann der Kunde nicht länger als fünf Jahre wirksam an den Vertrag gebunden werden. Die Kündigungsfrist beträgt drei Monate zum Vertragsablaufdatum.

Abgrenzung versicherter Sachen in der Gebäude- und Hausratversicherung	
Gebäudeversicherung	**Hausratversicherung**
• Gebäudehülle und alle fest damit verbundenen Teile und Anbauten. • Dazu gehören auch Einbaumöbel, fest verklebte Teppichböden etc.	• Alle beweglichen Teile, die zur Einrichtung oder zum Gebrauch und Verbrauch dienen. • Bargeld und Wertsachen
• Ausnahme: Von einem Mieter auf dessen Kosten eingebrachte Sachen, für die er auch selber die Gefahr trägt (z. B. Einbauküche).	• Ausnahme: Kraftfahrzeuge und Gebäudebestandteile.

Tabelle 2: Versicherungsschutz in der Gebäude- und Hausratversicherung

Neben der Hausratversicherung gibt es weitere Risiken in Zusammenhang mit dem Hausrat, die durch eigene Versicherungen abgedeckt werden können. Inwieweit es sich hier um existenzgefährdende Risiken handelt, muss im Einzelfall beurteilt werden:

1. Haushaltsglasversicherung

- Versichert wird die Gebäude- und Mobiliarverglasung der Wohnung oder des Einfamilienhauses. Eingeschlossen werden können auch Ceranfelder, Aquarien sowie künstlerisch bearbeitete Scheiben. Voraussetzung für einen Schadenersatz ist das Zerbrechen des Glases, oberflächliche Kratzer reichen nicht. Dann wird der Ersatz durch einen Glasereibetrieb sowie zusätzlich notwendige Kosten, zum Beispiel für Gerüste und Montagekosten von Fensterrahmen, Gitter oder Rolladen übernommen.

- Der Beitrag berechnet sich meistens nach der Wohnfläche oder pauschal pro Wohnung bzw. Haus, in größeren Gebäuden kann auch die Quadratmeterfläche der Verglasung verwendet werden.

2. Reisegepäckversicherung

- Versichert ist bis zur vereinbarten Versicherungssumme das vom Versicherungsnehmer oder seiner Familie mitgeführte Reisegepäck, und zwar über die von der Außenversicherung der Hausratversicherung gegebene Deckung hinaus insbesondere auch gegen Diebstahl, mutwillige Beschädigung durch Dritte, Verlieren (bis auf einfaches Liegenlassen), Transportmittelunfall oder Unfall des Versicherten, bestimmungswidrig eindringendes Wasser, wie zum Beispiel Regen oder höhere Gewalt. Auch Ersatzkäufe sind mit einem Anteil an der Versicherungssumme mitversichert, wenn Reisegepäck verspätet zugestellt wird, zum Beispiel am Flughafen verloren geht.

- Ausgeschlossen sind Krieg und innere Unruhen, Kernenergie, Beschlagnahme, Verschleiß sowie Schäden im Campingzelt oder -mobil. Wertgegenstände und Fotoapparate werden nur begrenzt erstattet, ebenso das Verlieren von Gegenständen. Ebenfalls begrenzt und mit Auflagen bewehrt ist die Ersatzpflicht bei Diebstahl aus einem Kraftfahrzeug.

3. Elektro- und Gasgeräteversicherung

- Versichert sind privat und gewerbliche genutzte Elektro- und Gasgeräte im Haushalt wie Waschmaschine, Kühlschrank oder Herd. Eine Besonderheit dieser Versicherung ist, dass sie im Gegensatz zu anderen Versicherungen auch den Verschleiß und Konstruktions- oder Materialfehler dieser Geräte bezahlt, soweit diese nicht durch eine Herstellergarantie abgedeckt sind. Damit ist die EGG-Versicherung eine Reparaturkostenversicherung, denn der Regelersatz ist die Übernahme der Reparatur, bei Unwirtschaftlichkeit auch ein Zuschuss zur Neuanschaffung (bis maximal 55 Prozent).

- Ausgeschlossen sind von außen auf das Gerät einwirkende Ereignisse.

5.7   Schutz der Sachwerte – Kraftfahrzeugversicherung

Werden Kraftfahrzeuge finanziert, hat der Kreditgeber in der Regel auch ein Interesse an der Absicherung dieses Vermögenswertes. Dass er im Verkehr besonders stark durch die typischen Sachrisiken Zerstörung, Beschädigung oder Abhandenkommen gefährdet ist, leuchtet unmittelbar ein.

	Anzahl	**Veränderung**
Unfälle mit Personenschaden	354.534	-2,1 %
Schwer wiegende Unfälle nur mit Sachschaden	124.823	-3,8 %
Übrige Unfälle mit Sachschaden	1.780.210	-1,0 %
Alkohol-Unfälle	22.208	-4,3 %
Getötete	6.613	-3,3 %
Verletzte	462.170	-3,0 %

Tabelle 3: Straßenverkehrsunfälle in Deutschland 2003
(Quelle: GDV-Jahrbuch 2004)

Die Fahrzeugversicherung gliedert sich in die Voll- und die Teilkaskoversicherung. Nicht Gegenstand dieses Abschnitts ist die Kraftfahrzeug-Haftpflichtversicherung.

Die **Teilkaskoversicherung** schützt das Fahrzeug bei den Gefahren:

- Brand oder Explosion, Schmorschäden durch Kurzschluss,

- Entwendung durch Diebstahl oder Raub und Unterschlagung,

- Sturm, Hagel, Blitzschlag oder Überschwemmung, soweit sich diese unmittelbar auf das Fahrzeug auswirken,

- Zusammenstoß mit Haarwild während der Fahrt,

- Glasbruch.

Meistens werden die Teilkaskoversicherungen mit oder ohne **Selbstbeteiligung** angeboten. Die **Versicherungsprämie** berechnet sich im Wesentlichen nach dem Fahrzeugtyp und dem Zulassungsbezirk. Dazu kommen zahlreiche weitere Rabatt-möglichkeiten oder Zuschläge, zum Beispiel nach Art und Zahl der Nutzer, der Laufleistung, dem üblichen Abstellort.

Die **Vollkaskoversicherung** bietet weiter gehenden Versicherungsschutz gegen

- Unfallschäden am Fahrzeug und

- Schäden, die durch mut- und böswillige Handlungen betriebsfremder Personen verursacht werden.

Die Vollkaskoversicherung wird meistens mit unterschiedlich hohen **Selbstbeteili-gungen** angeboten. Neben den auch für Teilkaskoversicherung geltenden Faktoren spielt zusätzlich das **Schadenverhalten** des Versicherten eine wesentliche Rolle bei der **Prämienberechnung**. Ein umfangreiches System von Bonus- und Malusstufen senkt oder erhöht die Tarifprämie in Abhängigkeit von der Zahl der schadenfrei gefahrenen Jahre.

Die Kraftfahrzeugversicherung sieht als Ersatzwert den **Wiederbeschaffungswert** eines nach Typ, Alter und Abnutzung vergleichbaren Fahrzeugs vor, nur in den ersten Monaten nach Zulassung kann es abweichend eine Neuwertersatz-

Vereinbarung geben. Der Versicherer bezahlt demnach die Reparatur oder im wirtschaftlichen Totalschadenfall – wenn also die Reparaturkosten den aktuellen Wiederbeschaffungswert übersteigen würden – bzw. bei Abhandenkommen den Wiederbeschaffungswert. Dazu erstattet er Kosten in Zusammenhang mit der Rückführung eines wieder aufgefundenen Fahrzeugs.

Praxistipp: Bei älteren Fahrzeugen (über vier Jahre) kann der Versicherer einen Abzug „neu für alt" machen, also berücksichtigen, dass die bei einer Reparatur eingefügten Ersatzteile wesentlich jünger und damit höherwertiger sind. Auf diesen Abzug verzichten aber viele Versicherer.

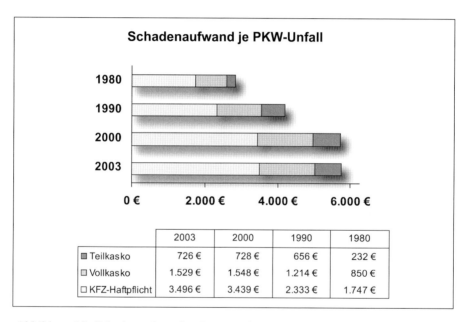

*Abbildung 10: Schadenaufwand je PKW-Unfall in der KFZ-Haftpflicht-, Vollkasko-
und Teilkaskoversicherung (Quelle: GDV-Jahrbuch 2004)*

Anders als in der Kraftfahrzeug-Haftpflichtversicherung übernimmt die Kaskoversicherung keine Kosten des **Nutzungsausfalls**, also zum Beispiel für einen Ersatzwagen.

In der Kraftfahrzeugversicherung gelten verschiedene **Ausschlüsse**. Ausgeschlossen sind vorsätzlich oder grob fahrlässig verursachte Schäden sowie Schäden in Zusammenhang mit Autorennen oder Krieg und inneren Unruhen sowie Erdbeben. In der Praxis besonders kritisch ist der Ausschluss der **grob fahrlässig verursachten**

Schäden in der Vollkaskoversicherung. Dazu zählen neben Fahrten unter Alkohol-einfluss, die ab 0,8 Promille Blutalkoholgehalt zum Verlust des Versicherungsschut-zes führen können und ab 1,1 Promille in jedem Fall dazu führen, auch verschiedene andere Vergehen. Diese sind in der Rechtsprechung nicht immer unumstritten, zum Beispiel gibt es zum „Rote Ampel-Verstoß", also dem Überfahren einer roten Am-pel mit anschließendem Unfall, unterschiedliche Urteile, ob dies als grob oder im Fall eines Augenblicksversagens des Fahrers nur als leicht fahrlässig zu beurteilen ist. Grob fahrlässig ist in der Regel auch, sich während der Fahrt nach heruntergefallenen Gegenständen zu bücken oder einen Fahrzeugschlüssel im Fahrzeug selber aufzubewahren.

Praxistipp: In Zeiten knapperer Margen der Kraftfahrtversicherer ist eine Tendenz zu erkennen, schneller den Versicherungsschutz mit Verweis auf eine grobe Fahr-lässigkeit zu verwehren. Für den Kreditfinanzierer bedeutet das, dass eine Vollkas-koversicherung nur eingeschränkten Schutz seines finanzierten Interesses bietet. Zumindest sollte bei der Auswahl des Versicherers stärker darauf geachtet werden, welche Versicherer sich durch ein eher großzügiges Schadenregulierungsverhalten auszeichnen, was im Übrigen nicht zwangsläufig auch mit der Prämienhöhe zusam-menhängen muss.

Ob sich eine Vollkaskoversicherung (noch) lohnt, ist in der Regel eine wirtschaftli-che Frage. Kalkulieren muss man dafür zum einen die Selbstbeteiligung, die in der Regel als vereinbart gilt, plus die finanzielle Mehrbelastung aus einer Rückstufung im Bonussystem der Vollkaskoversicherung in einem nicht schadenfreien Jahr. Steht diese Gesamtsumme in keinem vernünftigen Verhältnis mehr zum Wiederbeschaf-fungswert des Fahrzeugs, sollte man auf die Vollkaskoversicherung verzichten bzw. diese bei der nächsten Kündigungsmöglichkeit aus dem Versicherungsvertrag aus-schließen.

Die **Versicherungsdauer** beträgt in der Kraftfahrtversicherung anders als in den anderen Sachversicherungszweigen in der Regel nur ein Jahr, die Versicherer ver-einbaren meistens den 01.01. eines jeden Jahres als Hauptfälligkeits- und Vertrags-ablaufdatum des Vertrages. Die Kündigungsfrist ist ebenfalls kürzer als in anderen Sparten und beträgt einen Monat zum Vertragsablaufdatum, demnach ist in der Re-gel der 30.11. der letzte Kündigungstermin mit Wirkung zum 31.12.

5.8   Schutz der Sachwerte – Bauversicherungen

Eines der wichtigsten Finanzierungsziele ist der Bau von Immobilien – Eigenheimen, Anlageobjekten, gewerblichen Gebäuden. Bereits während des Baus bestehen eine Reihe Risiken, die die Baufinanzierung nachhaltig gefährden können. Deshalb sollte im Interesse einer Sicherung des beliehenen Objekts bereits in der Bauphase ein ausreichender Versicherungsschutz gegen existenzgefährdende bis -zerstörende Risiken vereinbart werden. Nachstehend ein Überblick:

1. Feuer-Rohbauversicherung

    Ein Gebäude kann schon während der Bauphase gegen das existenzzerstörendste Risiko Brand versichert werden. Dies geschieht im Rahmen einer meist bis zu sechs oder zwölf Monaten prämienfreien Feuer-Rohbauversicherung, die der Gebäudeversicherer anbietet, bei dem das fertig gestellte Gebäude anschließend auch versichert werden soll. Dazu muss bereits bei Baubeginn der Antrag auf Gebäudeversicherung aufgenommen und die prämienfreie Feuer-Rohbauversicherungzeit besonders vereinbart werden.

2. Bauleistungsversicherung

    Die Bauleistungsversicherung deckt weitere Schäden am Bau ab, insbesondere Schäden durch höhere Gewalt, ungewöhnliche Witterungseinflüsse, fahrlässiges, ungeschicktes oder böswilliges Verhalten der auf dem Bau Beschäftigten oder Vandalismus. Außerdem lässt sich der Diebstahl von mit dem Gebäude bereits fest verbundenen Bestandteilen mitversichern, zum Beispiel bereits eingebaute Sanitäreinrichtungen. Nicht versichert werden können allerdings die typischen Baumängel und deren Beseitigung, Verluste an lagernden Baumaterialien, Schäden an Fahrzeugen aller Art auf der Baustelle sowie Kleingeräte und Werkzeug.

    Die Bauleistungsversicherung ist eine zeitliche begrenzte Versicherung, dementsprechend wird eine Einmalprämie erhoben.

3. Bauherrenhaftpflichtversicherung

    Der Bauherr geht während des Baus besondere Haftpflichtrisiken ein, zum Beispiel wenn Personen auf der Baustelle verunglücken. In bestimmtem Umfang kann dies in einer Privathaftpflichtversicherung für private Bauvorhaben sowie in der Betriebshaftpflichtversicherung für gewerbliche Bauvorhaben bereits enthalten sein, allerdings nur mit summenmäßigen Grenzen (z. B. 50.000 EUR Bauvorhaben in der Privathaftpflicht), so dass oft eine separate Bauherrenhaftpflichtversicherung notwendig wird. Haftpflichtrisiken sind in der Regel existenzzerstörende Risiken. Kann zum Beispiel einem Bauherrn nachgewiesen werden, dass er der Verkehrssicherungspflicht seines Bauvorhabens nicht nachgekommen ist und verletzt sich ein Passant dadurch schwer, kann das jahrelangen Einkommensersatz, Behandlungskosten, Schmerzensgeld und andere Kosten nach sich ziehen, die für eine Privatperson schwer tragbar sind.

5.9 Mietverlust

Finanziert ein Kreditinstitut ein vermietetes Wohn- und/oder Geschäftsgebäude, wird es ein besonderes Interesse daran haben, dass das finanzierte Objekt dauerhaft seine Finanzierungskosten einbringt, da bei einem Ausfall auch die Gesamtfinanzierung gefährdet sein könnte. Für den Kreditnehmer kann das Risiko des Mietausfalls ebenfalls mindestens existenzgefährdend sein.

Gegen einen wichtigen Grund des Mietverlusts kann man sich nicht versichern, das ist das Ausbleiben von Mietern oder deren Zahlungsunwilligkeit oder -unfähigkeit. Hier hilft nach wie vor nur eine solide Objektbeurteilung, wie nachhaltig die Mieten erzielbar sind, die in eine Bewertung einfließen. Aber es kann auch unvorhergesehen zu einem Mietverlust kommen, wenn ein vermietetes Objekt nach einem Schaden, wie einem Brand- oder Wasserschaden, nicht oder nur noch eingeschränkt nutzbar ist und der Mieter daraufhin seine Miete kürzt, bis das Objekt wieder im einwandfreien Zustand ist. Und die vollständige Sanierung zum Beispiel nach einem Brandschaden kann sich weit über ein Jahr hinaus erstrecken.

Versicherbar ist der Mietverlust infolge

- Brand, Blitzschlag, Explosion, Anprall oder Absturz eines bemannten Flugkörpers, seiner Teile oder seiner Ladung,

- Leitungswasser oder Rohrbruch oder

- Sturm,

einschließlich der beim Löschen, Niederreißen etc. verursachten Schäden.

Versichert wird die entgehende Miete, die der Mieter auf Grund Gesetzes oder des Mietvertrages nach einem solchen Schaden verweigern darf oder alternativ ein Nutzungsausfall in Höhe des ortsüblichen Wertes der Räume, wenn der Kunde selbst in den betroffenen Räumen wohnt. Dazu werden auch etwaige fortlaufende Nebenkosten übernommen. Als **Versicherungswert** wird die Summe der jährlichen Mieteinnahmen oder alternativ der ortsüblichen Miete vereinbart.

Die **Dauer** des Mietverlustes wird meistens auf 12 Monate begrenzt, kann aber auch auf 24 Monate ausgedehnt werden, was insbesondere bei komplexeren gewerblichen Gebäuden Sinn macht, bei denen unter Umständen nach einem Brand- oder Wasserschaden zunächst einmal eine Entseuchung des Grundstücks notwendig wird.

Auch die Mietverlustversicherung kommt nicht für vorsätzlich oder grob fahrlässig herbeigeführte Schäden auf.

Automatisch enthalten ist die Mietverlustversicherung in **der Verbundenen Wohngebäudeversicherung** für private Wohn- oder Wohn- und Geschäftsgebäude mit einem Geschäftsanteil unter 50 Prozent, aber nur für privat genutzte Räume (vgl. z. B. § 3 VGB 2000), für die gewerblich genutzten Räume kann sie besonders vereinbart werden. Die Dauer ist meistens auf 12 Monate begrenzt, wird aber in manchen Deckungskonzepten durch eine besondere Klausel verlängert. Nicht enthalten ist sie hingegen in anderen Gebäudeversicherungen, die auf den Standard-Bedingungswerken AFB, AWB und AStB (Allgemeine Versicherungsbedingungen für die Feuer-, Wasser- und Sturmversicherung) basieren. Dort muss sie separat vereinbart werden.

5.10 Betriebsversicherungen

Für die oft nicht unerheblichen Werte in Geschäften und Betrieben gibt es eigene Versicherungen, die dem meist mindestens existenzgefährdenden Charakter der diversen Risiken entgegenkommen. Diese Versicherungen lassen sich wie folgt gliedern:

1. Gebäudeversicherung

   - Gewerbliche Gebäudeversicherung

   - Glasbruchversicherung

2. Versicherung des Betriebsinventars

- Versicherungsort-gebundene Inventarversicherung gegen Feuer, Wasser, Sturm/Hagel und Einbruchdiebstahl

- Versicherungsort-gebundene spezielle Versicherungen gegen weitere Risiken für Maschinen, EDV-Anlagen und andere technische Geräte

- Nicht an den Versicherungsort gebundene Versicherungen gegen Risiken beim Transport

3. Risiken der Betriebsunterbrechung

5.10.1 Gewerbliche Gebäudeversicherung

Gebäude, die mehr als 50 Prozent gewerblichen Anteil aufweisen, können nicht nach den Bedingungen für die Verbundene Wohngebäudeversicherung versichert werden. Stattdessen werden gebündelte Versicherungen angeboten, bei denen für jede versicherte Gefahr eine eigene Versicherungsbedingung als vereinbart gilt. Versichert werden können:

- Brand; Blitzschlag; Explosion; Anprall oder Absturz bemannter Flugkörper, ihrer Teile oder Ladung; Löschen, Niederreißen oder Ausräumen infolge solcher Ereignisse; Grundlage sind die Allgemeinen Bedingungen für die Feuerversicherung (AFB).

- Leitungswasser, Frost- und Bruchschäden innerhalb des versicherten Gebäudes, außerhalb nur die Zuleitungsrohre auf dem Versicherungsgrundstück, Grundlage sind die Allgemeine Bedingungen für die Leitungswasserversicherung (AWB).

- Sturm ab Windstärke 8 auf Basis der Allgemeine Bedingungen für die Sturmversicherung (AStB).

Nachteil dieser Gebäudeversicherung ist, dass ihr verschiedene „Extras" der Verbundenen Wohngebäudeversicherung fehlen, so sind beispielsweise Gebäudezubehör und Mietverlust nicht versichert, Hagel nicht automatisch in der Sturmversicherung enthalten. Versicherte Kosten sind ebenfalls nicht automatisch enthalten, sondern müssen besonders vereinbart werden.

Standardgemäß ist als **Versicherungswert** der Neuwert vorgesehen, womit eine automatische Anpassung an inflationär veränderte Kosten eines Wiederaufbaus ausgeschlossen ist, anders als in der Gleitenden Neuwertversicherung der Verbundenen Wohngebäudeversicherung. Deshalb muss die Geschäftsgebäudeversicherung regelmäßig überprüft werden, ob die Versicherungssumme noch dem Versicherungswert entspricht.

Praxistipp: Um eine Unterversicherung zu vermeiden, kann man auch in der Gebäudeversicherung eine automatisierte Anpassung an die Wertentwicklung vereinbaren, zum einen durch die **Gleitende Neuwertversicherung***, die mit Vereinbarung der „Sonderbedingungen für die Gleitende Neuwertversicherung" (SGlN 93) eingeschlossen wird. Eine Alternative stellt die* **Wertzuschlagsklausel** *dar, die auf Basis eines Wertes 1970 oder 1980 einen Basispreis für das versicherte Gebäude und darauf aufbauend regelmäßig Wertzuschläge ermöglicht, die der Kunde jeweils annehmen kann, aber nicht muss. Der Versicherer haftet sogar erweitert, sofern der Wert jeweils am Anfang des Versicherungsjahres richtig bemessen war, und zwar bis zur Grundsumme 1970 bzw. 1980 zuzüglich doppeltem Wertzuschlag. Vorteil dieser Klausel ist, dass der Kunde regelmäßig an die Anpassung seiner Versicherungssumme erinnert wird, dies aber nicht annehmen muss, wenn er die Wertsteigerung nicht für angemessen hält.*

In der gewerblichen Gebäudeversicherung sollte deshalb regelmäßig überprüft werden, ob folgende, durch Klauseln mögliche Einschlüsse, wichtig sind, da es sich teilweise um durchaus existenzgefährdende Risiken handelt, wenn man beispielsweise an die Aufräumungskosten nach einem Schaden denkt:

- Mitversicherung von Sachverständigenkosten

- Preisdifferenzversicherung für Preissteigerungen (Baukosten, Material etc.), die zwischen dem Eintritt des Versicherungsfalls und dem Wiederaufbau eintreten

- Aufräumungs-, Abbruch-, Bewegungs- und Schutzkosten sowie Feuerlöschkosten in der Feuerversicherung

- Mehrkosten durch behördliche Wiederherstellungsbeschränkungen

- Kosten der Dekontamination von Erdreich nach einem versicherten Schaden

- Frost- und Bruchschäden an Wasserleitungs- und Heizungsrohren, soweit sie zur Versorgung des versicherten Gebäudes dienen und außerhalb des versicherten Grundstücks liegen oder im Fall der Ableitungsrohre auch auf dem versicherten Grundstück liegen (nur Leitungswasserversicherung)

- Außen am Gebäude angebrachte Sachen wie Markisen, Antennen, Leuchtreklame, Überdachungen etc. (nur in der Feuer- und Sturmversicherung)

- Gebäudebeschädigung durch unbefugte Dritte bei einem Einbruch

Praxistipp: Auch für die gewerbliche Gebäudeversicherung gibt es Deckungskonzepte, die einen guten Umfang der üblicherweise benötigten Einschlüsse zu einem Preis bieten, der bei einzelner Aufrechnung der Tarifprämien für die Klauseln überschritten würde.

5.10.2 Glasbruchversicherung

Die Glasbruchversicherung wird oft als überflüssig angesehen, da das Risiko gering und die Kosten begrenzt seien, so dass man dieses Risiko den selbst tragbaren Risiken zuordnen könne. Während das im privaten Bereich meistens als richtig anzusehen ist, muss man das Risiko im betrieblichen Bereich differenzierter beurteilen. In folgenden Fällen kann der Glasbruch durchaus ein erhebliches Risiko darstellen:

- Schaufenster von Ladenlokalen: Es handelt sich um großflächige Verglasungen, oft Sonderanfertigungen, deren Ersatz teuer, aber notwendig ist, denn auch eine gesprungene Scheibe ist kein gutes Aushängeschild für ein Geschäft. Zudem sind Schaufenster besonders durch Einbruchdiebstahlsdelikte sowie durch Vandalismus gefährdet.

- Sonderanfertigungen, höher gelegene Scheiben: Gefärbte, künstlerisch bearbeitete oder durch Sicherheits-, Sonnenschutzfolien o.ä. höherwertige Scheiben sowie Scheiben, für deren Installation ein größerer Aufwand zu treiben ist (Baugerüst, Kran z.B.) können ein erhebliches finanzielles Risiko darstellen.

- Betriebe in Gewerbegebieten und anderen Lagen, die nach Geschäftsschluss einsam gelegen sind, werden häufig durch Vandalismus oder Einbruchdiebstahlsdelikte betroffen, bei denen die Fenster am meisten in Mitleidenschaft gezogen werden.

Die Glasbruchversicherung sollte deshalb dann als sinnvoll angesehen werden, wenn das maximale Risiko (alle Scheiben gehen zu Bruch) zu hoch ist, als dass der Betrieb dieses Risiko mitsamt den verbundenen Nebenkosten ohne Weiteres selbst tragen kann.

Die Glasbruchversicherung leistet bei einer Beschädigung oder Zerstörung einer Scheibe durch Zerbrechen, das bedeutet, dass mindestens ein durch die Scheibendicke durchgehender Riss vorhanden sein muss. Oberflächliche Beschädigungen wie Kratzer gelten nicht als Glasbruch. Schäden, die durch eine Feuerversicherung des Gebäudes abgedeckt werden können, sind ebenfalls nicht enthalten. Im Brandfall wird also die Gebäudefeuerversicherung für die zerborstene Scheibe aufkommen.

Die Besonderheit bei der Glasbruchversicherung besteht darin, dass sie einen so genannten Naturalersatz leistet. Der Versicherer beauftragt direkt einen Glaser mit der Reparatur bzw. dem Austausch der Scheibe, der Kunde erhält keine Ersatzleistung ausgezahlt.

Innerhalb bestimmter, betragsmäßiger Grenzen werden außerdem Kosten für Gerüste oder andere Aufwendungen zum Austausch einer Scheibe, für die Erneuerung von Beschriftungen und Verzierungen der Scheibe, für das Beseitigen und Wiederanbringen von Gittern, Markisen etc., die den Scheibenaustausch behindern, sowie für Schäden am Mauerwerk, an Alarmanlagen etc. übernommen.

5.10.3 Inventarversicherung

Für das Inventar eines Betriebes wird bis zu Summen von zum Beispiel 2,5 Mio. EUR Versicherungssumme die gebündelte Inventar- (auch: Geschäfts- und Betriebs- oder Geschäftsinhalts-) Versicherung verwendet, die ähnlich wie die oben besprochene Geschäftsgebäudeversicherung auf den Bedingungswerken AFB, AWB und AStB basiert, zuzüglich den Allgemeinen Bedingungen für die Einbruchdiebstahl- und Raubversicherung (AERB). Oberhalb dieser Versicherungssummen kommt je nach Versicherer bereits die industrielle Versicherung zum Einsatz.

Die **Versicherungssumme** in der Inventarversicherung setzt sich aus den Positionen

- Einrichtung

- Waren und Vorräte

- Vorsorge

zusammen. Zur Einrichtung zählen auch Maschinen und Anlagen, obwohl es hierfür Spezialversicherungen wie die Maschinen- oder die Elektronikversicherung gibt.

Praxistipp: Die Versicherung der Grundgefahren Feuer, Einbruchdiebstahl, Leitungswasser und Sturm kann in der Inventarversicherung relativ teurer sein als in den Spezialversicherungen, abhängig von der Einstufung der Betriebsart. In diesem Fall können die Anlagen ausdrücklich aus der Inventarversicherung ausgeschlossen und stattdessen über die Spezialversicherungen abgesichert werden.

Die **Vorsorge**-Position soll verwendet werden, um die in einem Betriebsablauf durchaus normalen Schwankungen der Werte von Einrichtungen (zum Beispiel Anschaffung neuer Geräte, Verkauf eines Büromobiliars) und vor allem der Waren und Vorräte aufzufangen. Die Gesamt-Versicherungssumme soll dem maximal vorhandenen Neuwert der versicherten Sachen entsprechen, damit keine Unterversicherung auftreten kann.

Wie schon bei der gewerblichen Gebäudeversicherung besprochen, fehlen in den grundlegenden Allgemeinen Versicherungsbedingungen verschiedene, sinnvolle Erweiterungen. Diese werden im Rahmen einer so genannten **Pauschaldeklaration** eingeschlossen. Sie enthält – nach Versicherer unterschiedlich – eine Reihe Klauseln und wertmäßige Begrenzungen für die Mitversicherung, wobei diese nach Bedarf teilweise individuell erhöht werden können. Da es keine „Standard-Pauschaldeklaration" mehr gibt, hier verschiedene Hinweise, welche Einschlüsse enthalten sein sollten und warum:

- Außenversicherung (Feuer-, Leitungswasser-, Raubversicherung): Betriebliche Gegenstände können durch Reisen der Betriebsangehörigen, Fahrten zum Kunden etc. auch außerhalb des Grundstücks gefährdet sein. Dies gilt insbesondere auch für Bargeld und Wertgegenstände, zum Beispiel die Tageseinnahmen eines Geschäfts auf dem Weg zur Bank.

- Schäden an Räucher-, Trocknungs-, Erhitzungsanlagen und deren Inhalt, wenn der Brand innerhalb der Anlage ausgebrochen ist (Feuerversicherung): Beispielsweise schließen die AFB beim Brand eines Wäschetrockners in einer Wäscherei den Schaden am Trockner und an den Wäschestücken des Kunden im Trockner aus, der Trockner stellt aber einen wesentlichen Bestandteil des betrieblichen Inventars dar, so dass dieser Ausschluss nicht sachgerecht wäre.

- Erweiterte Leitungswasserversicherung: Standardmäßig nach AWB sind die mit der Leitungswasserversorgung verbundenen Einrichtungen nicht mitversichert, also zum Beispiel die Waschmaschine im Friseursalon.

- Schaufenster- und Schaukästen-Schäden (Einbruchdiebstahlversicherung): Häufig wird die Auslage im Schaufenster oder in einer Vitrine gestohlen, nachdem die Scheibe zerstört wurde, ohne aber dass die bedingungsgemäße Voraussetzung des Einbruchdiebstahls gegeben wäre, nämlich dass der versicherte Raum (Laden) vom Einbrecher betreten wird.

- Bargeld, Urkunden, Schmuck, Edelmetalle etc. (alle Gefahren): Diese sind standardmäßig nicht mitversichert. Betriebe mit hohen Beständen an Edelmetallen und Bargeld (z.B. Zahnlabors, Einzelhandelsgeschäfte mit hohem Bargeldbestand) sollten erhöhte Entschädigungsgrenzen für eine Aufbewahrung in einem Geldschrank vereinbaren. Für diesen gelten verschiedene Bestimmungen, wie sicher er sein muss (Sicherungsklasse).

- Akten, Pläne, Geschäftsbücher, Karteien, Zeichnungen, Datensicherungen sowie Muster, Anschauungsmodelle, Prototypen und Ausstellungsstücke (alle Gefahren): Auch diese sind standardmäßig nicht mitversichert, können aber hohe Werte darstellen, wenn man beispielsweise an Patentzeichnungen denkt.

- Aufräumungs-, Abbruch-, Bewegungs- und Schutzkosten und in der Feuerversicherung auch Feuerlöschkosten; Preisdifferenzversicherung (alle Gefahren): Diese Kosten sollten in jedem Fall mit einem gewissen Prozentsatz (mindestens 5 – 10 Prozent der Versicherungssumme) mitversichert werden.

- Außen angebrachte Sachen (Feuer-, Leitungswasser-, Sturmversicherung): Markisen, Leuchtreklamen, Schilder etc. können erhebliche Werte darstellen.

Praxistipp: Für alle Glas- oder glasartigen außen angebrachten Sachen – z.B. Leuchtreklamen – sollte geprüft werden, ob zusätzlich die Glasbruchversicherung in Frage kommt, da sie auch eines der häufigsten Risiken in der Praxis deckt, den Vandalismus. Sind aber die Grundgefahren Feuer, Wasser und Sturm bereits über eine Inventarversicherung eingeschlossen, kann man diese aus der Glasbruchversicherung ausschließen lassen.

Die **Prämienberechnung** in der Inventarversicherung erfolgt auf Basis der Betriebsart, die je nach Versicherer und je nach Gefahr (Feuer, Einbruchdiebstahl,

Leitungswasser, Sturm) in unterschiedlichen Tarifgruppen liegen kann. Diese ist wie folgt aufgebaut:

- Feuer: Feuergefährdung der Betriebsart nach Feuerklasse, z.B. F1 – F7.

- Einbruchdiebstahl: Attraktivität der Betriebsart für Einbruchdiebstahl, Darstellung durch eine Attraktivitätskennziffer (z. B. A – E) und die Tarifgruppe (z. B. G1 – G5); weiterhin spielt die Tarifzone eine Rolle (nach Postleitzahlenbereichen), denn sie spiegelt die unterschiedlich ausgeprägten Kriminalitätsraten in verschiedenen Gebieten wider.

- Leitungswasser: Tarifgruppe (z. B. W1 – W3) nach Gefährdungsgrad der Betriebsart durch Leitungswasserschäden.

- Sturm/Hagel: Anders als bei Gebäuden wird die Sturmgefährdung des Inventars nicht nach Gebieten differenziert betrachtet.

Die **Prämiensätze** legt der Versicherer je Tarif-/Gefahrengruppe fest, sie können aber auch noch weiter differenziert werden nach der Höhe der Versicherungssumme. Außerdem kann der Versicherer bestimmte Auflagen an unterschiedliche Risikoeinstufungen knüpfen, zum Beispiel in hohen Feuerklassen Brandschutzmaßnahmen verlangen oder besondere Einbruchsicherungen bei hoher Einbruchgefährdung. Zu diesem Zweck wird in der Regel auch eine umfangreiche **Sicherungsbeschreibung** verlangt, aus der hervorgeht, wie der Betrieb seine Türen, Fenster und sonstigen Öffnungen mechanisch und ggf. zusätzlich durch Einbruchmeldeanlagen gesichert hat.

Praxistipp: Nicht immer entspricht ein Betrieb exakt nur einer Beschreibung der Tarifarten im jeweiligen Tarif des Versicherers. Hier kann man unnötig hohe Sicherungsauflagen ebenso vermeiden wie bares Geld bei der Prämie sparen, wenn man die Betriebsbeschreibung differenziert anlegt und nicht automatisch von der teuersten Betriebsart ausgeht, die sich im Tarif finden lässt.

Beispielsweise stellt der „Elektrowarenhandel mit Unterhaltungselektronik" im Tarif eines Versicherers ein hohes Feuer- und vor allem ein sehr hohes Einbruchrisiko dar und wird dementsprechend mit teuren Tarifgruppen und hohen Sicherungsauflagen belegt. Handelt es sich aber in Wirklichkeit um einen „Haushaltswarenhandel", der in einem gewissen, geringeren Umfang auch Elektrowaren und Unterhaltungselektronik anbietet, kann die Grundeinstufung wesentlich günstiger sein, für den Anteil mit höherer Gefährdung wird eine gesonderte Versicherungssumme mit eigener Prämienberechnung gebildet.

Auch in der Inventarversicherung müssen **Gefahrerhöhungen** in der Prämienfindung berücksichtigt werden. Dazu zählt die **Bauart** des Gebäudes sowie **Nachbarschaftsgefahr** durch andere Betriebe mit höherer Feuerklasse. Bestehen Klimaanlagen, Fußbodenheizungen, Sprinkleranlagen etc. in den Versicherungsräumen, kosten diese ebenfalls Zuschlag. **Nachlässe** können aber für Sicherungsmaßnahmen wie Einbruchmeldeanlagen oder Bewachung gewährt werden, sofern diese Maßnahmen nicht angesichts der Gefährdung des Betriebs ohnehin verlangt werden.

Praxistipp: Einbruchmeldeanlagen müssen hohe Standards erfüllen, wenn sie als Sicherung anerkannt werden sollen. Der einzelne, selbst installierte Bewegungsmelder im Geschäftsraum ist hierfür jedenfalls nicht ausreichend. Wer eine solche Sicherung installieren will, sollte eine Beratung durch sein Versicherungsunternehmen und eine Fachfirma in Anspruch nehmen.

In der Inventarversicherung gibt es drei besondere Formen der Versicherungswert-Bildung. Das eine ist die **Bruchteilversicherung**. Sie ist sinnvoll bei sehr großen Betrieben bzw. Versicherungssummen, bei denen ein Totalschaden durch Einbruchdiebstahl, Leitungswasser oder Sturm nicht realistisch denkbar ist. Der Kunde kann eine deutliche Prämienersparnis erzielen, wenn er zwar eine Gesamtversicherungssumme vereinbart, im Schadenfall aber in einer oder allen genannten Gefahren nur ein Bruchteil dieser Summe als maximale Entschädigung gelten soll. In der Feuerversicherung ist dies nicht möglich, da sich ein Brand schlecht auf einzelne Inventar-Anteile beschränken lässt.

Die **Stichtagsversicherung** berücksichtigt, dass insbesondere im produzierenden Betrieb Waren und Vorräte sehr stark schwanken können. Der Kunde vereinbart mit dem Versicherer eine monatliche Meldung der vorhandenen Werte sowie eine Höchst-Versicherungssumme. Tatsächlich abgerechnet werden nur die durchschnittlich vorhandenen Werte. Ähnlich wie in der gewerblichen Gebäudeversicherung kann auch in der Inventarversicherung durch Vereinbarung einer **Wertzuschlagsklausel** die Versicherungssumme regelmäßig den gestiegenen Wertverhältnissen angepasst werden.

Praxistipp: Eine regelmäßige Überprüfung der Versicherungssumme bei der standardmäßig vereinbarten Neuwertversicherung ist den anderen Methoden der Anpassung des Versicherungswertes in der Regel vorzuziehen, denn sie bietet einen guten

Grund zum Kontakt zum Kunden und zur Wiederholung der Bedarfsanalyse. Gerade im betrieblichen Bereich können sich Werte durch Neuaufnahme oder Aufgabe einzelner Geschäftsfelder oder durch Großaufträge schnell verschieben.

5.10.4   Maschinenversicherung

Die Maschinenversicherung kann für stationäre wie für fahrbare Maschinen vereinbart werden und stellt eine Art Kaskoschutz dar, entweder in Ergänzung zu einer bestehenden Grunddeckung durch eine Inventarversicherung oder als umfassende Absicherung. Die Maschinenversicherung deckt Risiken wie unter anderem Fehlbedienung, Sabotage, Konstruktions-, Material- und Ausführungsfehler, Über- und Unterdruck, Kurzschluss, Versagen von Mess-, Regel- und Sicherheitseinrichtungen, im Prinzip also nahezu alle typischen Gefahren für Maschinen mit Ausnahme der normalen oder auch einer vorzeitigen, alters- oder gebrauchsbedingten Abnutzung sowie von Mängeln, die die Anlage bei Versicherungsabschluss bereits bekanntermaßen aufwies. Ausgeschlossen werden außerdem auch Schäden durch Krieg, Kernenergie, Erdbeben und Überschwemmungen.

Wie in der Kraftfahrtkaskoversicherung, übernimmt auch die Maschinenversicherung die Reparaturkosten oder den **Zeitwert** der Maschine, wenn die Reparaturkosten den aktuellen Zeitwert überschreiten würden (wirtschaftlicher Totalschaden).

Bei fahrbaren Maschinen und Arbeitsgeräten kann zusätzlich das **Diebstahlsrisiko** mitversichert werden. Es gelten bestimmte Kosten als mitversichert, so bei der Reparatur die notwendigen Begleitkosten für Bergung, Montage und Demontage, Transport, Ersatzteile und Lohnkosten. Für stationäre Anlagen können Kosten für Aufräumung und Entsorgung, Dekontamination, Bewegungs- und Schutzkosten vereinbart werden.

Die Maschinenversicherung kann als Einzelversicherung für bestimmte, im Versicherungsschein bezeichnete Maschinen oder als Pauschaldeckung für alle Maschinen eines Betriebes vereinbart werden.

5.10.5   Elektronikversicherung

Die Elektronikversicherung kann für alle Anlagen der Informationstechnik (Computer und sonstige EDV-Geräte), Kommunikationstechnik (Telefonanlage z. B.), Bürotechnik (Kopierer z. B.), Medizintechnik (z. B. Röntgengerät), Mess- und Regeltechnik oder sonstige elektronische Geräte abgeschlossen werden. Mit der Maschinenversicherung gemeinsam hat sie, dass die Elektronikversicherung weit über die Grundgefahren Feuer, Einbruchdiebstahl, Leitungswasser und Sturm hinaus die empfindlichen Geräte gegen Gefahren wie Fehlbedienung, Überspannung, Feuchtigkeit, Sabotage, Vandalismus, Konstruktions-, Material- und Ausführungsfehler sowie höhere Gewalt absichert. Zusätzlich kann auch der einfache Diebstahl mitversichert werden, wenn beispielsweise ein Kunde oder Patient ein EDV-Gerät „mitgehen" lässt.

Praxistipp: Besteht gleichzeitig eine Inventarversicherung, brauchen die Gefahren Feuer, Einbruchdiebstahl, Leitungswasser, Sturm und Hagel nicht noch einmal mitversichert zu werden und können aus der Elektronikversicherung ausdrücklich ausgeschlossen werden. Je nach Tarifprämie kann es aber umgekehrt günstiger sein, die Anlagen aus der Inventarversicherung ausdrücklich auszuklammern und gegen die Grundgefahren in der Elektronikversicherung abzusichern.

Anders als in der Maschinenversicherung gilt der **Neuwert** als Versicherungswert vereinbart. Die Elektronikversicherung sieht in aller Regel eine Selbstbeteiligung im Schadenfall vor.

Auch die Elektronikversicherung kann als Einzelversicherung für bestimmte Anlagen oder als Pauschalversicherung für alle elektronischen Geräte eines Betriebs abgeschlossen werden. Zusätzlich wird eine **Datenträgerversicherung** angeboten, die die Kosten für die Wiederbeschaffung verlorener Daten und Datenträger ausgleichen soll.

Praxistipp: Voraussetzung für die Datenträgerversicherung ist, dass eine regelmäßige Datensicherung im Betrieb stattfindet. Sie stellt keinen Freibrief für sorglosen Umgang mit den Daten dar. Ob sie dann allerdings noch ein existenzielles Risiko abdeckt, ist fraglich.

5.10.6 Transportversicherung

Waren und Güter sind auf dem Transportweg besonderen Gefahren ausgesetzt. Wer das Risiko dafür trägt, kann sehr unterschiedlich vertraglich geregelt sein. Dementsprechend muss man zunächst einmal zwischen Transportversicherungen unterscheiden, die das eigene Interesse des Eigentümers versichern, das Transportgut also gegen die Risiken Untergang, Abhandenkommen, Zerstörung oder Beschädigung aus dem Transportweg absichern, und Transportversicherungen, die wie eine Haftpflichtversicherung das Risiko des Transportunternehmers absichern, dass er die ihm anvertraute Ware nicht oder nicht im einwandfreien Zustand beim Empfänger abliefern kann. Die **Speditionsversicherung** oder die **Hakenlastversicherung** sind typische Beispiele hierfür.

Grundform der Transportversicherung für das eigene Interesse ist die **Warentransportversicherung**. Sie deckt neben dem Sachwert der Transportgüter auch Kosten für die Beteiligung an einem Schiffsuntergang oder Schiffsrettung durch Vernichtung von Transportgut (Haverei), Umladung und Weiterbeförderung, Schadenabwendung und -minderung sowie die Schadenfeststellung durch Dritte, in der Regel einen Sachverständigen. Die Versicherung setzt eine ordnungsgemäße Verpackung der Güter voraus und deckt keine Risiken wie Krieg, Verderb der Ware, Witterungseinflüsse auf die Ware oder Verspätungen.

Darüber hinaus gibt es Spezialpolicen für bestimmte Zwecke. Die **Autoinhaltsversicherung** ist besonders interessant für Betriebe, die regelmäßig größere Werte an Material und Geräten in ihren Fahrzeugen transportieren, zum Beispiel zur Baustelle. Die Sachen werden gegen die typischen Risiken wie Fahrzeugunfall oder Diebstahl versichert, gegen besondere Vereinbarung auch einschließlich dem Lagerrisiko beim geparkten Fahrzeug. Weitere Spezialdeckungen gibt es für **Valoren** (Schmuck, Pelzwaren), **Musikinstrumente**, **Musterkollektionen** sowie für die Textilindustrie (**Einheitsversicherung**). Die Transportmittel selber werden über entsprechende **Kaskoversicherungen** abgesichert, die es nicht nur für Kraftfahrzeuge, sondern ebenso auch für Schiffe, Flugzeuge, Bahnfahrzeuge u. a. gibt. Wegen der Vielfalt der Bedingungswerke für die Transportversicherung können hier keine weiteren Details zum Versicherungsumfang dargestellt werden.

5.10.7 Betriebsunterbrechung

Ein manchmal unterschätztes Risiko für einen finanzierten Betrieb oder eine finanzierte Anlage stellt die Betriebsunterbrechung dar, die insbesondere nach einem größeren Sachschaden, wie zum Beispiel einem Brand oder einem großen Wasser- oder Sturmschaden, eintreten kann. Selbst bei bester Absicherung der versicherten Sache (Betriebsgebäude, Inventar, Anlagen) ist die Betriebsunterbrechung geeignet, einen Betrieb oder die für eine Kredittilgung wichtige Einnahmeerzielung so nachhaltig zu schädigen, dass der Kredit dadurch notleidend wird. Damit kann das Betriebsunterbrechungsrisiko mindestens unter die existenzgefährdenden, wenn nicht existenzzerstörenden Risiken gerechnet werden.

Praxistipp: Das Betriebsunterbrechungsrisiko lässt sich überschlagen, indem man von den zu erwartenden Umsätzen (Verkaufserlöse) für einen maximalen Unterbrechungszeitraum bis zum ordnungsgemäßen Wiederanlaufen des Betriebs – zum Beispiel zwölf Monate – die durch die Betriebsunterbrechung ersparten variablen Kosten (Material- und Energieeinsatz, Umsatzsteuern zum Beispiel) abzieht. Beispiel: Eine Maschinenfabrik erzielt monatlich rund 60.000 EUR Umsätze, hat aber etwa 20.000 EUR Kosten für Vorprodukte und Rohstoffe sowie 5.000 EUR Energie- und andere variable Kosten, die bei einem Betriebsstillstand nicht anfallen. Es verbleibt ein monatlicher Unterbrechungsschaden von 35.000 EUR, der sich bei einer maximalen Betriebsunterbrechung von 12 Monaten auf 420.000 EUR summiert.

Das Betriebsunterbrechungsrisiko lässt sich in verschiedenen Formen mitversichern. In der **Inventarversicherung** kann es gegen Zuschlag entweder als so genannte Klein-Betriebsunterbrechungsversicherung mit der gleichen Versicherungssumme wie die Hauptversicherungssumme eingeschlossen werden oder als eigenständige Betriebsunterbrechungsversicherung mit eigener Versicherungssumme angebündelt werden.

Praxistipp: Bei bestimmten Betriebsarten kann der Unterbrechungsschaden weit höher ausfallen als die Versicherungssumme für die Sachwerte, beispielsweise in der Kanzlei eines Notars, dessen Unterbrechungsschaden weit höher sein dürfte als der Sachwert der Kanzleieinrichtung. Müssen aber die notwendigen Unterlagen und anvertrauten Schriftstücke nach einem Schaden wiederbeschafft werden, wird die Kanzlei monatelang auf Mandate verzichten müssen und kann keine Einnahmen erzielen.

Laut Bedingungen gilt: „Unterbrechungsschaden ist der entgehende Betriebsgewinn und Aufwand an fortlaufenden Kosten in dem versicherten Betriebe". Der Versicherte muss dies durch eine ordnungsgemäße Buchführung nachweisen können. Wichtig ist, dass **Voraussetzung** für eine Betriebsunterbrechung immer ein **versicherungspflichtiger Sachschaden** ist.

Der Betriebsunterbrechungsschaden kann auch in der **Maschinenversicherung** und in der **Elektronikversicherung** mitversichert werden. Auch hier wird der entgehende Betriebsgewinn zuzüglich fortlaufender Kosten versichert, soweit diese Unterbrechung auf einen versicherungspflichtigen Schaden an einer versicherten Maschine oder Anlage zurückzuführen ist. Betriebsunterbrechungsdeckungen werden außerdem auch für **Montage-** und **Baurisiken** sowie in der **Transportversicherung** angeboten.

Eine Sonderform der Betriebsunterbrechungsversicherung stellt die **Betriebsschlie-ßungsversicherung** dar. Sie ist für die Betriebe des Gastgewerbes und der Lebens-mittelver- und -bearbeitung gedacht, bei denen das existenzgefährdende Risiko einer Betriebsschließung durch die Ordnungsbehörden wegen Seuchengefahr besteht. Die Schließung muss behördlich angeordnet sein. Versichert wird eine Tagesentschädi-gung, die auf den tatsächlichen Umsatzverhältnissen basiert, darüber hinaus Kosten der Desinfizierung des Betriebs, Vernichtung oder Beschädigung von Waren und die Lohnkosten von Arbeitnehmern, denen die Weiterarbeit behördlich untersagt wird. Die Entschädigungszeit ist in der Regel auf 30 Tage begrenzt.

Für Klein- und Mittelbetriebe nicht versicherbar sind andere Betriebsunterbre-chungsrisiken wie zum Beispiel Streik. Überhaupt nicht versicherbar sind Risiken, die im Bereich der typischen Unternehmerrisiken liegen, also falsche Marktein-schätzung, Finanzierungsfehler oder organisatorische Mängel.

6 Rund um die Altersvorsorge

In der Kundenberatung von Bank- und Sparkassenkunden spielt auch die Altersvorsorge eine zunehmende Rolle. Zwar bieten zum Beispiel die Fondsgesellschaften eigene Lösungen zum Aufbau einer Altersvorsorge an, aber dennoch lässt sich nicht von der Hand weisen, dass die Hauptkompetenz in Fragen der Alterssicherung den Versicherungsunternehmen und ihren Produkten zugebilligt wird. Das liegt auch daran, dass es in Deutschland ein recht weit greifendes System gesetzlicher Altersversorgung gibt, die mittlerweile fast alle Bundesbürger umfasst. Die betriebliche und die private Altersversorgung spielen hier meistens nur eine ergänzende Rolle. Deshalb werden Produkte bevorzugt, die die verschiedenen Deckungslücken bei den biometrischen Risiken decken, zu denen neben Alter auch vorzeitige Ereignisse wie Tod oder Eintritt einer Erwerbsminderung gehören. Das ist die Stärke der Versicherungsprodukte, denn sie bieten mehr als nur die Erreichung eines Sparziels.

Im nachfolgenden Kapitel wird zunächst Grundwissen über Aufbau und Funktionsweise der gesetzlichen Rentenversicherung vermittelt, das allein für die Bedarfsermittlung bereits unabdingbar ist. Im Anschluss geht es darum, wie genau der Bedarf zu ermitteln und vor allem mit den verschiedenen staatlich geförderten oder sonstigen Produkten der betrieblichen und der privaten Altersvorsorge zu decken ist.

6.1 System der Altersvorsorge in Deutschland

Die Altersvorsorge liegt für breite Bevölkerungskreise in staatlicher Hand. Entstanden ist die Sozialversicherung aus der Not der Nachkriegszeit, eine rasche Versorgung der Bürger aufzubauen, ohne dass entsprechend angesparte Rücklagen für die sofort fälligen Versorgungsleistungen oder die rentennahen Jahrgänge verfügbar gewesen wären. Daraus entstand die Idee des „Generationenvertrags" – die Rentenversicherung stellt eine Art Verteilungsstelle dar, die aus den laufenden Beitragseinnahmen der Beitragszahler die laufenden Rentenzahlungen direkt finanziert. Aus der öffentlichen Diskussion ist das Dilemma bekannt, das die veränderte Bevölkerungsstruktur für dieses Finanzierungssystem mit sich bringt. Immer mehr Ältere müssen von immer weniger erwerbstätigen Beitragszahlern finanziert werden.

Lebenserwartung der	im Jahr... geborenen Männer (Jahre)	im Jahr... geborenen Frauen (Jahre)
1871/81	35,6	38,5
1901/10	44,8	48,3
1949/51	64,6	68,5
1980/82	70,2	76,9
2000/02	75,44	81,2

Tabelle 4: Lebenserwartung in Deutschland (Quelle: Frankfurter Allgemeine Zeitung vom 03.06.2004, Zahlen des Statistischen Bundesamtes)

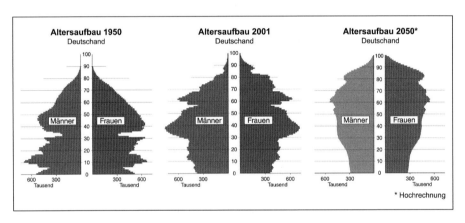

Abbildung 11: Alterspyramide in den Jahren 1950, 2001 und Hochrechnung für 2050 (Quelle: Statistisches Bundesamt, 2004)

Eine Alternative dazu scheint jedoch nicht in Sicht. Das Kapitaldeckungsverfahren, bei dem vereinfacht gesagt jeder Versicherte das für die Finanzierung der eigenen Rente benötigte Kapital selbst anspart und die Rentenzahlung dann einen Entsparungsvorgang darstellt, ist aus praktischen Gründen kaum auf breiter Front einzuführen, denn es würde die jetzigen Beitragszahler über Gebühr belasten. Der Gesetzgeber hat aber mit der Rentenreform 2001/2002 einen ersten Schritt getan und eine staatlich geförderte private, kapitalgedeckte Altersvorsorge eingeführt – bisher mit mäßigem Erfolg. Deshalb muss man bis auf Weiteres davon ausgehen, dass für die meisten Deutschen die Altersvorsorge auf einer wackligen Basis aus laufend reduzierten Leistungen aus dem staatlichen Umlagesystem steht, die es geschickt zu ergänzen gilt. Für das Verständnis wichtig ist, wer über die gesetzliche Sozialversicherung oder andere Träger versichert ist und wie die Leistungen im Alter sowie ggf. weitere Leistungen aussehen.

6.1.1 Kreis der Altersvorsorge-Berechtigten

Die meisten Deutschen sind in eines der nachfolgenden Altersversorgungssysteme einbezogen. Es steht zu erwarten, dass dies tendenziell noch ausgeweitet wird.

Versicherungspflichtig sind:

- Angestellte: Alle gegen Arbeitsentgelt oberhalb der Geringfügigkeitsgrenze Angestellte und Auszubildende, auch leitende Angestellte, Angestellte im öffentlichen Dienst.

- Wehr- und Zivildienstleistende.

- Bezieher von Sozialleistungen.

- Selbstständige: Selbstständige Lehrer, Künstler, Publizisten, Pflegepersonen, Hebammen, Lotsen, soweit sie keine versicherungspflichtigen Arbeitnehmer beschäftigen; alle anderen Selbstständigen, sofern sie im Wesentlichen nur für einen Auftraggeber tätig sind und regelmäßig keinen versicherungspflichtigen Arbeitnehmer beschäftigen (über 400 EUR monatliches Entgelt).

- Existenzgründer mit der so genannten Ich-AG.

Träger der Rentenversicherung sind die Bundesversicherungsanstalt für Angestellte (BfA) oder weitere Einrichtungen wie die Landesversicherungsanstalten, die Bahnversicherungsanstalt, die Seekasse oder die Bundesknappschaft.

Darüber hinaus sind alle Beamten und Richter (sowohl auf Lebenszeit, auf Zeit oder auf Probe) sowie Berufssoldaten und weitere Personen über öffentlich-rechtliche Einrichtungen in eine Altersversorgung eingebunden (Pension).

Zusätzlich können bestimmte Selbstständige auf Antrag versicherungspflichtig werden, also freiwillig in eine Pflichtversicherung bei der BfA eintreten.

6.1.2 Leistungen

Die wichtigsten Leistungen der gesetzlichen Rentenversicherung sind:

- Altersrente.

- Rente wegen verminderter Erwerbsfähigkeit.

- Medizinische und berufliche Rehabilitation zur Sicherung der Erwerbsfähigkeit.

- Hinterbliebenenversorgung (Witwen-, Witwer-, Waisenrenten).

Die Höhe der Renten bestimmt sich im Wesentlichen nach der Dauer der tatsächlichen oder bei unvorhergesehen vorzeitiger Rentenzahlung (z. B. Erwerbsminderungs- oder Witwenrente) nach der Dauer der theoretisch erreichbaren Beitragszahlungsdauer sowie nach der Höhe der gezahlten Beiträge, die wiederum von der Höhe des beitragspflichtigen Einkommens abhängt. Dabei bilden anders als in der privaten Versicherung keine absoluten Beträge die Berechnungsbasis, sondern persönliche Entgeltpunkte, die aus dem Verhältnis des persönlichen Monatsgehalts zum allgemeinen Durchschnittsgehalt ermittelt werden. Der „idealtypische" Beitragszahler verdient 45 Jahre lang ein durchschnittliches Gehalt, um die optimale, durchschnittliche Rente zu erreichen.

Positiv wirken sich in gewissem Rahmen auch Anrechnungszeiten zum Beispiel für Ausbildung und Studium aus. Gemindert wird das persönliche Entgeltpunktekonto aber durch beitragsfreie Zeiten.

1. Altersrente

Nach aktuellem Rentenrecht können in der Angestelltenrentenversicherung maximal etwa 70 Prozent der letzten Nettobezüge als Altersrente erreicht werden, die bis 2008 auf 67 Prozent zurückgehen und danach noch einmal weiter sinken. Allerdings stellt dies den Idealfall dar, der durch folgende Faktoren reduziert werden kann:

- Der Versicherte erreicht keine vollen 45 Versicherungsjahre. Insbesondere Personen, die eine längere Ausbildung oder ein Studium absolviert haben, erreichen dies nicht.

- Die Erwerbsbiografien verändern sich immer rascher. In Zeiten der Arbeitslosigkeit reduzieren sich die Entgeltpunkte, Zeiten der Selbstständigkeit fehlen ganz in der persönlichen Rentenberechnung.

- Immer mehr Arbeitnehmer wollen oder müssen vorzeitig in den Ruhestand eintreten. Die Regelaltersgrenze für den Rentenbezug ist jedoch bis auf wenige Ausnahmen Alter 65, jedes Jahr vorzeitigen Ausscheidens kostet Rentenbezug.

- Arbeitnehmer mit Einkommen oberhalb der Beitragsbemessungsgrenze zahlen zwar ab dieser Grenze (2005: 62.400 EUR West / 52.800 EUR Ost) keine Beiträge, erhalten hierauf aber auch keine Rentenleistungen.

Praxistipp: *Die Rentenversicherer sind durch das Altersvermögensgesetz gehalten, ab 2004 jährlich jedem Versicherten über 27 eine Renteninformation zukommen zu lassen, die eine Prognose über die zu erwartende Regelaltersrente enthält. Diese Renteninformation bietet eine wertvolle Grundlage für die Bedarfsermittlung in der Altersvorsorgeberatung. Beachten sollte man allerdings, dass die Prognosen keine Aussagen über zu erwartende, zusätzliche Leistungskürzungen und keine Hinweise auf die Wirkung der Inflation geben. Beides sollte dem Kunden erläutert werden.*

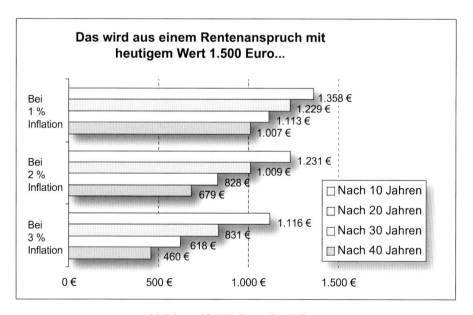

Abbildung 12: Wirkung der Inflation

2. Rente wegen verminderter Erwerbsfähigkeit

Ist der Versicherte nicht oder nicht mehr in vollem Umfang in der Lage, seinen Beruf auszuüben, muss zunächst mit Maßnahmen der medizinischen oder beruflichen Rehabilitation versucht werden, die Arbeitsfähigkeit wiederherzustellen. Ist dies nicht möglich oder scheitert der Versuch, kann der Versicherte eine Rente erhalten. Voraussetzung dafür ist, dass er keine sechs Stunden täglich mehr einer Erwerbstätigkeit nachgehen kann, unabhängig von der beruflichen Qualifikation.

Die volle Erwerbsminderungsrente erhält nur, wer weniger als drei Stunden täglich arbeiten kann, die halbe Rente, wer zwischen drei und bis zu sechs Stunden täglich arbeiten kann. Zudem wird der Rentner nicht besser gestellt als derjenige, der vorzeitig und damit unter Abschlägen mit Alter 60 in den Ruhestand eintritt.

Etwas besser gestellt sind noch die vor dem 02.01.1961 geborenen Versicherten (Berufsunfähigkeits-/Erwerbsunfähigkeitsrenten), die am 01.01.2001 bereits gesetzlich versichert waren. Sie haben noch Anspruch auf eine Berufsunfähigkeitsrente in Höhe von zwei Dritteln der Erwerbsunfähigkeitsrente. Voraussetzung hierfür ist, dass der Versicherte zu weniger als 50 Prozent seinen Beruf ausüben kann. Die Erwerbsunfähigkeitsrente erreicht für diese Versicherten noch die volle Höhe der hochgerechnet erreichbaren Altersrente.

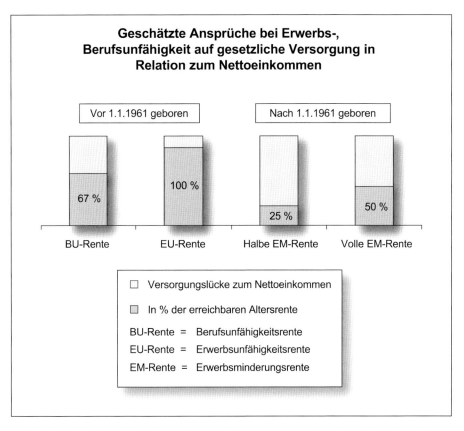

Abbildung 13: Geschätzte Ansprüche bei Erwerbs- oder Berufsunfähigkeit auf Versorgung aus der gesetzlichen Rentenversicherung in Relation zur erreichbaren Altersrente sowie zum Nettoeinkommen des Versicherten.

3. Hinterbliebenenversorgung

Ehegatten haben Anspruch auf eine Hinterbliebenenversorgung, die sich als Anteil am theoretisch erreichbaren Alters-Rentenanspruch des Verstorbenen errechnet. Bei der so genannten kleinen Witwen-/Witwerrente sind es 25 Prozent, die so lange gezahlt werden, wie der überlebende Ehepartner nicht wieder verheiratet ist. Dagegen werden bei der großen Witwen-/Witwerrente 60 Prozent bzw. 55 Prozent bei jüngeren Paaren (nach dem 31.12.2001 verheiratet oder wenn beide Partner am 01.01.2002 noch nicht 40 Jahre alt waren) gezahlt. Hier gilt als zusätzliche Bedingung, dass entweder der überlebende Ehepartner mindestens 45 Jahre alt ist oder ein minderjähriges Kind oder ein schwer behindertes Kind erzieht und versorgt oder selbst erwerbsgemindert ist.

Waisenrenten gibt es nur für Kinder bis zum vollendeten 18. Lebensjahr oder darüber hinaus bei Ausbildung noch bis zum Alter 27. Die Rente erreicht rund 10 Prozent, wenn ein Elternteil noch lebt oder 20 Prozent, wenn das Kind Vollwaise ist.

Für alle Leistungen der Rentenversicherung gelten Wartezeiten, ehe ein erstmaliger Anspruch auf Leistung entsteht. Für die Regelaltersrente, die Erwerbsminderungsrente oder die Witwen-/Witwer- und Waisenrente sind dies 60 Monate.

4. Beamte

Für Beamte gilt ebenfalls Alter 65 für den Bezug des Regelruhegehalts, es sei denn, dass vorher eine Dienstunfähigkeit eintritt oder dass eine Schwerbehinderung besteht, dann gilt Alter 60 als Regelaltersgrenze. Für einige Berufsgruppen (Feuerwehr, Polizei, Strafvollzug z.B.) gilt ein früheres Eintrittsalter.

Mindestvoraussetzung sind ebenfalls fünf Jahre Dienstzeit, außerdem muss das Dienstverhältnis bis zum Erreichen der Pensionsansprüche bestanden haben. Für die Höhe entscheidend sind die ruhegehaltsfähigen Dienstzeiten sowie die ruhegehaltsfähigen Bezüge, das sind die Bezüge in den letzten drei Jahren vor Ausscheiden aus dem aktiven Dienst. Nicht alle Zulagen zur normalen Besoldung sind ruhegehaltsfähig, sie werden aber entsprechend ausgewiesen. Pro Jahr ruhegehaltsfähiger Dienstzeit gibt es 1,875 Prozent, maximal jedoch 75 Prozent der letzten Dienstbezüge als Pension. Diese Sätze werden allerdings bis 2010 abgesenkt, dann werden maximal 71,75 Prozent nach 40 Dienstjahren erreicht.

Auch die Hinterbliebenen (Witwen/Witwer/Waisen) von Beamten werden in ähnlicher Höhe wie in der Angestellten-Rentenversicherung versorgt.

6.1.3 Beiträge

Die Beiträge zur **Rentenversicherung** werden grundsätzlich je zur Hälfte von Arbeitgebern und Arbeitnehmern aufgebracht. Der Beitragssatz von zum Beispiel aktuell 19,5 Prozent (2005) in der Angestellten-Rentenversicherung wird auf das Einkommen bis zur Beitragsbemessungsgrenze angewendet. Die Hälfte dieses Beitrags wird dem Arbeitnehmer abgezogen, die andere Hälfte leistet der Arbeitgeber als Arbeitgeberzuschuss zur Sozialversicherung und führt den Gesamtbeitrag an die Rentenversicherung ab.

Von diesem Prinzip gibt es verschiedene Ausnahmen, die Geringfügigkeitsarbeits-verhältnisse, Arbeitsverhältnisse in der Gleitzone zwischen der Geringfügigkeits-grenze von 400 EUR und einem Betrag von 800 EUR und einige weitere Sonder-fälle betreffen. Außerdem zahlen Selbstständige bis auf wenige Ausnahmen (Versi-cherte in der Künstlersozialversicherung) ihren Beitrag vollständig selbst.

Beamte zahlen keine Beiträge zu ihrer Altersversorgung. Pensionen werden von den öffentlichen Arbeitgebern aus den laufenden Haushalten finanziert.

6.1.4   Steuerliche Behandlung ab 2005 nach AltEinkG

Die Beiträge zu gesetzlichen (einschließlich Arbeitgeberanteil) wie zu vergleichba-ren privaten Leibrentenversicherungen können ab 2005 zunächst zu 60 Prozent vom zu versteuernden Einkommen abgezogen werden. Dieser Prozentsatz steigt bis 2025 um jährlich 2 Prozentpunkte, bis 100 Prozent erreicht sind. Der maximale Abzugs-betrag ist auf 20.000 EUR beschränkt.

6.2   Bedarfsermittlung

Das „Risiko" Alter ist verbunden mit dem Verlust des Arbeitseinkommens, das durch eine Altersversorgung ausgeglichen werden soll. Zum einen verwirklicht sich das Risiko allgemein in jedem Fall mit Erreichen der in Arbeits- und Dienstverträ-gen meist üblichen Altersgrenze 65, zum anderen aber individuell auch früher durch vorzeitigen Eintritt in den Ruhestand wegen Krankheit, Behinderung, Verlust des Arbeitsplatzes und fehlender Aussicht auf Wiederanstellung bis hin zu persönlichen Gründen. An dieser Stelle soll jedoch das normale Erreichen der Altersgrenze und nur der Versicherte selbst im Mittelpunkt stehen, nicht ggf. weitere zu versorgende Personen. Der Bedarf besteht deshalb aus:

Bisherigem Arbeits- und Diensteinkommen

abzüglich

- zu erwartender gesetzlicher Renten oder Pensionen

- zu erwartender Steuererleichterungen

- ggf. eintretender Reduzierung der Kosten

und zuzüglich

- ggf. zu erwartender Mehrbelastungen aus Krankenversicherung

- ggf. gewünschter Steigerung des Lebensstandards

Wegen der verbesserten steuerlichen Situation des Rentners/Pensionärs geht man am Besten vom **Nettoeinkommen** aus. Die zu erwartende **gesetzliche Rente** wird aus der Renteninformation des Versicherungsträgers oder einer individuellen Renten-auskunft deutlich. Die **maximale Versorgung** liegt bei BfA-Versicherten bei etwa 67 Prozent der letzten Nettobezüge (nach Absenkung auf Grund Steuerreform 2001/2002 bis 2008), wird allerdings bis 2020 auf voraussichtlich 61-63 Prozent weiter sinken. Bei Beamten liegt sie bei knapp über 70 Prozent, aber auch hier sind angesichts der angespannten Haushaltslagen Senkungen zu erwarten. Selbstständige, die nicht pflicht- oder freiwillig versichert sind in der gesetzlichen Rentenversiche-rung, haben keine Versorgung zu erwarten.

Ggf. entfallen verschiedene Kosten bei Eintritt in den Ruhestand, zum Beispiel der erhöhte Aufwand für Fahrten zur Arbeitsstätte, Berufskleidung oder berufliche Weiterbildung. Zu Mehrbelastungen kommt es bei privat Krankenversicherten, wenn der Arbeitgeberzuschuss zur privaten Krankenversicherung entfällt. Außerdem werden manche Rentner nach Eintritt in den Ruhestand Pläne wie Reisen etc. ver-wirklichen wollen.

Aus der Differenz zwischen letztem Nettogehalt und gesetzlicher Rente/Pension ergibt sich die **Versorgungslücke**. Diese Lücke kann durch Leistungen der betrieb-lichen Altersvorsorge und/oder der privaten Altersvorsorge gedeckt werden. Das Aufzeigen der Versorgungslücke ist durch die regelmäßige Rentenauskunft der Rentenversicherungträger einfacher geworden. Die ergänzende Altersvorsorge liegt im Interesse des Staates, der einerseits die Leistungen der gesetzlichen Rentenversi-cherung wegen der demografischen Probleme weiter senken muss, aber andererseits keine zusätzlichen Sozialhilfefälle riskieren möchte. Deshalb wird sowohl die be-triebliche, als auch die private Altersvorsorge staatlich gefördert.

6.3 Staatlich geförderte private Altersvorsorge

Durch die Rentenreform 2001/2002 wurden die Ansprüche auf Leistungen der ge-setzlichen Rentenversicherung gesenkt, wie im vorherigen Kapitel bereits dargestellt. Zum Ausgleich wurde eine besondere Fördermöglichkeit für den Aufbau einer privaten, ersetzenden Altersvorsorge geschaffen, die unter dem Namen „Riester-Rente" bekannt, allerdings bisher nur begrenzt erfolgreich geworden ist.

6.3.1 Personenkreis

Die „Riester-Rente" können alle versicherungspflichtigen Arbeitnehmer und pflichtversicherte Selbstständige sowie Beamte in Anspruch nehmen sowie einige weitere, besonders im Gesetz erwähnte Gruppen. Eine Besonderheit ist, dass auch Ehepartner einen eigenen Anspruch auf die Riester-Rente haben, wenn der Partner förderberechtigt ist.

Nicht abschließen können die Riester-Rente Sozialhilfeempfänger, freiwillig versicherte Selbstständige oder geringfügig Beschäftigte, die keine eigenen Rentenversicherungsbeiträge zahlen. Ebenfalls ausgeschlossen sind Pflichtversicherte, die berufsständischen Versorgungswerken angehören, zum Beispiel Anwälte.

6.3.2 Geförderte Produkte

Einen wichtigen Grund für den bisher fehlenden Erfolg kann man in den Anforderungen sehen, die an die Gestaltung der Produkte für die staatlich geförderte, private Altersversorgung gestellt werden. Durch das seit 01.01.2005 wirksame Alterseinkünftegesetz (AltEinkG) werden zwar einige Bedingungen verbessert, sie besitzen aber unverändert für den Verkäufer wie für den Kunden spezifische Nachteile. Einen neuen Nachteil bringt das AltEinkG nach Meinung vieler Experten durch die so genannten „Unisex-Tarife" mit sich (vgl. zum Beispiel Wolfram Richter, „Unisex-Tarife sind ordnungspolitisch verfehlt", in: Frankfurter Allgemeine Zeitung vom 12.06.2004). Ab 2006 dürfen neue Riester-Verträge nur noch mit einem geschlechtsunabhängigen Beitrag kalkuliert und angeboten werden. Damit verteuern sich die Verträge für Männer erheblich, während bei Frauen nicht mit einer wesentlichen Entlastung zu rechnen ist, da eine negative Risikoselektion zu erwarten ist. Das bedeutet, dass besonders viele Frauen die für sie dann günstigere „Riester-Rente" abschließen werden und keine ihrer höheren Lebenserwartung angemessenen Beiträge zahlen, wodurch die Tarife langfristig Schaden nehmen.

Zunächst einmal wird nicht jedes Produkt gefördert, sondern nur die in einem Zertifizierungsverfahren zugelassenen, speziell gestalteten Produkte auf Basis der Produkte:

- Rentenversicherung

- Bankauszahlungsplan

- Kapitalisierungsprodukt

- Investmentfonds

Die wichtigsten Voraussetzungen für eine Zertifizierung sind derzeit:

- Die Auszahlung der Vorsorgeleistung erfolgt nicht vor Alter 60 oder zum Beginn einer Altersrente.

- Die Auszahlung muss lebenslänglich erfolgen, also in jedem Fall den Charakter einer Leibrente aufweisen. Ab 2005 können bis zu 30 Prozent der Gesamtleistung auch als Einmalzahlung erfolgen. Außerdem können die Rentenzahlungen jährlich statt bisher höchstens dreimonatlich erfolgen.

- Garantie des Anbieters, dass mindestens die eingezahlten Beiträge auch zur Auszahlung zur Verfügung stehen, unabhängig von evtl. Wertentwicklungen der Kapitalanlage.

- Die Abschlusskosten, also die Provisionen für den Vermittler, müssen über fünf (bis 2004: 10 Jahre) Jahre gleichmäßig verteilt belastet werden, anders als in der klassischen Lebensversicherung, in der sie meist sofort bei Beginn fällig werden und dadurch erst zeitverzögert ein Guthaben des Kunden entstehen lassen.

- Jährliche Information des Kunden über wichtige Details seines Vertrags. Neu nach AltEinkG ist, dass der Anbieter vor Vertragsabschluss die Beitragsrendite des Altersvorsorgevertrags angeben muss.

- Jederzeitige Kündigungs- und Übertragungsmöglichkeit auf einen anderen Anbieter.

- Die Verträge dürfen nicht zu Gunsten Dritter abgetreten werden.

- Die Verwendung der Leistungen ist beschränkt. Während der Ansparphase darf nur Kapital zur Finanzierung von selbst genutztem Wohneigentum vorübergehend entnommen werden, die Entnahme muss anschließend zurückgezahlt werden. Wird die Leistung nicht gemäß den Voraussetzungen für die Förderfähigkeit verwendet, zum Beispiel als Einmalsumme entnommen, müssen die gewährten Zuschüsse und Steuervorteile zurückgezahlt werden.

Dieser Katalog zeigt bereits die verschiedenen „Geburtsfehler" der Riester-Rente, die sich dem Vorwurf ausgesetzt sieht, zu kompliziert und zu wenig flexibel zu sein. Für Vermittler stehen Beratungsaufwand und Verdienstmöglichkeit in keinem wirtschaftlich gesunden Verhältnis, für Kunden ist die Leistung gemessen an dem für die Zulagenbeantragung erforderlichen Aufwand eher bescheiden. Erst durch das AltEinkG wird die Zulagenbeantragung etwas vereinfacht (Dauerzulagenantrag statt jährlichem Antrag). Die Idee, einen ersten Schritt in Richtung kapitalgedeckter Altersvorsorge zu tun, um die demografischen Probleme der gesetzlichen Rentenversicherung zu lösen, ist richtig. Vorteil dieser Verträge ist ein interessantes Preis-Leistungsverhältnis, vor allem für bestimmte Zielgruppen wie Familien mit Kindern oder Bezieher geringerer Einkommen. Ein weiterer Vorteil ist auch, dass Riester-Renten anders als normale Lebensversicherungen nicht beim Arbeitslosengeld angerechnet werden.

6.3.3 Beiträge und Förderung

Der staatlich geförderte, private Altersvorsorgevertrag soll eine konkret entstandene Versorgungslücke in der Versorgung der gesetzlich Rentenversicherten und der Beamten schließen. Aus diesem Grund sind bestimmte **Mindesteigenbeträge** vorgesehen, die in einen solchen Vertrag geleistet werden. Sie steigen seit der Einführung 2002 im Zweijahresrhythmus an, starteten mit 1 Prozent und liegen ab 2004 bei 2 Prozent der beitragspflichtigen Einnahmen des Versicherten, maximal 1.050 EUR. Sie werden wie folgt weiter steigen:

- 2006 und 2007: 3 %, maximal 1.575 EUR

- ab 2008: 4 %, maximal 2.100 EUR

Anders als der Name vermuten lässt, können auch geringere Beiträge vereinbart werden, allerdings sinkt dann auch entsprechend der Anspruch auf Zulagenförderung.

Der Mindesteigenbetrag setzt sich aus **Grundzulage** und **Kinderzulage** sowie dem in der Differenz verbleibenden, eigenen Beitrag des Versicherten zusammen. Die

Grundzulage betrug in der ersten Stufe ab 2002 38 EUR, die Kinderzulage 46 EUR. Die weitere Entwicklung zeigt die nachstehende Tabelle:

Veranlagungszeitraum	Jährliche Grundzulage	Jährliche Kinderzulage pro Kind
2004/2005	76 EUR	92 EUR
2006/2007	114 EUR	138 EUR
Ab 2008	154 EUR	185 EUR

Tabelle 5: Grund- und Kinderzulagen beim Altersvorsorgevertrag

Die Grundzulage gibt es für Ehepartner doppelt, wenn beide Altersvorsorgebeträge entrichten oder wenn ein eigentlich nicht zum Begünstigtenkreis zählender Ehegatte einen eigenen Altersvorsorgevertrag unterhält.

Je nach Einkommens- und Förderkonstellation kann es dazu kommen, dass der letztendliche Eigenbeitrag des Versicherten sehr niedrig ausfällt. Der Gesetzgeber hat deshalb einen **Sockelbetrag** eingeführt, einen mindestens selbst aufzubringenden Beitrag zum Altersvorsorgevertrag. Er beträgt seit 01.01.2005 90 EUR für Versicherte ohne Kind, 75 EUR für Versicherte mit einem Kind und 60 EUR für Versicherte mit mehreren Kindern.

Anstelle der Zulagenförderung kann es auch interessant sein, den zusätzlichen **Sonderausgabenabzug** geltend zu machen, der in gleicher Höhe wie der Mindesteigenbeitrag eingeführt wurde. Das Finanzamt ermittelt im Wege der Günstigerprüfung, ob sich der Versicherte mit der Zulage oder dem Sonderausgabenabzug besser steht.

Um die Förderung zu erhalten, muss der Versicherte einen **Antrag** stellen. Die bisherigen Erfahrungen, wie viele Versicherte entweder überhaupt einen Antrag stellen oder wenn, wie viele ihn richtig ausfüllen, sind ernüchternd. Auch das spricht momentan gegen die offensichtlich zu große Komplexität dieser Produkte. Dabei ist die Förderung überaus interessant, denn sie erreicht vor allem bei Versicherten mit Kindern oder mit kleineren Einkommen einen hohen Anteil des Gesamtbeitrags und führt damit zu einer interessanten Rendite des Vertrags.

6.3.4   Sonstige Förderung der privaten Altersvorsorge

Der bisherige Sonderausgabenabzug für Kapitallebens- und Rentenversicherungen nach § 10 EStG entfällt für ab 01.01.2005 neu abgeschlossene Versicherungsverträge. Seine Bedeutung war allerdings bisher eher gering, da insbesondere Arbeitnehmer den höchsten möglichen Sonderausgabenabzug bereits durch die Sozialversicherungsbeiträge weitgehend ausschöpften.

Ab 2005 werden spezielle Leibrenten-Versicherungsprodukte gefördert, die als „Rürup-Rente" oder „Basis-Rente" bekannt sind. Sie dürfen frühestens ab Alter 60 Leistungen erbringen, dürfen nicht übertragbar, beleihbar oder veräußerbar sein und dürfen vor allem nicht zu einer einmaligen Kapitalauszahlung verwendet werden. Nach § 10 Abs. 2 Satz 2 b EStG werden Produkte zum Sonderausgabenabzug zugelassen, die „zum Aufbau einer eigenen kapitalgedeckten Altersversorgung" dienen, „wenn der Vertrag nur die Zahlung einer monatlichen auf das Leben des Steuerpflichtigen bezogenen lebenslangen Leibrente nicht vor Vollendung des 60. Lebensjahres oder die ergänzende Absicherung des Eintritts der Berufsunfähigkeit (Berufsunfähigkeitsrente), der verminderten Erwerbsfähigkeit (Erwerbsminderungsrente) oder von Hinterbliebenen (Hinterbliebenenrente) vorsieht."

Interessant ist, dass der Rahmen für Vorsorgeaufwendungen ab 2005 auf 20.000 EUR (Ehegatten 40.000 EUR) angehoben wird, so dass auch Arbeitnehmer diesen erstmals nennenswert ausschöpfen können (§ 10 Abs. 3 EStG). Beiträge zur „Rürup-Rente" können zu 60 Prozent für das Jahr 2005 und danach um jeweils zwei Prozentpunkte ansteigend abgesetzt werden, bis 2025 ein voller Abzug erreicht ist.

6.4   Staatlich geförderte betriebliche Altersvorsorge

Die betriebliche Altersvorsorge wird gerne als die zweite der drei großen Säulen der Altersversorgung bezeichnet. Mit dem Altersvermögensgesetz von 2001 ist sie noch einmal gestärkt worden. Während im öffentlichen Dienst vergleichbare Altersversorgungen etabliert sind, haben in der Privatwirtschaft bisher eher nur Mitarbeiter von Großunternehmen oder Geschäftsführungsmitglieder Anspruch auf eine zusätzliche Versorgung erhalten. Eine weitere Verbesserung bringt das AltEinkG seit 01.01.2005 mit sich, insbesondere bezüglich der Übertragbarkeit von Ansprüchen beim Arbeitgeberwechsel.

Betriebliche Altersversorgung (bAV) im engeren Sinne ist eine Sozialleistung des Betriebs an seine Arbeitnehmer oder seine Leitungsorgane, um sie zusätzlich zur gesetzlichen Versorgung in den Genuss einer Versorgung gelangen zu lassen. Damit haben Arbeitgeber schon immer Ziele verfolgt wie zum Beispiel, attraktivere Arbeitsplätze anbieten und Mitarbeiter damit besser an sich binden zu können. Darüber hinaus stellt die bAV aber auch einen Weg für den Arbeitnehmer dar, eigenverantwortlich die Altersvorsorge unter Nutzung des Arbeitgebers und der steuerlichen Vergünstigungen aufzubessern, insbesondere indem er zukünftige Gehaltsbestandteile, Sonderzahlungen oder Überstunden in eine zusätzliche Versorgung umwidmet. Neu ist seit 01.01.2002, dass Arbeitnehmer hierauf einen Rechtsanspruch haben.

Nachfolgend wird ein Kurzüberblick über die Durchführungswege der betrieblichen Altersvorsorge und der steuerlichen Behandlung der Beiträge sowie der Leistungen gegeben. Seit 2005 wird durch das AltEinkG die Rentenbesteuerung vereinheitlicht, indem in der Ansparphase eine steuerfreie Umwandlung und in der Auszahlungsphase eine nachgelagerte Besteuerung als Regelbesteuerung eingeführt werden. Damit kann der Gesetzgeber einerseits die notwendige Bildung ergänzender Altersversorgungen wirksam fördern, weil die Steuerfreiheit für umgewandeltes Entgelt oder zusätzlich vom Arbeitgeber erbrachte Mittel attraktiv ist, andererseits wird der durchschnittliche Steuerbürger von der nachgelagerten Besteuerung im Rentenalter nicht allzu hart getroffen. Die Notwendigkeit dazu hat sich aus dem Urteil des Bundesverfassungsgerichts vom 06.03.2002 zur Gleichstellung von Renten und Pensionen bei der Besteuerung ergeben.

Mit der Rentenreform 2001/2002 wurden die bisherigen, bewährten Durchführungswege Direktversicherung, Direktzusage, Unterstützungskasse und Pensionskasse um den Pensionsfonds ergänzt. Der Arbeitgeber muss seinen Arbeitnehmern zwar eine Durchführungsmöglichkeit anbieten, kann aber zwischen diesen Durchführungswegen frei wählen, sofern nicht tarifvertragliche Beschränkungen zu beachten sind.

6.4.1 Direktversicherung

Die Direktversicherung ist immer noch eine der beliebtesten Formen vor allem der arbeitnehmerfinanzierten bAV, weil sie einfach zu handhaben und gleichzeitig attraktiv ist. Der Arbeitgeber schließt auf das Leben des Arbeitnehmers eine Lebensversicherung ab, in der der Arbeitnehmer eine Bezugsberechtigung erhält. Die Beiträge zahlt der Arbeitgeber, entweder als Sozialleistung der arbeitgeberfinanzierten bAV oder aus umgewandelten Gehaltsbestandteilen des Arbeitnehmers in der Direktversicherung aus Gehaltsumwandlung. Im letzteren Fall muss das Bezugsrecht des Arbeitnehmers auch als unwiderruflich vereinbart werden. Damit entsteht ein Dreiecksverhältnis an Vertragsbeziehungen zwischen Arbeitgeber, Arbeitnehmer und einem Versicherungsunternehmen.

Direktversicherungen galten bisher als steuerlich attraktiv durch die Kombination aus der vor allem für Besserverdienende interessanten Pauschalversteuerung und der steuerfreien Auszahlung der Versicherungsleistung unter den bislang üblichen Voraussetzungen für Lebensversicherungen (Vertragslaufzeit von mindestens 12 Jahren und eine Beitragszahlungsdauer von mindestens fünf Jahren). Diese Versteuerung kann nur noch bei vor dem 01.01.2005 abgeschlossenen Verträgen angewendet werden. Nach dem 01.01.2005 abgeschlossene Verträge werden jedoch voraussichtlich ebenfalls nachgefragt werden, da auch die Kombination aus der erstmals möglichen steuerfreien Gehaltsumwandlung und der nachgelagerten Besteuerung attraktiv ist.

Nachfolgend ein Überblick über die Besteuerungsmöglichkeiten:

• Nur bei bis zum 31.12.2004 abgeschlossenen Verträgen: Pauschalversteuerung als Arbeitslohn nach § 40 b EStG (20 Prozent zzgl. Kirchensteuer und Solidaritätszuschlag) grundsätzlich bis 1.752 EUR Beitragsleistung jährlich (in Ausnahmefällen bei Durchschnittsbildung mehrerer Arbeitnehmer auch bis 2.148 EUR möglich); die Auszahlung bleibt bei Kapitalleistung steuerfrei, bei Rentenzahlung wird der Ertragsanteil gemäß § 22 Abs. 1 EStG versteuert. Attraktiv ist dies vor allem bei Umwandlung von Sonderzahlungen, die zusätzlich zur Steuerersparnis (Differenz aus Pauschalsteuer und individuellem Steuersatz) auch eine Ersparnis bei Sozialversicherungsbeiträgen einbringen kann. Diese Befreiung endet allerdings 2008.

• Zulagenförderung oder Sonderausgabenabzug nach § 10 a EStG („Riester"), dafür volle nachgelagerte Besteuerung der Auszahlungsleistungen nach § 22, 5 EStG als sonstige Einkünfte. Bei der Gehaltsumwandlung können bis zu 4 Prozent der Beitragsbemessungsgrenze in der Rentenversicherung (seit 01.01.2005 zuzüglich 1.800 EUR jährlich) umgewandelt werden, gefördert werden die Beiträge jedoch jeweils bis zu den für die „Riester-Förderung" geltenden prozentualen Stufen vom tatsächlichen Einkommen, maximal bis zur Beitragsbemessungsgrenze.

- Für ab 01.01.2005 abgeschlossene Verträge kann erstmals auch die Förderung gemäß § 3, 63 EStG genutzt werden (siehe Pensionskasse).

Bietet der Arbeitgeber keine andere Form der bAV an, hat der Arbeitnehmer das Recht, den Abschluss einer Direktversicherung zu verlangen. Für den Arbeitnehmer ergibt sich außerdem der Vorteil, bei einem Arbeitgeberwechsel relativ einfach über seine Versorgung verfügen zu können durch Mitnahme der Versicherung und entweder Übertragung auf den neuen Arbeitgeber oder private Fortführung.

6.4.2 Direktzusage

Bis zur Rentenreform war die Direktzusage mit 59 Prozent „Marktanteil" die führende Form der bAV. Sie bietet sich vor allem für die arbeitgeberfinanzierte bAV an, bei der der Arbeitgeber direkt und ohne Einschaltung Dritter eine Altersversorgungsleistung an seine Arbeitnehmer zusagt. Damit ist die Direktzusage besonders flexibel und wird gerne als Sozialleistung verwendet. Allerdings bedeutet sie sowohl für den Arbeitgeber ein hohes Risiko der Finanzierbarkeit als auch für den Arbeitnehmer das Risiko der langfristigen Erfüllbarkeit. Aus diesem Grund werden die vom Arbeitgeber erteilten Zusagen häufig durch **Rückdeckungsversicherungen** abgesichert, das sind auf das Leben der begünstigten Mitarbeiter abgeschlossene Lebensversicherungen. Mit einer solchen Absicherung ist die Direktzusage auch für die arbeitnehmerfinanzierte bAV durch Entgeltumwandlung attraktiv.

Die steuerliche Attraktivität für den Arbeitgeber liegt darin, dass er steuermindernde Pensionsrückstellungen bilden kann. Schließt er Rückdeckungsversicherungen zur teilweisen oder vollen Rückdeckung der Zusage ab, kann er die Beiträge als Betriebsausgaben geltend machen.

Die steuerliche Behandlung sieht derzeit keine Wahlmöglichkeiten vor, sondern nur diesen Weg:

- In der Ansparphase fallen keine Steuern an gemäß § 11 EStG. Bei der arbeitnehmerfinanzierten bAV kann der Arbeitnehmer bis zu 4 Prozent der Beitragsbemessungsgrenze sozialversicherungsfrei umwandeln (bis 2008), darüber hinaus muss er Umwandlungsbeträge als sozialversicherungspflichtigen Lohn behandeln lassen. In der Auszahlungsphase sind die Leistungen als Einkünfte aus nicht selbstständiger Arbeit gemäß § 19, 1 Nr. 2 EStG voll zu versteuern.

Eine Zulagen- bzw. Sonderausgabenförderung nach § 10 a EStG („Riester") ist bei der Direktzusage nicht möglich.

6.4.3 Unterstützungskasse

Die Unterstützungskasse unterscheidet sich von der Direktzusage im Wesentlichen nur dadurch, dass die Versorgungsleistung nicht unmittelbar vom Arbeitgeber selbst, sondern von einer eigens eingerichteten Versorgungseinrichtung geschuldet wird, die sich aus Beiträgen des Arbeitgebers finanziert. Die Sicherheit von Versorgungszusagen ist damit höher, aber einen Rechtsanspruch kann der Arbeitnehmer trotzdem nicht erlangen, bei wirtschaftlichen Notlagen des Unternehmens kann die Versorgungsleistung gefährdet sein.

Auch die Unterstützungskasse kann und sollte rückgedeckt werden durch Lebensversicherungen, um die Leistungen zu sichern. Außerdem kann der Arbeitgeber dann die Kosten der Rückdeckung als Betriebsausgaben geltend machen, während er die Zuwendungen zu einer nicht rückgedeckten Unterstützungskasse nur begrenzt steuerlich geltend machen darf.

Für die steuerliche Attraktivität und die Behandlung der Beiträge und der Auszahlungsleistungen gilt für die Unterstützungskasse das Gleiche wie für die Direktzusage.

6.4.4 Pensionskasse

Die Pensionskasse unterscheidet sich von allen bisher besprochenen Durchführungswegen der bAV dadurch, dass sie ein rechtlich selbstständiger Versicherungsverein auf Gegenseitigkeit ist, also ein genossenschaftsähnlich strukturiertes Versicherungsunternehmen. Im Gegensatz zur Unterstützungskasse erhalten die Versicherten einen Rechtsanspruch auf die Versorgungsleistung, abgesichert durch die Versicherungsaufsicht, die für die Pensionskasse zuständig ist. Die Einrichtung einer Pensionskasse ist dementsprechend aufwändig, deshalb werden nur wenige Arbeitgeber dies selbst vornehmen. Stattdessen haben sich eine Reihe berufsständischer oder von Versicherungsunternehmen gegründeter Pensionskassen gebildet, die interessierten Arbeitgebern als Träger ihrer bAV zur Verfügung stehen.

Die Attraktivität der Pensionskasse liegt vor allem darin, dass ihre Leistungen in besonders hohem Maße sicher sind – darin ist sie nur mit der Direktversicherung vergleichbar – und zusätzlich auch noch besonders flexibel bei der Wahl der steuerlichen Behandlung. Sie eignet sich gleichermaßen für die arbeitgeber- wie die arbeitnehmerfinanzierte bAV und eröffnet folgende Wege der steuerlichen Behandlung:

- Nur bei bis zum 31.12.2004 abgeschlossenen Verträgen: Pauschalversteuerung als Arbeitslohn nach § 40 b EStG (20 Prozent zzgl. Kirchensteuer und Solidaritätszuschlag) grundsätzlich bis 1.752 EUR Beitragsleistung jährlich (in Ausnahmefällen bei Durchschnittsbildung mehrerer Arbeitnehmer auch bis 2.148 EUR möglich); die Auszahlung erfolgt als Rentenzahlung und wird mit dem Ertragsanteil gemäß § 22, 1 EStG versteuert. Attraktiv ist dies vor allem bei Umwandlung von Sonderzahlungen, die zusätzlich zur Steuerersparnis (Differenz aus Pauschalsteuer und individuellem Steuersatz) auch eine Ersparnis bei Sozialversicherungsbeiträgen einbringen kann. Diese Befreiung endet allerdings 2008.

- Umwandlung aus versteuertem Einkommen mit Zulagenförderung oder Sonderausgabenabzug nach §10 a EStG („Riester"), dafür volle nachgelagerte Besteuerung der Auszahlungsleistungen nach § 22, 5 EStG als sonstige Einkünfte. Bei der Gehaltsumwandlung können bis zu 4 Prozent der Beitragsbemessungsgrenze in der Rentenversicherung umgewandelt werden, gefördert werden die Beiträge jedoch jeweils bis zu den nach der „Riester-Förderung" vorgesehenen prozentualen Stufen vom tatsächlichen Einkommen, maximal bis zur Beitragsbemessungsgrenze.

- Steuerfreie Umwandlung bis zu 4 Prozent der Beitragsbemessungsgrenze (ab 01.01.2005 zuzüglich 1.800 EUR jährlich) zur Rentenversicherung nach § 3, 63 EStG und volle nachgelagerte Besteuerung der Auszahlungsleistungen nach § 22, 5 EStG.

Die Auszahlung der Leistungen erfolgt zwar meistens als Rente, kann aber auch als Einmalleistung vereinbart werden.

Beim Arbeitgeber sind die Zuwendungen zur Pensionskasse in der Regel als Betriebsausgaben zu behandeln, eine Bildung von Pensionsrückstellungen entfällt damit. Die Pensionskasse scheint sich nach der Rentenreform 2001/2002 als der attraktivste Durchführungsweg der bAV zu etablieren, weil das Verhältnis aus Sicherheit der Anlage, Rendite sowie Flexibilität bei der steuerlichen Behandlung besonders günstig ist.

6.4.5   Pensionsfonds

Auch der 2002 neu eingeführte Pensionsfonds stellt eine selbstständige Versorgungseinrichtung dar, die für die Arbeitgeber- wie die Arbeitnehmer-finanzierte bAV verwendet werden kann. Auch diese als Aktiengesellschaft oder in Versicherungsvereins-ähnlicher Rechtsform geführte Einrichtung unterliegt der Versicherungsaufsicht. Besonderheit gegenüber der Pensionskasse ist aber, dass die zum Aufbau der Altervorsorge überlassenen Mittel wesentlich flexibler, riskanter, damit aber unter Umständen auch renditeträchtiger angelegt werden dürfen. Zum Beispiel dürfen über die bei Pensionskassen maximal erlaubten 35 Prozent der Mittel hinaus Aktien erworben werden. Allerdings muss bei der Geldanlage auf eine Risikominimierung durch eine gute Mischung und Strukturierung geachtet werden. Zusätzlich sind die Leistungen durch den Pensionssicherungsverein (PSVaG) bei Insolvenz abzusichern. Das führt auch zu zusätzlichen Kosten beim Arbeitgeber.

Bei der Besteuerung besteht die gleiche, hohe Flexibilität wie in der Pensionskasse. Die Leistungen dürfen grundsätzlich nur als Rentenleistung erbracht werden, maximal 20 Prozent der Gesamtleistung können bei Beginn der Auszahlungsphase als Einmalzahlung erbracht werden.

6.5   Private Vorsorge mit Versicherungen

Gerade das Thema Altersvorsorge mobilisiert seit Jahren viele Anleger, eigene Sparleistungen zu erbringen und beschert den Finanzdienstleistern damit zusätzliche Absatzchancen. Damit hat sich der Wettbewerb zwischen den klassischen Bankprodukten und den klassischen Versicherungsprodukten verschärft. Renten- und Lebensversicherungen, Fondsprodukte sowie Hybridprodukte, also Mischungen aus den verschiedenen Grundproduktformen – Beispiel fondsgebundene Lebensversicherung – konkurrieren mit den klassischen Sparplänen. Die Börsen- und die Zinsentwicklung haben allerdings zuerst der Fondsbranche einen empfindlichen Rückschlag beschert, gefolgt von der Versicherungsbranche, die unter sinkenden Garantiezinsen und Überschussbeteiligungen leidet. Dies führt aktuell gerade zu einer Renaissance des lange gering geschätzten Bausparens, wie eine 2004 durchgeführte Umfrage des Marktforschungsinstituts icon brand navigation belegt. Dennoch gilt unverändert, dass die Präferenz der Deutschen in Sachen privater Altersvorsorge eindeutig in Richtung Versicherungen geht, 61 Prozent halten nach der gleichen Umfrage die Geldanlage in Versicherungen zu Altersvorsorgezwecken für besonders attraktiv.

Insbesondere die Kapitallebensversicherung steht in dem Ruf, unter Verbraucher-schutzaspekten ein ungeeignetes Produkt zu sein. Empfohlen wird immer wieder, Risikoschutz mit einer Risikolebensversicherung und Sparleistungen mit Fonds oder Aktienanlagen darzustellen. Es gibt aber einige wichtige Argumente, die in einer seriösen Kundenberatung abzuwägen sind, warum Versicherungsprodukte einen wichtigen Baustein im Aufbau einer privaten Altersversorgung darstellen sollten:

- Je nach individueller Risikoneigung – und die ist bei den meisten Deutschen beim Thema Alter nicht sehr hoch ausgeprägt – wird eine **verlässliche Leistung** gewünscht. Diese können Versicherungsprodukte mit ihrer garantierten Min-destverzinsung darstellen.

- Zusätzlich wird meistens erwartet, dass diese verlässliche Leistung auch zu ei-nem **verlässlichen Zeitpunkt** verfügbar ist, unabhängig von einer aktuellen Bör-sen- bzw. Wertentwicklung der zu Grunde liegenden Kapitalanlage. Auch dies stellen Versicherungsprodukte mit ihren vertraglich vereinbarten Ablaufterminen in besonderem Maße sicher.

- Gibt es neben der reinen Altersvorsorge weitere Abschlussmotive, wie **Hinter-bliebenenversorgung**, Versorgung bei **Berufsunfähigkeit** sowie **Todesfall-schutz**, zum Beispiel zur Absicherung von Krediten, spielen Versicherungspro-dukte ihre besondere Stärke in der Absicherung solcher biometrischen Risiken aus. Die Kombination ist meistens sogar günstiger als die Einzelabdeckung von Risiken, wie das Beispiel der Berufsunfähigkeitsversicherung zeigt.

Nachfolgend werden als wichtigste Produkte die Rentenversicherung, die Kapitalle-bensversicherung und als Hybridprodukt die fondsgebundene Lebensversicherung vorgestellt.

6.5.1 Rentenversicherung

Die private Rentenversicherung ist besonders gut geeignet, das Ziel einer zusätzli-chen, privaten Altersvorsorge zu erfüllen. Da ihre Leistungen grundsätzlich zweck-gebunden sind – nämlich zum Zweck der lebenslänglichen Rentenzahlung –, eignet sie sich weniger gut für andere Verwendungszwecke, wie zum Beispiel die Tilgung von Krediten. Die besondere Leistung der Rentenversicherung besteht weniger in der Sparleistung, als vielmehr darin, das **Risiko der Langlebigkeit** abzudecken. Während jedes normale Kapitalanlageprodukt nur zu einer endlichen Auszahlung verwendet werden kann (Kapitalverzehr), ist die Rentenzahlung an das individuelle

Lebensalter des Versicherten gebunden, es kann also weit mehr als die selbst angesparte Leistung ausgeschüttet werden. Das ist getreu dem allgemeinen Versicherungsprinzip nur möglich im Kollektiv vergleichbarer Risiken, die gemäß statistischer Wahrscheinlichkeit, abzulesen aus so genannten Sterbetafeln, im Durchschnitt bestimmte Lebensalter erreichen. Kürzer Lebende finanzieren damit den Mehrbedarf an Rente von länger Lebenden.

Das Produkt Rentenversicherung wird zum einen mit **aufgeschobener Rentenzahlung** angeboten, bei der über einen längeren Zeitraum zuerst Kapital gebildet und dann zu einem bestimmten Zeitpunkt das erreichte **Deckungskapital** als Summe eingezahlter Beiträge und gutgeschriebener Überschüsse in eine Rentenzahlung umgewandelt wird. Zum anderen wird bei der **sofort beginnenden Rentenversicherung** ein zum Vertragsbeginn zur Verfügung gestellter Einmalbeitrag ab sofort in eine Rentenzahlung umgewandelt. Diese Form bietet sich beispielsweise an, wenn ein fälliger, hoher Betrag zum Beispiel aus einer Kapitallebensversicherung oder einer Abfindung in eine Rente umgewandelt werden soll.

In Reinform folgt die Rentenversicherung damit dem „Alles oder nichts"-Prinzip. Erreicht die versicherte Person den vereinbarten Beginn der Rentenzahlung, erhält sie lebenslänglich eine Rente, ansonsten verfällt sie. Da dies vielen Kunden jedoch nur schwer zu vermitteln ist, bieten die Versicherer Einschlüsse an, durch die eine teilweise oder volle Rückgewähr von geleisteten Beiträgen sichergestellt sowie weitere Versorgungszwecke erfüllt werden:

- Todesfallleistung bei Tod der versicherten Person vor Beginn der Rentenzahlung: Üblicherweise werden die eingezahlten Beiträge unverzinst zurückgezahlt.

- Rentengarantie: Verstirbt die versicherte Person nach Beginn der Rentenzahlung, verfällt die Rentenzahlung nicht sofort, sondern erst, wenn eine bestimmte, vereinbarte Garantiezeit verstrichen ist, die bis zur statistischen Lebenserwartung der versicherten Person festgelegt werden kann.

Praxistipp: Die Todesfall- und die Garantieleistung kosten in der Regel Rendite, in der Praxis wird dadurch die Rentenzahlung reduziert. Wenn es um die Hinterbliebenenabsicherung geht, sollte alternativ der Einschluss einer Hinterbliebenen-Zusatzversicherung geprüft werden.

Es gibt weitere Optionen, wie das Grundprodukt Rentenversicherung flexibel für weitere Einsatzzwecke optimiert werden kann:

- **Kapitaloption**: Alternativ zur Rentenzahlung erhält der Versicherte das Recht, eine Einmalkapitalauszahlung in Anspruch zu nehmen. Damit kann die Rentenversicherung auch zum Beispiel für Tilgungen von Krediten eingesetzt werden.

- **Flexibler Rentenbeginn**: Bei der heutigen Arbeitsmarktlage und angesichts mit dem Alter zunehmender gesundheitlicher Risiken ist es schwer, auf Jahrzehnte im Voraus das „ideale" Beginnalter für die Rentenversicherung festzulegen. Flexible Rentenversicherungsprodukte ermöglichen, innerhalb bestimmter Zeiträume kurzfristig zu entscheiden, wann die Rentenzahlung beginnen soll. Damit kann man sich beispielsweise auf einen früheren als den ursprünglich geplanten Eintritt in den Ruhestand besser vorbereiten.

- **Hinterbliebenen-Zusatzversicherung** (HIZ): Mit der HIZ kann die versicherte Person ihre Hinterbliebenen durch Weiterzahlung einer Rente in Höhe von bis zu 100 Prozent ihrer eigenen Rente absichern.

- **Berufsunfähigkeitszusatzversicherung** (BUZ): Eine Berufsunfähigkeitsversicherung kann angebündelt werden.

Die Beitragskalkulation erfolgt in der Rentenversicherung auf Basis des **Eintrittsalters** und berücksichtigt den gewünschten Rentenbeginn (bei der aufgeschobenen Rente) und die statistische Lebenserwartung der versicherten Personen. Da diese bei Frauen deutlich höher liegt als bei Männern, sind Rentenversicherungen für Frauen bei gleicher Leistung teurer. In der individuellen Risikoprüfung wird außerdem die gesundheitliche Situation und Vorgeschichte der versicherten Person überprüft. Allerdings liegt insbesondere bei der reinen Rentenversicherung ohne Zusatzleistungen das Risiko eher beim Kunden, dass er die statistische Lebenserwartung nicht erreicht, deshalb wird die Gesundheitsprüfung oft vereinfacht durchgeführt.

6.5.2   Kapitallebensversicherung

Die Kapitallebensversicherung ist immer noch das beliebteste Lebensversicherungsprodukt, auch wenn die steuerliche Behandlung für ab 01.01.2005 neu abgeschlossene Verträge so verändert wurde, dass die Attraktivität des Produktes nachlässt. Zudem ist die Versicherungsbranche in den letzten zwei bis drei Jahren durch teilweise drastische Senkungen der Überschussbeteiligungen sowie die aufsichtsamtlich verordnete Senkung des Garantiezinses ins Gerede gekommen. Der erste Quasi-Konkurs eines Lebensversicherers in der Nachkriegsgeschichte hat das Vertrauen in die sprichwörtliche Sicherheit der Lebensversicherung erschüttert. Verbraucherschützer mutmaßen schon lange, dass die Kapitallebensversicherung ein unrentables Produkt ist, das den Kunden langfristig bindet und eine vorzeitige Vertragsauflösung mit Verlusten bestraft, abgesehen von teuren Vertriebsprovisionen, die verdient werden müssen.

Die Kapitallebensversicherung hat sich bisher trotzdem behauptet. Wichtige Gründe dafür sind:

- Das Produkt ist außerordentlich flexibel für verschiedenste **Verwendungszwekke** wie Altersvorsorge, Ablösung von Krediten, Finanzierung von Umbauten oder Anschaffungen oder schlicht zur Vermögensanlage nutzbar. Anders als bei der privaten Rentenversicherung oder erst recht den staatlich geförderten Anlageprodukten muss der Kunde sich nicht Jahrzehnte vor der Verwendung der Leistung festlegen, wie er sie verwenden will.

- Das Produkt deckt die **biometrischen Risiken** Alter und Tod sowie bei Einschluss auch weitere Risiken ab. Vergleichbares können die meisten Alternativprodukte nicht leisten.

- Die Kapitallebensversicherung ist entgegen allen Behauptungen ein rentables Produkt. Gesetzlich garantiert ist eine **Mindestverzinsung** von derzeit 2,75 Prozent, in älteren Verträgen auch noch mehr. Diese Verzinsung in der Regel durch weitere Überschüsse erhöht. Selbst in der gegenwärtigen, außerordentlich schwierigen Lage am Kapitalmarkt werden von guten Versicherern Gesamtverzinsungen von 4 bis 5 Prozent erreicht. Wissen muss man allerdings, dass sich diese auf den Sparanteil im Versicherungsbeitrag beziehen, also nicht auf den Gesamtbeitrag, der auch weitere Risiken (z. B. Todesfallschutz) abdeckt. Wer deshalb die Effektivverzinsung einer Kapitallebensversicherung zum Vergleich mit anderen Kapitalanlageprodukten ermitteln will, muss diese Beitragsanteile zunächst abziehen.

Die Kapitallebensversicherung wird auch als gemischte Versicherung bezeichnet, weil sie eine Versicherung auf den **Todesfall** (Risikolebensversicherung) mit einer **Erlebensfallversicherung** verbindet. Vereinbart wird eine **Versicherungssumme**, die zu einem bestimmten Ablauftermin erreicht sein soll. Außerdem können bestimmte Sonderformen vereinbart werden:

- **Abrufoption**: Es wird kein fester Ablauftermin, sondern eine Bandbreite von Jahren vereinbart, innerhalb derer der Kunde flexibel und kurzfristig entscheiden kann, wann er die Versicherungsleistung ausgezahlt erhalten möchte.

- **Teilauszahlung**: Bestimmte Teile der Versicherungsleistung können bereits während der Vertragslaufzeit, in der Regel zu festen Zwischenterminen, ausgezahlt werden. Damit können zum Beispiel fällige Zwischentilgungen von Krediten oder Anschaffungen unterstützt werden.

Praxistipp: Die Erfahrungen mit Teilauszahlungstarifen sprechen dafür, die Rendite solcher Angebote sehr genau zu prüfen. In der Praxis ist es meist günstiger, mehrere einzelne Kapitalversicherungen abzuschließen.

Auch die Kapitallebensversicherung kann durch Zusatzversicherungen für weitere Verwendungszwecke aufgerüstet werden:

- **Berufsunfähigkeitszusatzversicherung** (BUZ)

- Zusätzlicher **Risikoschutz**: Für junge Familien mit schmalem Einkommen ist es beispielsweise attraktiv, zunächst ein kleineres Sparziel anzustreben, die notwendige Hinterbliebenenabsicherung aber durch eine zusätzliche Todesfallsumme über die Haupt-Versicherungssumme hinaus sicherzustellen.

- **Dread Disease**: Die Versicherungsleistung wird auch vorzeitig fällig, wenn bestimmte, schwere Erkrankungen auftreten. Damit wird der Tatsache Rechnung getragen, dass durch die Erkrankung bereits erhebliche finanzielle Mittel für die Versorgung Hinterbliebener notwendig werden können.

- **Pflegerentenzusatzversicherung**: Hierdurch wird das Kostenrisiko abgedeckt, das durch Eintritt einer Pflegebedürftigkeit nach Abzug der Leistungen der gesetzlichen Pflegeversicherungsleistung verbleibt.

Die typische Verwendungsform der Kapitallebensversicherung ist, dass die Leistung für die versicherte Person benötigt wird, die dann meistens mit dem Versicherungsnehmer, also dem Vertragspartner des Versicherungsunternehmens identisch ist. Der Vertrag kann aber auch zu Gunsten Dritter gestaltet werden:

- **Verbundene Versicherung** auf zwei Leben: Es kann eine zweite Person mitversichert werden, die Versicherung wird dann entweder beim Tod der ersten, versterbenden Person fällig oder zum vereinbarten Ablauftermin. Sinn macht das beispielsweise, wenn sich Eheleute gegenseitig absichern wollen, damit der Überlebende die Familie weiter versorgen, eine Finanzierung ablösen oder einen Betrieb absichern kann.

- **Bezugsberechtigung**: Die Versicherungsleistung kann widerruflich oder unwiderruflich einer dritten Person zugesagt werden. Die Direktversicherung in der betrieblichen Altersversorgung ist ein Beispiel für eine Versicherung, die über die Bezugsberechtigung zu Gunsten eines Dritten (Arbeitnehmer) abgeschlossen wird.

- **Heirats-** oder **Ausbildungsversicherung**: Versicherte Person ist einerseits ein Kind, das mit der Leistung bei Heirat oder Beginn der Ausbildung oder spätestens zu einem bestimmten Zeitpunkt begünstigt werden soll, andererseits aber ein Versorger (Eltern, Paten, Großeltern ...), bei dessen Ausfall die Versicherung beitragsfrei fortgeführt wird.

Der **Beitrag** in der Kapitallebensversicherung setzt sich aus dem Spar- und dem Risikobeitrag sowie den Kosten für Verwaltung und für Vertrieb zusammen. Der Sparanteil bildet zusammen mit den erreichten Zinsen das **Deckungskapital** eines Vertrages. Da die meisten Verwaltungskosten (Risiko- und Antragsprüfung, Ausstellung Versicherungsschein) sowie die Abschlusskosten bei Vertragsabschluss bereits anfallen, ist das Deckungskapital am Anfang der Vertragslaufzeit negativ. Der Kunde hat bei vorzeitiger Vertragsauflösung Anspruch auf Auszahlung des **Rückkaufswertes** seiner Lebensversicherung. In den ersten ein bis zwei Jahren der Vertragslaufzeit ist meistens noch kein Rückkaufswert vorhanden, später steigt er langsamer als das Deckungskapital an, aus dem er finanziert werden muss. Die Angaben dazu finden sich in den Kundeninformationen zum Lebensversicherungsvertrag.

Die eingezahlten Beiträge werden vom Lebensversicherer angelegt. Dabei unterliegen sie Vorgaben, die eine langfristige sichere Geldanlage sicherstellen soll, zum Beispiel darf der Anteil riskanter Anlageformen nur relativ gering sein. Aus der Kapitalanlage sowie aus zu vorsichtig kalkulierten Sterbewahrscheinlichkeiten, Verwaltungs- und Vertriebskosten entstehen Überschüsse, die als Rohüberschuss in die **Gewinnverteilung** eingehen. Mindestens 90 Prozent werden für die Versicherungsverträge verwendet. Dabei werden Abrechnungsverbände gebildet, in denen sich bestimmte Tarifformen wiederfinden.

Praxistipp: Durch die Bildung von Abrechnungsverbänden kann der Versicherer steuern, wie großzügig er einzelne Tarife in die Gewinnbeteiligung einbezieht. Deshalb ist ein leistungsfähiger Anbieter von Kapitallebensversicherungen nicht automatisch auch ein sehr guter Anbieter von Renten- und Risikotarifen. Hier darf man also aus Ratings einzelner Tarife keine falschen Rückschlüsse auf die Wettbewerbsposition anderer Tarife ziehen.

Die Überschüsse werden einerseits durch **Direktgutschriften** zeitnah den einzelnen Versicherungsverträgen gutgeschrieben, der Rest **der Rückstellung für Beitragsrückerstattung** zugeführt und später und im Zeitausgleich geglättet verteilt. Die häufigste Form der **Gewinnverwendung** stellt dann die **verzinsliche Ansammlung** dar, das bedeutet, dass bei Fälligkeit der Kapitallebensversicherung zusätzlich zur Versicherungssumme die Summe der angesammelten Überschüsse ausgeschüttet wird. Meistens gehört dazu auch ein relativ hoher **Schlussüberschuss**. Aus diesem Grund ist es für einen Kunden meistens so nachteilig, Lebensversicherungsverträge vorzeitig aufzulösen, weil er einerseits auf den Schlussüberschuss verzichtet und andererseits nur den reduzierten Rückkaufswert erhält.

Praxistipp: Wegen der großen Nachteile bei der vorzeitigen Auflösung von Kapitallebensversicherungen ist ein neues Geschäft entstanden, der Kauf gebrauchter Lebensversicherungen durch Spezialanbieter. Der Kunde erhält dabei mehr als den Rückkaufswert ausgezahlt, der Käufer führt die Lebensversicherung bis zum vorgesehenen Ablauftermin fort und verdient dann an der Differenz aus Kaufpreis und Auszahlungssumme.

Weitere Gewinnverwendungssysteme in der Kapitallebensversicherung sind die **Beitragsverrechnung**, bei der die Überschüsse zur Senkung der laufenden Beiträge verwendet werden, das **Bonussystem**, das zur Erhöhung der Versicherungssumme führt und vor allem für einen höheren Todesfallschutz in den ersten Vertragsjahren attraktiv ist, sowie die **Barauszahlung**, die allerdings steuerlich nachteilig ist.

Bisher wurden Kapitallebensversicherungen steuerlich gefördert, indem die Auszahlung der Kapitalleistung steuerfrei blieb, sofern der Vertrag mindestens zwölf Jahre Laufzeit und mindestens fünf Jahre Beitragszahlungsdauer aufwies und auch nicht steuerschädlich nachträglich geändert wurde. Bei ab 01.01.2005 neu abgeschlossenen Verträgen werden die Erträge voll oder bei Auszahlung ab Lebensalter 60 zur Hälfte versteuert. Allgemein wird erwartet, dass dies für den Erfolg der Kapitallebensversicherung nachteilig sein wird. Der Finanzanalytiker Volker Looman widerspricht dem aber und rechnet vor, dass die Rendite einer beispielhaften Kapitallebensversicherung bei einem persönlichen Steuersatz von 40 Prozent zwar von jetzt 4,0 auf dann 3,4 Prozent nach Steuern sinkt, dass dies aber immer noch erheblich attraktiver ist als ein alternatives Kapitalanlageprodukt – zum Beispiel ein Rentenfonds –, bei dem die gleiche Verzinsung vor Steuern auf nur noch 2,4 Prozent nach Steuern absinkt. Looman wagt sogar die Prognose, dass die Kapitallebensversicherung auch in Zukunft erste Wahl für jeden bleibt, der auf langfristige Vorsorge setzt (Beitrag „Altersvorsorgesparen mit Kapitalversicherungen bleibt attraktiv" in der Frankfurter Allgemeinen Zeitung vom 29.05.2004 sowie „Kapitallebensversicherung mit Einmalzahlung bleibt eine attraktive Geldanlage" in der gleichen Zeitung vom 12.06.2004).

Eine besondere steuerliche Gestaltung stellte bisher das „**5+7-Modell**" dar. Anleger mit einem einmalig größeren Anlagebetrag konnten dadurch die Kapitallebensversicherung nutzen, ohne die Steuerfreiheit der Kapitalauszahlung zu gefährden. Der Betrag wurde in ein Depot eingezahlt und in fünf gleichmäßigen Jahresbeträgen wieder entnommen, um als Beitragszahlung für eine mindestens zwölf Jahre laufende Kapitallebensversicherung verwendet zu werden. Dieses Modell dürfte für neu abgeschlossene Verträge kaum noch reizvoll sein.

6.5.3   Fondsgebundene Lebensversicherung

Die fondsgebundene Lebensversicherung stellt ein Hybridprodukt aus Lebensversicherung und Kapitalanlage in Fonds dar. Zum einen wird eine Todesfallleistung vereinbart. Der Sparbeitrag wird hingegen in Fonds investiert, wobei meistens Produkte für unterschiedlich ausgeprägte Risikoneigung und dementsprechend unterschiedliche Fonds angeboten werden (risikoorientierte mit hohen Aktienanteilen, sicherheitsorientierte mit hohen Rentenanteilen und renditeorientierte mit gemischten Portfolios). Im Gegensatz zur klassischen Kapitallebensversicherung erhält der Kunde keine garantierte Kapitalauszahlung, sondern die zum Zeitpunkt der Vertragsbeendigung erreichten Anteile an Fondsvermögen zum jeweiligen Wert. Um einen günstigen Verkaufskurs abwarten zu können, gibt es oft auch die Option, den Vertrag beitragsfrei für eine gewisse Zeit fortzuführen.

7 Rund um die Einkommenssicherung

Im Kapitel „Rund um die Finanzierung" wurde bereits angesprochen, dass das für eine regelmäßige Kredittilgung benötigte Einkommen durch verschiedene Risiken gefährdet ist. Insbesondere die **Berufsunfähigkeit** und die **Arbeitslosigkeit** wurden dort besprochen. Bevor es aber dazu kommt, steht in der Regel zunächst einmal ein auslösendes Ereignis, eine Erkrankung oder ein Unfall. Deshalb geht es in diesem Kapitel vor allem um die **Krankenversicherung** sowie um die **Unfallversicherung**. Hauptaufgabe beider Versicherungen ist zunächst einmal, die Wiederherstellung der Arbeitskraft finanzierbar zu machen. Gelingt dies nicht, sichern insbesondere ebenfalls die Unfallversicherung und bzw. oder die Berufsunfähigkeitsversicherung sowie im Pflegefall die **Pflegeversicherung** den Einkommensverlust ab.

7.1 Bedarfsermittlung

Ist die Arbeitskraft gefährdet, wird zunächst eine Wiederherstellung versucht. Begleitend entsteht in vielen Fällen ein vorübergehender Einkommensausfall. Scheitert die Wiederherstellung und tritt eine dauerhafte, schwere Erkrankung, Pflegebedürftigkeit oder Behinderung ein, kann das Arbeitseinkommen dauerhaft gefährdet sein.

1. Wiederherstellung der Arbeitskraft

   - Wirkung: Bei Erkrankung oder Unfall einer Person können Kosten anfallen für Heilbehandlung, Krankenhausaufenthalt, Zahnbehandlung, Medikamente und Verbandsmittel, Heil- und Hilfsmittel, Kuren. Dazu kommen Kosten für vorbeugende Maßnahmen sowie für Schwangerschaft und Entbindung. Die Kosten können schnell mindestens existenzgefährdende Höhen erreichen.

   - Produkte: Die gesetzliche Krankenversicherung bietet breiten Bevölkerungskreisen einen Grundschutz, der aber durch private Zusatzversicherungen erst vollständig wird. Verschiedene Personengruppen sind nicht gesetzlich versichert oder können sich entscheiden, ob sie alternativ in einer privaten Krankenvollversicherung versichert sein möchten.

2. Vorübergehender Einkommensausfall

- Wirkung: Durch krankheits- oder unfallbedingte Arbeitsunfähigkeit kann die Lohnfortzahlung gefährdet sein, die im Regelfall nur zeitlich begrenzt durch den Arbeitgeber geleistet wird. Damit ist bei lang andauernden Erkrankungen mindestens eine Existenzgefährdung gegeben.

- Produkte: Die in der gesetzlichen Krankenversicherung Versicherten erhalten ein Krankengeld nach Beendigung der Lohnfortzahlung, alle anderen können eine Krankentagegeldversicherung im Rahmen der privaten Krankenversicherung abschließen.

- Höhe: Das Krankengeld wird bei gesetzlich Versicherten nur in Höhe von 90 Prozent der letzten Nettobezüge und abzüglich der Arbeitnehmeranteile der Beiträge zur Arbeitslosen-, Renten- und Pflegeversicherung gezahlt, es fehlen also rund 25 Prozent. Bei freiwillig Versicherten fällt diese Versorgungslücke noch höher aus, weil ihr Gehalt über der Beitragsbemessungsgrenze liegt, bis zu der maximal das Krankengeld berechnet wird. Bei allen anderen entsteht eine Deckungslücke in Höhe von 100 Prozent der letzten Nettobezüge. Bei Arbeitnehmern tritt der Bedarf in der Regel nach sechs Wochen auf, bei Selbstständigen sofort mit Eintritt der Arbeitsunfähigkeit.

Beispiele:

Arbeitnehmer	Monatliches Brutto-Einkommen	Monatliches Netto-Einkommen	Krankengeld (90 % des Netto-einkommens ab-zgl. 50 % der Sozialbeiträge)	Monatlicher Einkommens-ausfall ab sieb-ter Woche
1	1.800,00 EUR	1.000,00 EUR	775,35 EUR	124,65 EUR
3	6.200,00 EUR	3.525,00 EUR	2.733,11EUR	791,89 EUR
4	8.800,00 EUR	4.900,00 EUR	2.733,11 EUR	2.166,89 EUR

Abbildung 14: Beispiele zur Berechnung des Krankengelds ab der 7. Woche der Arbeitsunfähigkeit eines Arbeitnehmers und der entstehenden Versorgungslücke (orientiert an: Haufe Krankenversicherungs-Kompass).

3. Dauerhafter Einkommensausfall

- Wirkung: Durch Krankheit, Unfall, Berufsunfähigkeit oder Pflegebedürftigkeit kann dauerhaft die Arbeitsfähigkeit so nachhaltig herabgesetzt sein, dass das Arbeitsverhältnis aufgelöst oder in ein wesentlich geringer bezahltes Teilzeitarbeitsverhältnis oder Arbeitsverhältnis mit einfacheren Aufgaben bei geringerer Bezahlung umgewandelt werden muss. Die Zahlung von Krankengeld endet spätestens nach 78 Wochen. Beim Unternehmer gefährden die Risiken Krankheit, Unfall und Berufsunfähigkeit den Fortbestand des Unternehmens oder zwingen zu teuren Ersatzanstellungen. Die Wirkung kann existenzgefährdend bis -zerstörend sein.

- Produkte: Die Berufsunfähigkeitsversicherung kann eigenständig oder als Zusatzversicherung zur Lebensversicherung abgeschlossen werden und deckt den Einkommensausfall bei krankheits- oder unfallbedingter oder sonstiger Unfähigkeit, den Beruf weiter auszuüben. Die Unfallversicherung kann mit einer ausreichenden Invaliditätsleistung das Gleiche zumindest für das Ausschnittsrisiko Unfall abdecken. Die Pflegeversicherung als gesetzliche Sozialversicherung bietet nur eine Mindestversorgung, die insbesondere bei Schwerstpflegebedürftigen nicht ausreicht. Dafür gibt es private Ergänzungsversicherungen. Privat Krankenvollversicherte erhalten eine Pflegepflichtversicherung in gleicher Leistungshöhe wie die gesetzliche.

- Höhe: Die Berufsunfähigkeitsversicherung sollte eine Rentenleistung aufweisen in Höhe der Lücke zwischen bisherigem Nettogehalt und zu erwartender gesetzlicher Leistungen (Renten wegen verminderter Erwerbsfähigkeit). Ist nur die Absicherung von Unfällen gewünscht bzw. bezahlbar, muss die Invaliditätsleistung einer Unfallversicherung bei finanzmathematischer Verteilung eine in gleicher Höhe ausfallende Rentenleistung finanzieren können. Im Pflegefall bieten die gesetzliche oder die private Pflegepflichtversicherung nur eine unzureichende Grundsicherung, die insbesondere für eine Unterbringung im Pflegeheim zusätzliche monatliche Zahlungen erfordert, je nach Anspruch im Bereich von bis zu mehreren tausend EUR monatlich.

In den nachfolgenden Kapiteln werden die Krankenversicherung, Pflegeversicherung und die Unfallversicherung besprochen, da die Berufsunfähigkeitsversicherung bereits in Kapitel 5.4.1 thematisiert wurde.

7.2 Krankenversicherung

Die Krankenversicherung stellt eine weitere, wichtige Säule im System der gesetzlichen Sozialversicherung dar. Ähnlich wie in der Rentenversicherung sind aber nicht alle Bürger durch die gesetzliche Krankenversicherung (GKV) erfasst. Nachfolgend ein kurzer Überblick, wer in der GKV versichert ist, mit welchen Leistungen und zu welchen Beiträgen. Die private Krankenversicherung (PKV) stellt teilweise eine Ergänzung dar, weil sie Leistungen versichert, die die GKV nicht übernimmt. Teilweise stellt sie aber auch eine grundständige Vollversicherung dar für alle, die nicht in der GKV versichert sind. Zwischen den Systemen steht schließlich noch die Versorgung der Staatsbediensteten – Beihilfe und teilweise private Vollversicherung für Beamte sowie die freie Heilfürsorge.

7.2.1 Versicherte Personenkreise

Rund 80 Mio. Bürger in Deutschland sind krankenversichert, davon 8,11 Mio. in der PKV und 72 Mio. in der GKV. Knapp 8 Mio. private Zusatzversicherungen existieren derzeit (Quelle: Frankfurter Allgemeine Zeitung vom 04.06.2004). In der GKV sind folgende Personen pflichtversichert:

- Arbeitnehmer mit einem Einkommen bis zur Jahresarbeitsentgeltgrenze, die seit 2004 erstmals nicht mehr mit der Beitragsbemessungsgrenze identisch ist, sondern höher liegt (46.800 EUR in 2005). Wer allerdings vor dem 01.01.2003 bereits privat krankenversichert war, für den gilt die Beitragsbemessungsgrenze auch als Grenze der Versicherungspflicht (42.300 EUR in 2005).

- Arbeitslose

- Studenten

- Praktikanten

- Teilnehmer an berufsfördernden Maßnahmen

- Rentner, sofern sie vor dem Eintritt in den Ruhestand im Wesentlichen pflichtversichert und Mitglied in der GKV oder als Familienmitglied mitversichert waren.

- Behinderte

- Künstler und Publizisten mit einem Einkommen bis zur Jahresarbeitsentgelt-grenze

Daneben sind Familienmitglieder mitversichert, und zwar Partner und Kinder, so-fern sie im Wesentlichen kein eigenes Einkommen haben. Bei Kindern endet die **Familienversicherung** allerdings spätestens mit Vollendung des 25. Lebensjahres, wenn sie sich bis dahin noch in einer Schul- oder Berufsausbildung befinden.

Darüber hinaus können sich bestimmte Personen **freiwillig** in der GKV versichern, insbesondere Arbeitnehmer über der Jahresarbeitsentgeltgrenze oder Selbstständige, wenn sie vor Eintritt in die Selbstständigkeit eine Mindestzeit pflichtversichert wa-ren.

In der **PKV** sind demnach im Wesentlichen Selbstständige sowie Arbeitnehmer vollversichert, die über der Jahresarbeitsentgeltgrenze liegen und aus der GKV aus-geschieden sind. Als Zusatzversicherung steht die PKV grundsätzlichem jedem GKV-Versicherten offen.

7.2.2 Leistungen

Der Leistungskatalog der GKV sieht Folgendes vor:

- Ärztliche und zahnärztliche Behandlung

- Arznei-, Heil- und Hilfsmittel

- Stationäre Behandlung

- Krankengeld

Die Leistungen sind nicht unbeschränkt. So besteht keine völlige Wahlfreiheit zwi-schen Ärzten und Krankenhäusern. Die seit 01.01.2004 eingeführte Praxisgebühr ergänzt die ohnehin schon lange Liste der Zuzahlungen, die u.a. für Krankenhaus-aufenthalte, Heil- und Hilfsmittel, Medikamente gelten. Sehhilfen werden in der Regel nicht mehr übernommen.

Zahnersatz wird nur in einfacher Ausführung und begrenzt auf 50 % der entstande-nen Kosten übernommen. Bei nachweislich regelmäßiger, jährlicher Prophylaxe können bis zu weiteren 15 % übernommen werden. Ab 01.07.2005 tragen GKV-

157

Versicherte den Beitrag hierfür in Höhe von 0,4 Prozent zuzüglich einem weiteren, nicht zweckgebundenen Beitrag von 0,5 Prozent selbst, ein Arbeitgeberzuschuss hierfür entfällt.

Das Krankengeld nach Ende der Lohnfortzahlung im Krankheitsfall stellt keinen vollständigen Einkommensersatz dar.

Zuzahlungen in der GKV	
Ambulante, ärztliche, psychotherapeutische Behandlung	10 EUR Praxisgebühr bei erstmaliger Inanspruchnahme im Quartal oder fehlender Überweisung, ausgenommen Schutzimpfungen und bestimmte Vorsorgeuntersuchungen
Zahnärztliche Behandlung	10 EUR Praxisgebühr bei erstmaliger Inanspruchnahme im Quartal, ausgenommen bestimmte Vorsorgeuntersuchungen
Krankenhausbehandlung	10 EUR täglich, bis 28 Tage Aufenthalt
Stationäre Kuren, Vorsorge- und Reha-Leistungen	10 EUR täglich
Heilmittel (z.B. Massagen)	10 % der Kosten zuzüglich 10 EUR je Verordnung
Hilfsmittel	10 % der Kosten, mindestens 5 EUR, maximal 10 EUR (bei zum Verbrauch bestimmten Hilfsmitteln maximal 10 EUR für den Monatsbedarf)
Arznei-, Verbandmittel	10 % der Kosten, mindestens 5 EUR, maximal 10 EUR
Häusliche Krankenpflege	10 % der Kosten zuzüglich 10 EUR je Verordnung
Fahr- und Transportkosten	10 % der Kosten, mindestens 5 EUR, maximal 10 EUR
Zahnersatz	50 %, unter Berücksichtigung eines Vorsorgebonus bei fünf Jahren regelmäßiger Pflege abzüglich 10 %, nach zehn Jahren abzüglich weiterer 5 %
Hinweis: Die Zuzahlungen gelten mit Ausnahme der Fahrkosten nur für volljährige Versicherte. Es gelten allgemeine Überforderungsgrenzen für Geringverdiener und chronisch Kranke.	

Abbildung 15: Übersicht über Zuzahlungen in der GKV (in Anlehnung an Haufe Krankenversicherungs-Kompass)

Die PKV bietet unterschiedliche Tarife an:

- **Krankheitskostenversicherung** als 100 Prozent-Tarif mit oder ohne Selbstbeteiligung (Vollversicherung): Sie deckt grundsätzlich die gleichen Leistungen wie die GKV, aber zu 100 Prozent und oft auch mit verbesserten Abrechnungsmöglichkeiten für den Arzt (mehrfacher Satz der in den Gebührenverordnungen vorgesehenen Regelbeträge).

- **Quotentarif**: Beamte erhalten vom Dienstherrn eine Beihilfe zu den Krankheitskosten und müssen nur eine verbleibende Quote – zum Beispiel 50 Prozent – privat vollversichern.

- **Standardtarif**: Ältere Versicherte, die ihren Beitrag nicht mehr zahlen können, der bei Privatversicherten im Alter oft deutlich über dem vergleichbaren Beitrag zur GKV liegt, können in einen leistungsreduzierten Standardtarif wechseln.

- **Basistarif**: Dies ist im Prinzip eine Krankheitskostenversicherung nach 100 Prozent-Tarif, die Leistungen sind aber im Wesentlichen auf das Niveau der GKV reduziert. So muss zum Beispiel grundsätzlich der Hausarzt aufgesucht werden oder es werden keine gegenüber den Gebührenverordnungen erhöhten Abrechnungssätze erstattet.

- **Studentische Krankenversicherung**: Leistungsreduzierter Grundtarif mit einheitlichen Beiträgen.

- Krankheitsteilkostenversicherung (**Zusatzversicherung**) für Kosten der ambulanten oder stationären Heilbehandlung oder zahnärztliche Leistungen, die nicht von der GKV übernommen werden; als Ergänzungstarife auch nur für einzelne Leistungen wie z.B. Zahnersatz.

- **Auslandsreisekrankenversicherung**: Krankenvollversicherung für Auslandsreisen bei Aufenthalten in Ländern, in denen die GKV-Versicherten keinen Versicherungsschutz erhalten; bei PKV-Vollversicherten automatisch enthalten.

- **Tagegeldversicherung**: Für den Einkommensersatz werden entweder als Ergänzung zum Krankengeld oder als eigenständige Krankentagegeldversicherungen mit unterschiedlichen Karenzzeiten angeboten, die vor allem bei Selbstständigen eine Rolle spielen, die keine Lohnfortzahlung erhalten. Die Krankenhaustagegeldversicherung deckt zusätzliche Kosten der Krankenhauszeit ab, zum Beispiel Mehraufwand für die Unterbringung, Kinderbetreuung.

Die Krankenversicherung ist laufend in der öffentlichen Diskussion, weil die GKV von ähnlichen demografischen Problemen wie die Rentenversicherung betroffen ist, zusätzlich aber von weiteren systembedingten Nachteilen:

- Die **Trägerschaft** der GKV ist historisch bedingt im Wesentlichen verteilt auf die Allgemeinen Ortskrankenkassen (AOK), Ersatzkassen, Betriebskrankenkassen und Innungskrankenkassen. Um die teilweise sehr ungleiche Verteilung der Risikostruktur auszugleichen, wurde mit dem **Risikostrukturausgleich** ein Leistungsausgleich geschaffen, der neben hohem Verwaltungsaufwand vor allem auch die Attraktivität der Betriebskrankenkassen geschädigt hat. Ob dadurch wirklich mehr Gerechtigkeit im Wettbewerb der Kassen entstanden ist, gilt als umstritten.

- Die Gesamtstruktur der Leistungserbringung und -abrechnung bietet wenig Anreize zu wirtschaftlichem Handeln. Der Versicherte erfährt nicht, welche Kosten er verursacht hat. Die Kasse erfährt nicht im Detail, welcher Arzt welche Leistung erbracht hat und ob dies medizinisch notwendig und sinnvoll war. Deshalb versucht der Gesetzgeber seit Jahren mit Kostendeckelungen, Positiv- und Negativlisten und anderen Maßnahmen, der ausufernden Kosten Herr zu werden.

Im Gegensatz dazu lebt die PKV vom Prinzip, dass der Versicherte Vertragspartner des Arztes oder Krankenhauses wird und Rechnungen direkt ihm gegenüber zu begleichen hat. Sein Krankenversicherer prüft dann die vom Versicherten eingereichten Rechnungen und erstattet diese. Vorteil dieses Verfahrens ist, dass der Versicherte Anreize zu wirtschaftlichem Verhalten erhält, weil er die Rechnungen sieht und das Risiko trägt, überhöhte Rechnungen selbst bezahlen zu müssen.

Ganz frei von demografischen und systembedingten Problemen ist allerdings auch die PKV nicht. Die zunehmende Alterung und der medizinische Fortschritt führen auch in der PKV zu Kostensteigerungen, die meist nur durch Beitragsanpassungen ausgeglichen werden können. Außerdem stellen Ärzte mittlerweile ihren Privatpatienten als Regelfall Rechnungen mit mehrfachen Gebührensätzen aus, ein Zusammenhang mit den Einsparungen bei der GKV ist nicht ganz von der Hand zu weisen. Die PKV erleichtert den Ärzten diese Abrechnung durch Tarife, die weitgehende Kostenerstattungsmöglichkeiten vorsehen. Auch in der PKV setzen sich deshalb zunehmend Tarife durch, bei denen stärker auf die medizinische Notwendigkeit von Kosten geachtet wird.

7.2.3 Beiträge

In der GKV werden die Beiträge vom Arbeitslohn oder einem vergleichbaren Einkommen erhoben. Die verschiedenen Krankenkassen als Träger der GKV legen nach ihrer Kostenbedarfsstruktur Beitragssätze fest. Bei Arbeitnehmern zahlt der Arbeitgeber die Hälfte zum Krankenversicherungsbeitrag als Arbeitgeberzuschuss hinzu. Einbezogen wird das Gehalt nur bis zur jeweiligen Beitragsbemessungsgrenze (2005: 42.300 EUR). Die Mitversicherung von Familienmitgliedern kostet keinen zusätzlichen Beitrag. Einen Vorteil haben oft Rentner in der GKV, denn in der Krankenversicherung der Rentner werden die Beiträge von dem gegenüber dem Arbeitsleben oft niedrigeren Renten und sonstigen Einkünften berechnet.

In der PKV dagegen muss je versicherter Person ein risikoadäquater Beitrag ermittelt werden. Dem geht eine Gesundheitsprüfung voraus, die nur im Idealfall mit einer Annahme zum Tarifbeitrag führt, sonst aber zu Risikozuschlägen, Leistungseinschränkungen (zum Beispiel begrenzte Zahnersatzleistungen in den ersten Versicherungsjahren) oder auch zur Ablehnung der Krankenversicherung führen kann. Damit ist ein weiterer, wichtiger Unterschied zwischen GKV und PKV beschrieben, denn in der GKV muss jeder Versicherungspflichtige auch angenommen werden, der Beitrag differiert nicht nach der Risikosituation.

Auf den Krankenversicherungsbeitrag in der PKV haben auch das Geschlecht wegen spezifischer Unterschiede bei den Kosten (z. B. höhere Lebenserwartung sowie Kosten der Schwangerschaft und Entbindung bei Frauen) und vor allem das Eintrittsalter Einfluss. Im Beitrag ist neben dem Risiko- auch ein Sparanteil enthalten, mit dem der Versicherte für das mit steigendem Alter erhöhte Krankheitsrisiko anspart. Seit dem 01.01.2000 wird zusätzlich ein Beitragszuschlag von aktuell 10 Prozent für die Alterungsrückstellung erhoben, um den Beitragsanstieg im Alter mildern zu können. Dann steigen die Beitragsbelastungen in der Regel über den Beitrag eines GKV-Versicherten hinaus.

Kostensteigerungen im Gesundheitswesen führen in beiden Versicherungssystemen zu Beitragsanhebungen. In der GKV werden in diesem Fall der Beitragssatz angehoben oder auch Leistungen gekürzt. In der PKV können in der Regel nur die Beiträge sowie ggf. auch vereinbarte Selbstbeteiligungen angehoben werden.

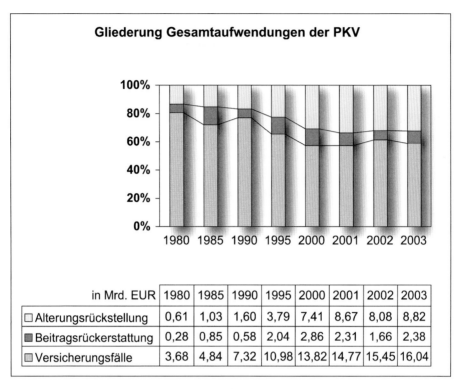

in Mrd. EUR	1980	1985	1990	1995	2000	2001	2002	2003
☐ Alterungsrückstellung	0,61	1,03	1,60	3,79	7,41	8,67	8,08	8,82
■ Beitragsrückerstattung	0,28	0,85	0,58	2,04	2,86	2,31	1,66	2,38
☐ Versicherungsfälle	3,68	4,84	7,32	10,98	13,82	14,77	15,45	16,04

Abbildung 16: Gliederung der Gesamtaufwendungen in der PKV, prozentuale Verteilung der Aufwendungen für Versicherungsfälle, Beitragsrückerstattung und Alterungsrückstellung sowie Beträge in Mrd. Euro (Quelle: GDV-Jahrbuch 2004).

7.2.4   Attraktivität im Vergleich

Wenn eine Wahlmöglichkeit zwischen beiden Vollversicherungen besteht, kann nur ein langfristiger Vergleich die Vorteilhaftigkeit eines Krankenversicherungssystems zeigen. Grundsätzlich spielt eine Rolle, ob Familienmitversicherte vorhanden sind oder sein könnten. Je mehr Personen über nur einen Beitrag versichert sind, desto attraktiver ist die GKV. Weiterhin spielt eine Rolle, welcher Leistungsstandard gewünscht wird. Verschiedene Leistungen, wie die freie Wahl des Arztes, des Krankenhauses oder die Chefarztbehandlung, sind nur in der PKV erhältlich. Die Flexibilität bei der Anwendung der Gebührenordnung ermöglicht bessere medizinische Versorgung gerade in Spezialfällen. Diesen Leistungsstandard kann man auch mit Zusatzversicherungen darstellen, dann ist aber der zusätzliche Beitrag im Vergleich zu berücksichtigen.

Schließlich spielt auch die langfristige Entwicklung der Beiträge eine Rolle. Üblicherweise spart ein Versicherter in jungen Jahren bares Geld in der PKV, sollte dies aber anlegen, weil er spätestens als Rentner unter Umständen deutlich höhere Beiträge als das GKV-Mitglied zahlen wird.

Praxistipp: Bei Familien ab zwei bis drei Familienversicherten, die beim Versorger mitversichert werden können, ist die GKV, ggf. mit gezielten Zusatzversicherungen für besonders wichtige Leistungen, oft mindestens gleich günstig wie eine private Vollversicherung für alle Familienmitglieder. Wer in jungen Jahren (Alter um 25-35) in die PKV eintreten kann und spürbar Geld spart gegenüber der GKV (plus Zusatzversicherung), kann davon ausgehen, dass er die Mehrbelastung im Alter tragen kann, wenn er die Ersparnis anlegt.

Jahr	Übertritte zur PKV (in 1.000)	Abgänge zur GKV (in 1.000)	Differenz (in 1.000)
1970	130	226	-96
1975	170	152	18
1980	217	109	108
1985	243	98	145
1990	310	112	198
1995	271	186	85
2000	325	149	176
2001	361	148	213
2002	362	130	232
2003	338	130	208

Abbildung 17: Wechsel der Kassen, Quelle: GDV-Jahrbuch 2004.

Ob diese Vergleichsmöglichkeit demnächst überhaupt noch gegeben ist, das entscheidet allerdings die Politik. Aktuell werden verschiedene Reformkonzepte zur Krankenversicherung diskutiert. Unter dem Begriff „Bürgerversicherung" wird eine Abschaffung des bisherigen, gegliederten Krankenversicherungssystems vorgeschlagen und stattdessen eine Mindestversicherungspflicht für alle Bürger vorgesehen. Zweck dieses Vorschlags ist die Verbreiterung der Einnahmenbasis der GKV, insbesondere bei den meist Besserverdienenden (Angestellte über der Beitragsbemessungsgrenze sowie Selbstständige). Dem wird allerdings entgegengehalten, dass damit die strukturellen Probleme der GKV nur weiter in die Zukunft verschoben, aber nicht gelöst werden. Konkurrierende Modelle sind die so genannten Kopfpauschalen mit einheitlichen Beiträgen pro Bürger sowie das von der Versicherungswirtschaft vorgeschlagene Modell eines kompletten Wechsels auf das kapitalgedeckte, private Versicherungsmodell, wobei allen Bürgern eine Grunddeckung angeboten werden soll mit Annahmeverpflichtung seitens der privaten Krankenversicherer (Quelle: VersicherungsJournal vom 04.06.2004).

Ausgewählte Vor- und Nachteile von PKV und GKV		
	GKV	**PKV**
Familienversicherung	Beitragsfrei möglich.	Jede Person muss einzeln versichert werden.
Versicherbarkeit	Keine Einschränkungen.	Nach individueller Risikoprüfung, ggf. mit Einschränkungen (Risikozuschlag, Leistungsausschuss).
Beitragsanpassungen	Über Anhebung der Beitragssätze und Anhebung der Beitragsbemessungsgrenze.	Nach Feststellung des Treuhänders über Beitragsanpassungsklausel möglich.
Wartezeiten	Keine.	Drei Monate allgemeine und acht Monate besondere Wartezeit (Entbindung, Psychotherapie, Zahnbehandlung, Kieferorthopädie), außer bei Erlass.
Status	Kassenpatient, nur Kassenärzte.	Privatpatient, privatärztliche Abrechnung (Liquidation).

Ausgewählte Vor- und Nachteile von PKV und GKV (Fortsetzung)		
	GKV	**PKV**
Abrechnung	Zwischen Kasse und Leistungserbringer, Legitimation des Versicherten durch Versichertenkarte.	Zwischen Versichertem und Leistungserbringer. Versicherter rechnet mit der PKV selbst ab.
Versicherer-Wechsel	Innerhalb der GKV Wechselrecht maximal alle 18 Monate; Wechsel in die PKV für freiwillig Versicherte möglich.	Innerhalb der PKV nach erneuter Gesundheitsprüfung möglich, aber oft unattraktiv durch gestiegene Beiträge (höheres Eintrittsalter z. B.) und Verlust der Alterungsrückstellung. Rückkehr in die GKV bis auf wenige Ausnahmen nicht möglich, insbesondere nicht mehr für Ältere ab 55.
Krankenhauswahl	Nächst gelegenes nach Überweisung durch behandelnden Arzt.	Freie Krankenhauswahl.
Krankenhausleistung.	Nur allgemeine Krankenhausleistungen.	Auch Wahlleistungen (Chefarztbehandlung, Unterbringung im Ein- oder Zweibettzimmer).
Heilpraktiker	Nicht erstattungsfähig.	Erstattungsfähig.
Brillen	Nicht erstattungsfähig, Ausnahme Kinder und schwer Sehbehinderte.	Brillengläser und Kontaktlinsen nach ärztlicher Verordnung; Brillengestelle mit bestimmten Erstattungsgrenzen.
Schulmedizin	Nur schulmedizinisch anerkannte Heilmethoden.	Im Ausnahmefall auch andere Heilmethoden.
Rettungsflug	Keine Erstattung.	Erstattung.
Zahnersatz	Begrenzt (s. o.).	Je nach Tarif Erstattung zwischen 60 und 100%, auch bessere Ausführungen.

Ausgewählte Vor- und Nachteile von PKV und GKV (Fortsetzung)		
	GKV	**PKV**
Auslandsreisen	Europäische Krankenversicherungskarte bzw. Auslandsreise-Krankenschein, aber nur begrenzt akzeptiert.	Auslandsreise-Krankenversicherung mit weltweiter Geltung.
Mutterschaft	Beitragsbefreiung.	Keine Beitragsbefreiung.
Haushaltshilfe, Kinderbetreuung.	Zuschüsse möglich.	Keine Zuschüsse.

Abbildung 18: Vor- und Nachteile von GKV und PKV, in Anlehnung an: Haufe Krankenversicherungs-Kompass. Hinweis: Die Leistungen der PKV können im Einzelfall je nach Tarif von den vorstehenden Angaben abweichen.

7.3 Pflegeversicherung

Die gesetzliche Pflegeversicherung ist eine Pflichtversicherung, der alle in der GKV Versicherten ebenfalls angehören. Auch die privat Vollversicherten müssen eine private Pflegepflichtversicherung abschließen. Die Leistungen sind in beiden Pflegeversicherungssystemen gleich, allerdings erbringt die private Pflegeversicherung in der Regel eine Geldleistung, die gesetzliche eine Sachleistung.

Die Leistung hängt vom Grad der Pflegebedürftigkeit ab, der nach dem Sozialgesetzbuch SGB XI in folgende drei Grade unterschieden wird:

* Pflegestufe I

  Hierunter fallen erheblich Pflegebedürftige, die mindestens einmal täglich bei zwei Verrichtungen der Körperpflege, Ernährung oder Mobilität fremde Hilfe benötigen und zusätzlich mehrmals wöchentlich Hilfe bei der hauswirtschaftlichen Versorgung. Der tägliche Betreuungsaufwand muss bei mindestens 90 Minuten liegen.

- Pflegestufe II

In dieser Stufe sind Schwerpflegebedürftige, die drei Mal täglich zu verschiedenen Zeiten bei Verrichtungen wie oben genannt fremde Hilfe brauchen und mehrfach wöchentlich bei der hauswirtschaftlichen Betreuung. Der tägliche Betreuungsaufwand muss bei mindestens drei Stunden liegen.

- Pflegestufe III

Diese Stufe der Schwerstpflegebedürftigkeit setzt einen kompletten Bedarf an fremder Versorgung voraus. Zu den Verrichtungen des täglichen Lebens gehören: Aufstehen und Zubettgehen; An- und Auskleiden; Waschen, Kämmen und Rasieren; Einnehmen von Mahlzeiten und Getränken; Stuhlgang und Wasserlassen sowie Fortbewegen im Zimmer. Eine Pflegebedürftigkeit ist ein existenzgefährdendes Risiko, da für die hohen Kosten der Pflege häufig das Vermögen des Betroffenen aufgezehrt wird. Die Leistungen der GKV wie der PKV betragen:

Monatliche Sach- oder Geldleistung bis zu...	Bei Beschäftigung eines Pflegedienstes	Bei häuslicher Pflege durch Verwandte	Bei vollstationärer Pflege
Pflegestufe I	384 EUR	205 EUR	1.023 EUR
Pflegestufe II	921 EUR	410 EUR	1.279 EUR
Pflegestufe III	1.432 EUR, in Härtefällen bis zu 1.918 EUR	665 EUR	1.432 EUR, in Härtefällen bis zu 1.688 EUR

Tabelle 6: Leistungen der Pflegeversicherung nach Pflegestufen

Zusätzlich übernimmt die Pflegeversicherung auch Hilfsmittel und einmalig Umbaukosten. Pflegt ein Verwandter den Pflegebedürftigen, können auch die Rentenversicherungsbeiträge für ihn übernommen werden.

Praxistipp: Pflegeheime kosten zwischen 2.000 und 4.000 EUR monatlich. Damit wird deutlich, dass die Pflegepflichtversicherung nur eine Grundabsicherung darstellt.

Die Beiträge werden wie in der Krankenversicherung durch einen festen Prozentsatz (derzeit 1,7 Prozent) vom Einkommen bis zur Beitragsbemessungsgrenze berechnet und dann bis auf eine Ausnahme im Bundesland Sachsen (1,35 Prozent Arbeitnehmer, 0,35 Prozent Arbeitgeber) je zur Hälfte von Arbeitgeber und Arbeitnehmer getragen. Seit 01.01.2005 wird für Kinderlose ein zusätzlicher Beitrag von 0,25 Prozent erhoben, ausgenommen bleiben vor dem 01.01.1940 geborene Versicherte.

Da die Pflegepflichtversicherung keine Vollversorgung sicherstellt, gibt es private Ergänzungsprodukte. Im Bereich der Krankenversicherung gibt es die **Pflegekostenversicherung**. Sie ersetzt einen Teil von zum Beispiel 50 Prozent der Kosten, die nach Abzug der aus der Pflichtversicherung stammenden Kostenübernahme verbleiben. Die **Pflegetagegeldversicherung** stellt unabhängig von den tatsächlich angefallenen Pflegekosten ein Tagegeld von bis zu 100 EUR zur Verfügung, mit dem im Prinzip das Gleiche erreicht wird. Beide Versicherungen sehen eine Wartezeit von drei Jahren vor, das Höchstaufnahmealter ist begrenzt, um nicht nur risikoreiche ältere Jahrgänge zu versichern.

Im Bereich der Lebensversicherung gibt es die **Pflegerentenversicherung** als eigenständige Versicherung oder Zusatzversicherung zu einer anderen Lebensversicherung. Sie leistet eine Rente bei Eintritt der Pflegebedürftigkeit, allerdings erst nach einer Wartezeit von sechs Monaten. Je nach Vereinbarung leistet sie weiterhin ab dem 80. bis 85. Lebensjahr eine Altersrente sowie eine Todesfallleistung, die einer Art Rentengarantieleistung entspricht, durch die also ein Mindestanteil der eingezahlten Beiträge wieder ausgeschüttet wird. Bei der Zusatzversicherung wird außerdem die Hauptversicherung beitragsfrei gestellt.

7.4   Unfallversicherung

Die Unfallversicherung ist bei Verbraucherschützern wenig beliebt, sie wird als überflüssig angesehen. Dabei wird jedoch nicht immer deutlich genug darauf hingewiesen, dass sie nur dann weitgehend überflüssig ist, wenn der Einkommensausfall nach einer unfallbedingten Arbeits- bzw. dauerhaften Berufsunfähigkeit anders ausreichend abgedeckt worden ist, zum Beispiel durch eine ausreichend hohe Berufsunfähigkeitsversicherung. Die Unfallversicherung hat hingegen für folgende Personengruppen besondere Bedeutung:

- Laut Allensbach-Angaben (GDV-Jahrbuch 2004) verfügen nur rund 23 Prozent der Haushalte über eine Berufs-/Erwerbsunfähigkeitsversicherung. Damit besteht potenziell bei **mindestens drei Vierteln aller Haushalte** kein ausreichender Berufsunfähigkeitsschutz, da der gesetzliche Schutz bei verminderter Erwerbsfähigkeit, wie früher bereits besprochen lückenhaft ist und nur eine Grundabsicherung darstellen kann, und das auch nur für die gesetzlich Rentenversicherten. Ob die bestehenden Berufsunfähigkeitsversicherungen immer dem tatsächlichen Bedarf entsprechen, ist eine weitere Frage.

• Auszubildende und Arbeitnehmer verfügen in den ersten fünf Berufsjahren noch überhaupt nicht über einen gesetzlichen Schutz bei verminderter Erwerbsfähigkeit.

• Bei Kindern und Jugendlichen kann keine Erwerbsminderung auftreten, da sie noch nicht im Beruf sind. Damit entfällt auch die Möglichkeit einer Berufsunfähigkeitsversicherung. Trotzdem kann eine unfallbedingte Behinderung fatale Folgen für die späteren beruflichen Chancen haben. Kinder sind zudem nur unzureichend durch die gesetzliche Unfallversicherung abgedeckt.

• Der nach einem Unfall entstehende Mehrbedarf an Mitteln, z. B. für Umbaumaßnahmen zum behindertengerechten Wohnen, wird von keiner anderen Versicherung ausreichend übernommen.

Zunächst soll aber die gesetzliche Unfallversicherung vorgestellt werden, die in bestimmten Situationen eine Grundabsicherung leisten kann.

7.4.1 Gesetzliche Unfallversicherung

Zur gesetzlichen Sozialversicherung gehört auch die Unfallversicherung. Sie deckt einerseits die Unfallfolgen bei Verunglückten in Beruf, Schule, Ausbildung oder auf den entsprechenden Wegen ab, andererseits entlastet sie auch den Arbeitgeber von seiner eventuellen Haftung für verunglückte Arbeitnehmer.

Pflichtversichert sind alle Arbeitnehmer und sonstige Versicherte der gesetzlichen Sozialversicherung analog der Renten- und Krankenversicherung. Außerdem sind aber auch Kinder in Kindergärten und Horten, Schüler, Studenten, ehrenamtlich in Hilfsorganisationen oder als Zeugen oder Schöffen tätige Personen und verschiedene weitere Gruppen versichert. Unternehmer können sich auch **freiwillig** versichern.

Träger der gesetzlichen Unfallversicherung sind die Berufsgenossenschaften sowie die Eigenunfallversicherungen der öffentlichen Hand.

Die Leistungen bestehen zum einen in der **Unfallverhütung**, zum Beispiel durch Betriebsbegehungen und Beratungen. Zum anderen erhalten Verunglückte Leistungen zur **Wiederherstellung der Erwerbsfähigkeit** und **Renten** bei dauerhafter Behinderung oder Leistungen an **Hinterbliebene**. Die Geldleistungen sind limitiert durch den Jahresarbeitsverdienst des Verunglückten, der aber maximal bis zu 60 Prozent der Bezugsgröße berücksichtigt wird. Die Bezugsgröße entspricht dem durchschnittlichen Arbeitsentgelt aller Versicherten der Rentenversicherung der Arbeiter und Angestellten. Außerdem kann die Berufsgenossenschaft Höchstgrenzen beim Jahresarbeitsverdienst festlegen. Eine **Verletztenrente** kann maximal zwei Drittel der Brutto-Jahresarbeitsverdienstgrenze erreichen. Liegt nur eine teilweise Erwerbsminderung vor, wird ab 20 Prozent Erwerbsminderungsgrad eine entsprechend prozentual anteilige Rente gezahlt. Voraussetzung für die Verletztenrente ist eine voraussichtlich dauerhafte Erwerbsminderung über die ersten 13 Wochen nach dem Arbeitsunfall hinaus.

Zusätzlich gewährt die gesetzliche Unfallversicherung **Rehabilitationsleistungen** zur medizinischen, beruflichen und psychischen Genesung des Unfallopfers. Hinterbliebene erhalten ein **Sterbegeld** in Höhe von einem Zwölftel der Jahresarbeitsverdienstgrenze, ggf. **Überführungskosten** zur Bestattung am Heimatort und eine **Hinterbliebenenrente**. Witwen oder Witwer erhalten bis zum Tod oder einer Wiederverheiratung 30 Prozent des Jahresarbeitsverdienstes, unter bestimmten Umständen auch 40 Prozent, worauf allerdings ein eigenes Einkommen des Hinterbliebenen teilweise angerechnet wird. Auch Waisen erhalten eine Rente in Höhe von 20 Prozent bei Halb- und 30 Prozent des Jahresarbeitsverdienstes bei Vollwaisen, maximal jedoch bis zur Volljährigkeit oder bei Schul- und Berufsausbildung bis zum 25. Lebensjahr. Auch Eltern können analog der Waisenrente eine Rente erhalten, wenn der Verstorbene sie wesentlich unterhalten hat.

Da **Kinder**, Schüler und Studenten noch nicht über ein eigenes Einkommen verfügen, wird die Bezugsgröße Jahresarbeitsverdienst auch für sie angewendet, allerdings nur ein Prozentanteil hiervon, der zwischen 25 Prozent für bis zu Sechsjährige und bis zu 60 Prozent bei Volljährigen beträgt.

Folgende **Versorgungslücken** bestehen bei der gesetzlichen Unfallversicherung:

- Verschiedene Personen, die nicht pflicht- oder freiwillig versichert sind, haben überhaupt keinen Versicherungsschutz, zum Beispiel Selbstständige.

- Der Versicherungsschutz gilt nur am Arbeitsplatz bzw. in Kindergarten, Schule oder Universität sowie jeweils auf den unmittelbaren Wegen nach und vom Arbeitsplatz bzw. der Einrichtung. Kein Versicherungsschutz besteht auf **Wegen**, bei denen Umwege zu privaten Zwecken gemacht werden sowie komplett in der **Freizeit**.

- Die Rentenleistungen sind erstens durch die Bezugsgröße des Durchschnittsverdienstes beschränkt, wodurch Höherverdienende relativ zu geringe Leistungen erhalten. Zweitens sind die Renten durch die Berücksichtigung von maximal 60 Prozent der Bezugsgröße als Jahresarbeitsverdienst begrenzt, drittens durch die maximal zwei Drittel des Jahresarbeitsverdienstes, die als Vollrente in Frage kommen und viertens schließlich durch den tatsächlichen Grad der Erwerbsminderung, der in der Praxis nur selten 100 Prozent erreicht. Die maximal mögliche Monatsrente liegt bei rund 1.000 EUR. Weniger erhalten außerdem diejenigen, die weniger als die Bezugsgröße verdienen.

- Kinder, die nicht im Kindergarten oder Hort sind, haben keinen Unfallversicherungsschutz.

- Kinder im Kindergarten und Schüler haben bis zur Volljährigkeit nur Anspruch auf reduzierte Rentenleistungen, die bestenfalls zwischen rund 400 EUR und rund 600 EUR monatlich erreichen.

Die **Beiträge** zur gesetzlichen Unfallversicherung werden anders als in den anderen Zweigen der Sozialversicherung ausschließlich vom Arbeitgeber aufgebracht. Die Berufsgenossenschaften erheben nach dem Verhältnis von Leistungsauszahlungen zur Lohnsumme aller Beschäftigten eine Umlage, die im Jahr 2003 1,35 Prozent der Lohnsumme betrug. Im vergangenen Jahr gab es 871.000 **Arbeitsunfälle** plus 158.000 **Wegeunfälle**. Die gesetzliche Unfallversicherung kommt auch für **Berufserkrankungen** auf. Im Jahr 2003 wurden 57.000 Verdachtsfälle auf eine solche dauerhafte berufsbedingte Erkrankung gemeldet, allerdings nur knapp über ein Drittel der Fälle auch bestätigt. Die Gesamtleistungszahlungen der gesetzlichen Unfallversicherung erreichten 5,03 Mrd. EUR für die verschiedenen Leistungsarten und 2,58 Mrd. EUR für Rehabilitationsleistungen (alle Zahlen nach Frankfurter Allgemeine Zeitung vom 09.06.2004).

7.4.2   Private Unfallversicherung

Die private Unfallversicherung bietet vertraglich frei zu vereinbarende Leistungen bei einem Unfall. Als Unfall angesehen wird ein plötzlich von außen auf den Körper wirkendes Ereignis angesehen, das unfreiwillig zu einer dauerhaften Gesundheitsschädigung führt. Zusätzlich werden aber auch Verrenkungen, Zerrungen oder Reißen von Wirbelsäule, Gelenken, Sehnen, Bändern oder Kapseln mitversichert.

Praxistipp: Wichtig ist, dass ein Unfall auch zu einer dauerhaften Beeinträchtigung führen muss, um die Hauptleistungen eines Unfallversicherungsvertrages auszulösen (insbesondere Unfall-Invaliditätsleistung). Die Dauerhaftigkeit wird spätestens nach einem Jahr festgestellt.

Ausgeschlossen sind alkoholbedingte Unfälle oder solche, die auf Geistes- und Bewusstseinsstörungen, epileptische Anfälle, Versuch oder Ausführung von Straftaten, Krieg, Kernenergie, Autorennen oder Luftfahrt zurückzuführen sind. Nur bei besonderer Vereinbarung eingeschlossen sind Unfallschäden durch Röntgen- oder andere Strahlen sowie Vergiftungsschäden.

Die wichtigsten Leistungsarten der Unfallversicherung sind:

1. **Todesfall**: Es wird eine feste Summe vereinbart, die im Todesfall fällig ist. Die Todesfallleistung hat eine doppelte Bedeutung. Einerseits dient sie zur Abdeckung von Beerdigungskosten, andererseits garantiert der Unfallversicherer bei Unfallinvalidität (siehe nächste Leistungsart) eine Vorauszahlung auf eine eventuell noch nicht endgültig feststehende Unfallinvaliditätsleistung bis zur Höhe der vereinbarten Todesfallleistung.

2. **Unfallinvalidität**: Tritt durch einen Unfall dauerhaft eine Beeinträchtigung des Körpers ein, hat der Versicherte Anspruch auf eine Einmalzahlung. Dafür wird eine Versicherungssumme frei vereinbart, die tatsächliche Auszahlung erfolgt im gleichen prozentualen Verhältnis, in dem auch eine Invalidität festgestellt wird. Die Versicherungssumme wird häufig auch als Grundsumme definiert, die sich bei höheren Invaliditätsgraden überproportional erhöhen kann durch Mehrleistungs- oder Progressionsklauseln:

   • **Mehrleistung**: Zum Beispiel ab einer unfallbedingten Invalidität von 90 Prozent wird die aus der Grundsumme fällige Leistung verdoppelt.

- **Progression**: Hier wird eine Prozentzahl für die maximale Progression definiert (z. B. 225, 350, 500 Prozent), die zu einer entsprechenden Vervielfachung der Grundsumme bei Vollinvalidität führt. Bei Teilinvalidität gibt es ab 25 Prozent Invalidität eine zusätzliche Leistung, die in Stufen progressiv ansteigt.

- **Wirkung**: In der nachfolgenden beispielhaften Übersicht wird die Wirkung insbesondere bei Katastrophenfällen mit hohem Invaliditätsgrad deutlich. Auf Basis einer Grundsumme von 100.000 EUR wird gezeigt, wie viel der Versicherte bei den verschiedenen Invaliditätsgraden und den verschiedenen Mehrleistungs- und Progressionsvereinbarungen erhalten würde:

Festgestellte Invalidität	Ohne Mehrleistungsvereinbarung	Mit Mehrleistungsklausel (ab 90%)	Mit 225 % Progression	Mit 500 % Progression
10 %	10.000 EUR	10.000 EUR	10.000 EUR	10.000 EUR
25 %	25.000 EUR	25.000 EUR	25.000 EUR	25.000 EUR
30 %	30.000 EUR	30.000 EUR	35.000 EUR	40.000 EUR
50 %	50.000 EUR	50.000 EUR	75.000 EUR	100.000 EUR
75 %	75.000 EUR	75.000 EUR	150.000 EUR	300.000 EUR
90 %	90.000 EUR	180.000 EUR	195.000 EUR	420.000 EUR
100%	100.000 EUR	200.000 EUR	225.000 EUR	500.000 EUR

Tabelle 7: Berechnungsbeispiel Unfall-Invalidität

- **Gliedertaxe**: Für bestimmte unfallbedingte Behinderungen werden feste Werte in der so genannten Gliedertaxe bestimmt, weil bei Verlust eines Körperteils oder Organs vollkommen eindeutig ist, dass eine dauerhafte Invalidität verbleibt. Gehen mehrere Körperteile verloren, werden die Invaliditätssätze addiert, maximal aber bis 100 Prozent. Für bestimmte Berufsgruppen lassen sich auch **erweiterte Gliedertaxen** vereinbaren, die berücksichtigen, dass der Verlust eines Fingers für einen normalen Bürger sicher eine ästhetische Beeinträchtigung ist, für einen Musiker oder einen Chirurgen aber das berufliche Aus bedeuten kann. Hier einige Beispiele für Invaliditätsgrade aus der normalen Gliedertaxe:

- Verlust eines Auges: 50 Prozent

- Verlust des Gehörs auf einem Ohr: 30 Prozent

- Verlust eines Daumens: 20 Prozent

- Verlust eines Zeigefingers: 10 Prozent

- Verlust eines anderen Fingers: 5 Prozent

- Verlust eines Armes im Schultergelenk: 70 Prozent

- Verlust eines Armes bis unterhalb des Ellenbogengelenks: 60 Prozent

- Verlust einer Hand im Handgelenk: 55 Prozent

- Verlust eines Beines über der Mitte des Oberschenkels: 70 Prozent

- Verlust eines Beines unterhalb des Knies: 50 Prozent

- Verlust eines Fußes im Fußgelenk: 40 Prozent

3. **Unfall-Rente**: Diese Leistung erfüllt einen ähnlichen Zweck wie die Invaliditätsleistung, wird aber lebenslänglich als Rente gezahlt und in der Regel erst ab einem Invaliditätsgrad von 50 Prozent.

4. **Übergangsleistung**: Bei lang andauernder Genesung oder teuren Operationen und Heilbehandlungen kann diese Leistung wertvoll sein.

5. **Tagegeld**: In der Unfallversicherung lassen sich verschiedene Tagegelder vereinbaren. Am weitesten geht das eigentliche Tagegeld, das bei unfallbedingter Beeinträchtigung der Arbeitsfähigkeit bis zu einem Jahr lang gezahlt wird. Das Unfallkrankenhaustagegeld, und ggf. ein zusätzliches Genesungsgeld wird nur bei Krankenhausaufenthalten gezahlt.

6. **Kosmetische Operationen**: Damit können als Unfallfolgen verbliebene Beeinträchtigungen wie Narben etc. beseitigt werden, denn solche Kosten übernimmt die Krankenversicherung meistens nicht.

7. **Bergungskosten**: Hiermit werden die Kosten der Bergung Verunglückter bezahlt.

Praxistipp: Die beiden wichtigsten Leistungen sind die Unfall-Invalidität oder alternativ die Unfall-Rente bzw. eine Kombination aus beiden sowie die Todesfallleistung. Nur diese Leistungen decken im Normalfall existenzgefährdende bis –zerstörende Risiken ab. Die übrigen Leistungen weisen entweder Überschneidungen mit anderen, teilweise besseren Produkten auf (Beispiel Tagegeld: die Tagegeldversicherung in der privaten Krankenversicherung deckt auch zusätzlich die häufiger auftretende krankheitsbedingte Arbeitsunfähigkeit) oder sind selbst tragbar. Viele Unfallversicherungspakete sind überteuert bzw. setzen falsche Schwerpunkte bei der Verteilung der Leistungen.

Die Unfallversicherung kann für Einzelpersonen, für Familien oder für ganze Gruppen, zum Beispiel von Arbeitnehmern oder Vereinsmitgliedern, als **Gruppenunfallversicherung** abgeschlossen werden. Für Kinder gibt es eine besondere **Kinderunfallversicherung**, die vergünstigte Tarife und zusätzliche Leistungen vorsieht, wie zum Beispiel die bei Kindern wichtige Mitversicherung von Vergiftungen. Bei Volljährigkeit wird sie auf eine Erwachsenenunfallversicherung zu den dann gültigen Tarifen oder aber zu reduzierten Leistungen umgestellt.

Verschiedene Anbieter haben inzwischen erweiterte Kinderunfallversicherungen im Angebot, die auch schwere Erkrankungen abdecken und damit dem Sinn nach einen der Berufsunfähigkeitsversicherung ähnlichen Versicherungsschutz darstellen. Da es für Kinder noch keinen Berufsunfähigkeitsschutz gibt, ist dies eine sehr sinnvolle Alternative.

Die Unfallversicherung mit Prämien-/Beitragsrückgewähr (UBR) kostet höhere Beiträge, weil diese auch einen Sparanteil enthalten, der bis zum Vertragsende eine Rückzahlungssumme in gleicher Höhe wie die eingezahlten Beiträge ergibt. Der Unfall-Risikoschutz wird dabei letzten Endes aus der Verzinsung der eingezahlten Beiträge finanziert.

Praxistipp: Der Wert der UBR ist umstritten. Auch andere Versicherungen sind reine Risikoversicherungen, bei denen der Beitrag „verfällt", wenn kein Schaden

eintritt. Einziges sachliches Argument für den Wunsch nach Rückzahlung der einge-
zahlten Beiträge kann eine günstige Rendite auf die Sparbeiträge sein. Diese kann
man errechnen, wenn man vom UBR-Beitrag den Beitrag einer vergleichbaren Risi-
ko-Unfallversicherung abzieht und ermittelt, zu welchen Auszahlungsleistungen der
verbleibende Sparbeitrag in anderen Kapitalanlagen gelangen würde.

Es gibt weitere Unfallversicherungen für spezielle Zwecke. Die **Kraftfahrtunfall-**
versicherung kommt nur für Unfälle von Kraftfahrzeuginsassen auf und stellt dann
einen überlegenswerten Einschluss dar, wenn keine andere ausreichende Unfallversicherung besteht oder wenn häufig fremde Personen mitgenommen werden, für die
sich der Kraftfahrzeughalter verantwortlich fühlt. Die **Luftfahrt-, Sportboot-,**
Jagd- oder Reiterunfallversicherung bieten ebenfalls nur Ausschnittsdeckungen
für Unfälle bei Benutzung dieser Transportmittel bzw. Ausübung des entsprechenden Sports an.

Für die **Höhe der Leistungen** gibt es keine feststehenden Regeln. Folgende Kosten
sollten jedoch überschlagen werden:

- Einmaliger, existenzgefährdender Aufwand nach einem Unfall: Heil- und Kur-
  kosten, die nicht von der Krankenversicherung übernommen werden; besondere
  Behandlungen von Spezialärzten und kosmetische Operationen; Umbaumaßnahmen für behindertengerechtes Wohnen. Beispiel: 30.000 EUR.

- Laufende Versorgungslücke im ersten Jahr der Unfall-Invalidität, errechnet aus
  aktuellem Nettogehalt abzüglich Krankengeld bei in der GKV Versicherten oder
  Tagegeld aus einer privaten Krankenversicherung. Beispiel: aktuelles Nettogehalt 3.000 EUR – 2.200 EUR Krankengeld = 800 EUR x 12 Monate = ca. 10.000
  EUR.

- Laufende Versorgungslücke ab dem zweiten Jahr, wenn durch die unfallbedingte
  Behinderung der bisherige Beruf nicht mehr ausgeübt werden kann: Aktuelles
  Nettogehalt abzüglich ggf. einer Rente wegen Erwerbsminderung, bis zum Errei-
  chen der Altersgrenze für eine Altersrente wegen Schwerbehinderung. Beispiel:
  aktuelles Nettogehalt 3.000 EUR – 2.000 EUR Erwerbsminderungsrente x 12
  Monate = 12.000 EUR x 30 Jahre Restarbeitszeit = 360.000 EUR.

Im vorstehenden Beispiel summiert sich der Bedarf an Unfallinvaliditätsleistung auf
400.000 EUR. Zusätzlich muss man berücksichtigen, dass diese Folgen auch bei
einem Invaliditätsgrad von weniger als 100 Prozent schon eintreten könnten, zum

Beispiel bei Verlust eines kompletten Beines, der nach der Gliedertaxe jedoch nur mit 70 Prozent Invaliditätsgrad bewertet wird. Das heißt, die Vertragsgestaltung muss sicherstellen, dass auch bei 70 Prozent Invaliditätsgrad bereits die oben errechneten 400.000 EUR zur Verfügung stehen.

Die **Prämienberechnung** erfolgt in der Unfallversicherung im Wesentlichen nach Leistungsarten sowie nach den versicherten Personen, die in **Gefahrengruppen** eingeteilt werden. Frauen sind in der Unfallversicherung meistens günstiger versichert als Männer. Bei Frauen und Männern spielt der ausgeübte **Beruf** eine Rolle. Frauen werden in eine günstige Gefahrengruppe F eingeteilt, sofern sie nicht Berufe mit körperlicher oder handwerklicher Betätigung ausüben, dann werden sie in Gefahrengruppe A eingestuft. In dieser Gefahrengruppe finden sich auch die Männer, allerdings nur, sofern sie keine körperliche oder handwerkliche Berufstätigkeit ausüben, für die eine noch höhere Gefahrengruppe B vorgesehen ist. Bei der Antragsprüfung wird auch die bisherige körperliche Konstitution und Gesundheitssituation untersucht, allerdings sind die Anforderungen an die **Risikoprüfung** geringer als zum Beispiel in der Berufsunfähigkeitsversicherung. Wie in der Lebensversicherung, gelten auch in der Unfallversicherung **Höchstgrenzen** für die zu vereinbarenden Leistungen.

8 Rund um die Vermögenssicherung

Aus der Darstellung des Risikomanagements für Privathaushalte wie für Betriebe ist bereits deutlich geworden, dass Vermögensrisiken eine besonders schwer kalkulierbare Bedrohung darstellen. Insbesondere Haftpflichtansprüche auf Grund von behauptetem oder tatsächlichem Fehlverhalten des Haushalts oder des Betriebs bzw. seiner Mitglieder und Mitarbeiter können ruinöse Größenordnungen annehmen. In diesem Kapitel geht es deshalb vor allem um die Haftpflichtversicherung, aber auch die Rechtsschutzversicherung.

8.1 Bedarfsermittlung

Das Risiko, für ein behauptetes oder tatsächliches Fehlverhalten auf Schadenersatz in Anspruch genommen zu werden, trifft jede Person und jeden Betrieb. Um die potenziellen Risiken näher einzugrenzen, sind die Ursachen und die Art möglicher Haftung zu hinterfragen:

1. Ursachen für Haftung

- Allgemeine Haftung aus unerlaubter Handlung (§ 823 BGB): Jeder haftet für widerrechtliche Schädigungen anderer Personen oder deren Eigentum.

- Besondere Haftung für andere Personen: Personen oder Betriebe können zum Beispiel für Kinder, Arbeitnehmer oder Beauftragte und deren Verhalten haften.

- Besondere Haftung auf Grund Besitzes oder Haltung von Sachen und Tieren: Wer zum Beispiel Tiere, Gebäude, Grundstücke, Betriebsstätten, umweltgefährliche Anlagen oder Kraftfahrzeuge besitzt, haftet besonders allein auf Grund des Besitzes oder der Benutzung dieser Sachen.

- Besondere Haftung auf Grund bestimmter Tätigkeiten: Wer zum Beispiel Stoffe in Gewässer einleitet, einen Betrieb leitet oder Produkte herstellt und vertreibt, haftet hierfür besonders.

- Besondere Haftung aus Vertragsverhältnissen: Auch durch Verträge können bestimmte Haftungen ausgelöst werden.

Die Ursachen für Haftung bieten einen guten Ansatzpunkt, die Art der Haftungsrisiken näher zu beleuchten, denen ein Haushalt oder ein Betrieb ausgesetzt ist. Zur Bedarfsanalyse gehört deshalb, diese denkbaren Haftungsursachen zu untersuchen. Übrigens ist das auch eine optimale Vorbedingung für die Risikobeschreibung einer Haftpflichtversicherung.

2. Art der Haftung

- Haftung für Personenschäden: Tötung oder Verletzung von Personen.

- Haftung für Sachschäden: Zerstörung, Beschädigung oder Abhandenkommen von fremden Sachen.

- Haftung für Vermögensschäden: Haftung für alle anderen Schäden, die keine Personen- oder Sachschäden sind.

Die Art der Haftung ist ebenfalls wichtig für die Analyse der Haftungsrisiken. Die Höhe der Haftung kann unterschiedlich weitgehend sein. Bei Sachschäden ist sie grundsätzlich durch den Wert der geschädigten Sache limitiert, allerdings ist schlecht prognostizierbar, wie viele Sachen ein Schädiger durch eigene Schuld in Mitleidenschaft ziehen kann. Personenschäden und Vermögensschäden, zum Beispiel aus der Verletzung von Rechten, sind noch schwerer abschätzbar. Zusammenfassend kann man sagen, dass Haftpflichtschäden in jedem Fall zu den existenzzerstörenden Risiken gehören, die unbedingt versichert werden sollten. Bei der Auswahl der Versicherung spielt aber eine wesentliche Rolle, sich über die Ursachen für Haftung im Klaren zu sein, denn um die Risikoprämien überhaupt kalkulieren zu können, stellt der Haftpflichtversicherer genau darauf in seinen Produkten ab.

Eng verbunden mit der Haftung für selbst begangene oder verantwortete Haftungsfälle ist auch die aktive Durchsetzung der eigenen Rechtsposition. Dies kann im Fall von Haftpflichtansprüchen notwendig werden (Beispiel: ein Kraftfahrzeugunfallopfer lässt sich gegenüber dem Unfallverursacher rechtlich vertreten, um den vollen ihm zustehenden Schadenersatz durchzusetzen), aber auch in anderen Fällen, wenn die Rechtsposition des Versicherten bedroht ist (zum Beispiel Kündigung eines Arbeitsverhältnisses, Scheidung etc.). Die Kosten von Rechtsschutzfällen sind durch Gebührenverordnungen weitgehend limitiert, orientieren sich aber am jeweiligen Streitwert, dessen Höhe nicht vorher absehbar ist. Damit kann auch dieses Risiko existenzgefährdend bis -zerstörend sein.

8.2 Haftpflichtversicherung

Der wichtigste Haftungsgrundsatz ist der § 823 BGB: „Wer vorsätzlich oder fahrlässig das Leben, den Körper, die Gesundheit, die Freiheit, das Eigentum oder ein sonstiges Recht eines anderen widerrechtlich verletzt, ist dem anderen zum Ersatz des daraus entstehenden Schadens verpflichtet."

8.2.1 Haftungsgrundlagen

Für das Verständnis der Haftpflichtversicherung ist es wichtig, sich die Bestimmung des § 823 BGB im Detail anzusehen:

- Schuldhafte Handlung: Der Schädiger muss verantwortlich sein für das schädigende Tun. Damit scheidet zum Beispiel höhere Gewalt als Haftungsgrund aus.

- Widerrechtliche Handlung: Das schädigende Handeln muss auch widerrechtlich gewesen sein, sonst könnte zum Beispiel ein Arzt für die Durchführung der Operation bestraft werden, die notwendigerweise mit einer Verletzung des Körpers seines Patienten verbunden ist.

- Es muss aus der schädigenden Handlung ein konkreter Schaden entstanden sein.

- Der Täter muss deliktsfähig sein. Minderjährige bis 7 Jahre sind überhaupt nicht deliktsfähig, darüber bis 18 Jahre nur, sofern sie die notwendige Einsicht in die Konsequenzen ihrer Handlung bereits haben konnten. Seit der Schuldrechtsreform von 2002 sind außerdem Kinder zwischen 7 und Vollendung des 10. Lebensjahres nicht haftbar für Schäden an Kraftfahrzeugen und anderen Fahrzeugen, sofern sie die Schädigung nicht vorsätzlich ausgeführt haben.

Über diese Bestimmung zur allgemeinen Haftung hinaus gibt es besondere Haftungsgrundlagen:

1. Haftung für andere Personen:

   - **Aufsichtspflichtige** haften zum Beispiel für Kinder und Jugendliche (§ 832 BGB). Daraus resultiert auch die in der Praxis scheinbar unverständliche Ablehnung des Haftpflichtversicherungsschutzes, wenn ein deliktsunfähiges Kind einen Schaden verursacht hat und die aufsichtspflichtigen Eltern nicht ihre Aufsichtspflicht verletzt haben. Was moralisch falsch erscheint, ist juristisch einwandfrei, nämlich dass dann der Geschädigte weder das Kind noch seine Eltern zur Verantwortung ziehen und Schadenersatz verlangen kann.

- **Geschäftsherrn** haften für ihre Verrichtungsgehilfen (§ 831 BGB). Damit sind konkret Arbeitgeber gemeint, die für die Handlungen ihrer Arbeitnehmer während der Arbeit haften. Allerdings kann sich der Arbeitgeber von dieser Haftung „exkulpieren", also befreien, wenn er nachweisen kann, dass er bei der Auswahl seines Mitarbeiters, bei dessen Leitung und der Beschaffung von Arbeitsmaterial die notwendige Sorgfalt hat walten lassen oder wenn der Schaden selbst dann entstanden wäre, wenn er diese Sorgfalt angewendet hätte. Damit sind die üblichen kleinen Ungeschicklichkeiten des Alltags gemeint, bei denen der Arbeitgeber für seinen Mitarbeiter nicht haften muss.

2. Haftung für Besitz bestimmter Sachen:

- **Tierhalter** haften für Personen- und Sachschäden, die ihr Tier auslöst (§ 833 BGB). Eine Entlastungsmöglichkeit gibt es nur für Nutztierhalter, zum Beispiel Landwirte, wenn der Halter die notwendige Sorgfalt bei der Aufsicht über das Tier beachtet hat oder der Schaden trotzdem entstanden wäre.

- **Gebäudebesitzer** haften gemäß §§ 836-838 BGB besonders für die Verkehrssicherheit ihrer Gebäude und Grundstücke.

- **Betreiber umweltgefährlicher Anlagen** haften besonders nach dem Umwelthaftungsgesetz.

- Halter von zulassungspflichtigen **Kraftfahrzeugen** haften gemäß dem Straßenverkehrsgesetz für die vom Kraftfahrzeug ausgehenden Gefahren.

3. Haftung für bestimmte Tätigkeiten:

- **Hersteller** und in bestimmten Fällen auch **Verkäufer von Produkten** haften nach dem Produkthaftungsgesetz für ihre in Umlauf gebrachten Produkte.

- Wer Stoffe in **Gewässer** einleitet, haftet besonders nach dem Wasserhaushaltsgesetz.

- Betreiber von **Atomkraftwerken** haften nach dem Atomgesetz.

4. Haftung aus abgeschlossenen Verträgen:

- Haftung für **eigenes Verschulden** (§ 276 BGB) für die vorsätzliche oder fahrlässige Verletzung von Vertragspflichten.

- Haftung für **Erfüllungsgehilfen** (§ 278 BGB): Für seine Mitarbeiter muss ein Arbeitgeber genau so wie für sein eigenes Verschulden haften, wenn sie den Kunden, also Vertragspartner, schuldhaft während der Erfüllung des Vertrages schädigen. Darin unterscheidet sich dieser Haftungsanspruch gegenüber dem bereits besprochenen Verrichtungsgehilfen. Geschädigter ist hier der Vertragspartner und kein sonstiger Dritter. Der Haftungsanspruch besteht aus dem abgeschlossenen Vertrag und geht weiter als beim Verrichtungsgehilfen.

Ersetzt werden muss grundsätzlich der entstandene Schaden, also die Heilung von Personen, die Reparatur oder Wiederbeschaffung von Sachen, Wiederherstellung von Rechten oder der Ausgleich entgangener Verdienste. Zusätzlich muss bei Personenschäden auch je nach Sachlage ein Schmerzensgeld gezahlt werden.

*Praxistipp: Für das Verständnis der Haftpflichtversicherung ebenfalls wichtig ist die Tatsache, dass das Gesetz die **Wiederherstellung des alten Zustands** fordert. Dementsprechend darf die Befriedigung von Haftpflichtansprüchen nicht zu einer Bereicherung des Geschädigten führen, in dem er mehr oder neuwertigere Sachen hat als vorher. Da das nicht immer möglich ist – zum Beispiel lassen sich bei der Reparatur eines Kraftfahrzeugs meist keine gleich alten und abgenutzten Ersatzteile finden –, werden in der Schadenregulierungspraxis häufig zu Recht Abzüge „neu für alt" gemacht.*

8.2.2 Leistungen

Die Haftpflichtversicherung erbringt im Wesentlichen zwei Leistungen: Sie **befriedigt berechtigte Ansprüche** gegen den Versicherungsnehmer und sie **wehrt unberechtigte ab**. Dabei stützt sie sich grundsätzlich auf **die gesetzlichen Haftpflichtbestimmungen privatrechtlichen Inhalts**, nicht auf eine rein vertraglich begründete Haftung oder öffentlich-rechtliche Bestimmungen wie zum Beispiel strafrechtliche Sanktionen.

Versichert ist die im Versicherungsschein genau bezeichnete **Person** oder **Firma** gegen Haftpflichtansprüche, die gegen sie geltend gemacht werden oder die **Sache**, von der eine Gefahr ausgeht und die deshalb einer besonderen Haftung unterliegt (zum Beispiel ein Grundstück oder ein Kraftfahrzeug). Weitere Personen können mitversichert sein (zum Beispiel der berechtigte Fahrer in der Kraftfahrthaftpflichtversicherung).

Auch neu hinzukommende Risiken werden mit gewissen Einschränkungen mitversichert über die so genannte **Vorsorgeversicherung**, ebenso Erweiterungen oder Erhöhungen des bestehenden Risikos. Allerdings muss der Kunde diese dem Versicherer mitteilen, wenn er dazu aufgefordert wird. Die Aufforderung erfolgt üblicherweise jährlich mit der **Prämienrechnung** (Hinweis auf der Rechnung oder **Stichtagsfragebogen** in der Betriebshaftpflichtversicherung).

Die Risiken werden bis auf wenige Ausnahmen nicht unbegrenzt übernommen, sondern bis zu bestimmten **Deckungssummen**. Die Deckungssumme gilt immer pro Versicherungsfall, zusätzlich gibt es eine **Maximierung**, das heißt eine Begrenzung für alle Versicherungsfälle eines Versicherungsjahres. Die Deckungssummen werden außerdem in der Regel unterschieden nach Personenschäden, Sachschäden und Vermögensschäden.

Ausgeschlossen bleiben immer:

- **Vorsätzlich** herbeigeführte Schäden.

- **Eigenschäden** zwischen den Personen, die mit dem Versicherungsnehmer in häuslicher Gemeinschaft leben oder die ausdrücklich zu den mitversicherten Personen eines Haftpflichtversicherungsvertrages gehören.

- Schäden durch **nicht beseitigte gefahrdrohende Umstände**, wenn dies vom Versicherer verlangt wurde.

- Schäden an den vom Versicherungsnehmer gelieferten oder hergestellten Sachen (so genannter **Erfüllungsschaden**). Eine Haftpflichtversicherung soll nicht dazu dienen, fehlerhaft oder nachlässig hergestellte Produkte nachzubessern.

Es gibt aber eine Reihe weiterer Ausschlüsse, die einzelvertraglich abbedungen werden können.

Praxistipp: Es lohnt sich, die Ausschlüsse im § 4 der Allgemeinen Haftpflichtversicherungsbedingungen nachzulesen.

184

8.2.3   Vertragsformen

Die Haftpflichtversicherung basiert meistens auf den Allgemeinen Haftpflichtversicherungsbedingungen (AHB), die um Besondere Bedingungen und Risikobeschreibungen (BBR) sowie ggf. einzelvertragliche Regelungen ergänzt werden. Die wichtigsten Vertragsformen sind:

1. Privathaftpflichtversicherung

Sie deckt die typischen Haftungsrisiken des privaten Haushalts ab, genauer die gesetzliche Haftpflicht des Versicherungsnehmers als Privatperson aus den Gefahren des täglichen Lebens. Demzufolge sind die im Haushalt lebenden **Familienmitglieder** (Ehegatten, unverheiratete Kinder bis maximal zum 27. Lebensjahr und ab der Volljährigkeit auch nur, wenn sie sich noch in Schul- oder Berufsausbildung, Wehr- oder Zivildienst oder einem Erststudium befinden) mitversichert. Eingeschlossen wird die Haftung für im Haushalt angestellte Personen. Mitversichert wird außerdem teilweise die besondere Haftung aus **Haus- und Grundbesitz**, und zwar für eine oder mehrere Wohnungen, ein Einfamilienhaus, ein Wochenendhaus oder ein Mobilheim, die allerdings alle im Inland gelegen sein müssen. Zusätzlich ist der Versicherungsnehmer versichert aus der **Vermietung** von Raum im selbst genutzten Einfamilienhaus oder von bis zu drei Eigentumswohnungen sowie als **Bauherr** von kleineren Bauvorhaben bis 50.000 EUR Bausumme. Er ist auch bei der Ausübung von Sport versichert und als Halter kleinerer Haustiere, nicht jedoch von Hunden oder Pferden.

Ausgeschlossen sind alle Risiken in Zusammenhang mit dem Beruf, einem Amt oder Ehrenamt, verantwortlicher Tätigkeit in Vereinen sowie aus Haltung und Verwendung von Kraftfahrzeugen.

Wichtige Einschlüsse in der Privathaftpflichtversicherung sind:

*   Mietsachschäden aus der Beschädigung gemieteter Räume.

*   Allmählichkeitsschäden aus der Einwirkung von Dämpfen, Gasen, Temperatur, Feuchtigkeit.

*   Abwasserschäden durch häusliche Abwässer sowie durch Kleingebinde wassergefährdender Stoffe.

- Auslandsschäden bei vorübergehenden Aufenthalten im Ausland bis zu zwei Jahren.

- Mitversichern kann man auch die Forderungsausfallversicherung. Wenn ein Schädiger zwar rechtsgültig zu einem Schadenersatz gegenüber dem Versicherungsnehmer verpflichtet ist, diesen aber wegen Vermögenslosigkeit nicht leisten kann, dann kommt die eigene Privathaftpflichtversicherung hierfür auf.

- Ebenfalls besonders mitversichern kann man Schlüsselverlust. Wenn Schlüssel eines Mehrfamilienhauses verloren gehen, kann der Austausch der Schließanlage übernommen werden. Lehrer erhalten diese Klausel auch für Schlüssel der Schule angeboten.

Für den privaten Bereich gibt es weiterhin die folgenden Versicherungen:

2. **Haus- und Grundbesitzerhaftpflicht** für die Haftung aus Besitz von Grundstücken und Immobilien. Sie macht Sinn bei Objekten, die nicht in der Privathaftpflichtversicherung versichert sind, zum Beispiel bei Baugrundstücken, Mietshäusern, Gewerbeobjekten u.a.

3. **Gewässerschadenhaftpflichtversicherung** für die Haftung aus Öltanks und anderen für Gewässer gefährlichen Anlagen im Haus oder auf dem Grundstück.

4. **Bauherrenhaftpflicht** für Bauvorhaben, für die die sehr geringe Bausumme in der Privathaftpflichtversicherung nicht ausreicht.

5. **Tierhalterhaftpflichtversicherung** für die Haftung aus der Haltung von Hunden, Pferden und anderen Großtieren.

6. **Jagdhaftpflichtversicherung** für Jäger.

8.2.4   Kraftfahrthaftpflichtversicherung

Kraftfahrzeuge unterliegen grundsätzlich gemäß Straßenverkehrsgesetz der so genannten Gefährdungshaftung. Danach muss der Halter des KFZ in jedem Fall für die von seinem Fahrzeug verursachten Personen- und Sachschäden aufkommen. Im Gegensatz dazu muss der Geschädigte bei „normalen" Haftpflichtfällen erst nachweisen, dass er einen berechtigten Haftpflichtanspruch besitzt. Im Gesetz sind **Min-**

dest-Deckungssummen festgehalten, zu denen ein Fahrzeug versichert werden muss, sonst erhält es keine Zulassung zum öffentlichen Straßenverkehr. Üblich sind aber Haftpflichtversicherungen mit einer so genannten unbegrenzten Deckungssumme, die lediglich eine Begrenzung des Schadenersatzes für Personenschäden und dort nur für die einzelne, geschädigte Person vorsehen.

Ausgeschlossen bleiben in der KFZ-Haftpflichtversicherung vorsätzlich verursachte Schäden sowie Schäden bei Rennveranstaltungen, durch Kernenergie, Ansprüche des Halters oder Eigentümers gegen den Fahrer, Eigenschäden oder Schäden an der mit dem versicherten Fahrzeug beförderten Ladung. Außerdem riskiert der Kunde den Versicherungsschutz, wenn er bestimmte **Obliegenheiten** schuldhaft nicht beachtet, zum Beispiel das Fahrzeug nicht in einem verkehrstüchtigen Zustand hält und trotzdem benutzt, die im Führerschein verlangte Sehhilfe nicht verwendet oder das Fahrzeug ohne Fahrerlaubnis fährt oder fahren lässt (Führerscheinklausel). Eine weitere Obliegenheitsverletzung ist die nicht zweckgemäße Verwendung des Fahrzeugs (Zweck gemäß Zulassungsart). Hat diese Obliegenheitsverletzung einen Einfluss auf Entstehung oder Höhe des Schadens, kann der Versicherer leistungsfrei werden. Fahrten unter Alkoholeinfluss führen ab 1,1 Promille Blutalkoholgehalt ebenfalls zur Leistungsfreiheit.

Es ist üblich, dass der Kunde einen **vorläufigen Deckungsschutz** durch Aushändigung der Versicherungsbestätigungskarte (früher „Doppelkarte" genannt) erhält, damit er sein Fahrzeug überhaupt anmelden kann. Die Versicherer müssen eine KFZ-Haftpflichtversicherung grundsätzlich annehmen, es sei denn, die Versicherung würde gegen sachliche oder örtliche Beschränkungen der Geschäftstätigkeit des Versicherers verstoßen oder der Versicherte ist bereits vom selben Versicherer wegen Nichtzahlung der Prämie oder anderer, schwer wiegender Gründe aus einer früher abgeschlossenen Versicherung gekündigt worden (§ 5 PflVG).

Wird ein Fahrzeug vorübergehend (bis 18 Monate) **stillgelegt**, kann der Haftpflichtversicherungsschutz ausschließlich für Fahrten auf privaten Grundstücken bestehen bleiben. Ein **Fahrzeugwechsel** muss dem Versicherer angezeigt werden. Der Erwerber eines Fahrzeugs tritt in die Rechte und Pflichten der KFZ-Haftpflichtversicherung ein, aber sowohl er als auch der Versicherer können innerhalb eines Monats nach Übergang bzw. Kenntnisnahme vom Übergang die Versicherung kündigen. Beim Erwerber genügt es, wenn er eine neue Versicherungsbestätigungskarte bei der Zulassungsstelle vorlegt, auch das gilt dann als Kündigung.

Im **Schadenfall** ist wie bei allen Haftpflichtversicherungen wichtig, dass der Schädiger ohne Zustimmung des Versicherers kein Anerkenntnis des Schadenersatzanspruchs vornimmt. Er ist verpflichtet, jeden Schaden bis auf Bagatellschäden (bis 500 EUR) dem Versicherer anzuzeigen und bei der Aufklärung und Regulierung behilflich zu sein.

Bei der **Prämienberechnung** werden wie in der Vollkaskoversicherung zunächst einmal der Fahrzeugtyp und der Zulassungsbezirk berücksichtigt, außerdem die Tarifart (Normal, Beamte z.B.). Dazu kommen je nach Versicherer eine Reihe weiterer Tarifmerkmale mit Rabatt- oder Zuschlagspositionen. Die Schadenhäufigkeit macht sich außerdem in einem umfangreichen System von Schadenfreiheits- oder Malusklassen bemerkbar, in denen der Kunde je nach Anzahl der schadenfreien Versicherungsjahre entweder Bruchteile oder bis zu einem Mehrfachen der tariflichen Prämie zu bezahlen hat.

8.2.5 Betriebs- und Berufshaftpflichtversicherungen

Für Betrieb und Beruf gibt es eine Vielfalt von Betriebs- und Berufshaftpflichtversicherungen. Das liegt daran, dass die verschiedenen Tätigkeiten und die hergestellten Produkte und Leistungen unterschiedliche Haftungen auslösen können. Um dem gerecht zu werden, werden in den verschiedenen Branchen auch verschiedene der generellen Ausschlüsse der AHB wieder eingeschlossen oder zusätzliche Deckungen gewährt.

Praxistipp: Bei der Betriebs- oder Berufshaftpflichtversicherung kommt es ganz besonders auf eine vollständige und richtige Beschreibung aller ausgeübten Tätigkeiten oder Geschäftsbereiche im Antrag wie anschließend im Versicherungsschein an.

Beispiel: Eine „Metzgerei" umfasst nach allgemeinem Verständnis eine Betriebsstätte des Metzgers, in der die für einen Metzger üblichen Tätigkeiten ausgeübt werden, nicht aber eventuell andere in der gleichen Betriebsstätte ausgeübte Tätigkeiten, wie zum Beispiel einen Imbiss und einen Backwarenverkauf oder auf fremden Grundstücken ausgeübte Tätigkeiten, wie zum Beispiel einen Partyservice. Alle diese zusätzlichen Tätigkeiten sind nicht versichert, wenn sie nicht im Antrag oder bei Neuaufnahme im nächsten Stichtagsfragebogen angegeben werden.

Die folgenden Einschlüsse bzw. Klauseln sind für viele Betriebs- und Berufshaftpflichtversicherungen wichtig. Sie werden meist in Paketlösungen für bestimmte

Branchen automatisch angeboten, müssen aber teilweise auch extra vereinbart werden:

- Auslandsschäden: Die AHB sehen nur Deutschland-Deckung vor, deshalb ist für nahezu jede betriebliche oder freiberufliche Tätigkeit eine Ausweitung auf Schäden wichtig, die im Ausland zum Beispiel anlässlich von Geschäftsreisen verursacht werden.

- Mietsachschäden, Allmählichkeitsschäden, Abwässerschäden, Schwammbildungsschäden, Feuer- und Explosionsschäden.

- Schäden durch Senkungen, Erdrutschungen, Rammarbeiten, Abbruch- und Einreißarbeiten.

- Unterfangungen und Unterfahrungen: Sachschäden an den zu unterfangenden und unterfahrenden Grundstücken, Gebäuden, Gebäudeteilen und Anlagen.

- Leitungsschäden: Schäden an Erdleitungen (Kabel, unterirdische Kanäle, Wasserleitungen, Gasrohre und andere Leitungen) sowie Frei- und/oder Oberleitungen.

- Beauftragung von Subunternehmern, Teilnahme an Arbeits- oder Liefergemeinschaften

- Be- und Entladeschäden: Beschädigung von Land- und Wasserfahrzeugen oder Containern durch oder beim Be- und Entladen.

- Feuerhaftungsversicherung: Greift ein Brand vom eigenen Betrieb auf benachbarte Betriebe und Gebäude über, haftet der Betriebsinhaber auch hierfür, insbesondere dann, wenn für das benachbarte Gebäude keine Gebäudeversicherung bestand. Aber selbst bei Bestehen einer solchen haftet er im Rahmen der entsprechenden Bestimmungen des Regressverzichtsabkommens der Feuerversicherer teilweise.

- Belegschaftshabe, Abhandenkommen von Sachen in der Obhut eines Gastgewerbebetriebs: Haftung gegenüber Mitarbeitern oder gegenüber Gästen wegen abhanden gekommener Sachen.

- Tätigkeitsschäden: Schäden, die an fremden Sachen durch eine gewerbliche oder berufliche Tätigkeit des Versicherungsnehmers an oder mit diesen Sachen entstanden sind. Insbesondere bei Bauarbeiten und Installationen ist dies ein typisches Risiko, wenn Schäden bei Durchführung von Installationen o.ä. verursacht werden, etwa bei der Anbringung eines Boilers die dahinter liegende Stromleitung durchtrennt wird. Dies bezieht sich allerdings nie auf die eigentliche Leistung, die der Unternehmer erbringen soll (Erfüllungsschaden).

- Tätigkeit auf fremden Grundstücken: Die Betriebshaftpflichtversicherung sieht grundsätzlich eine Versicherung des Betriebs auf dem im Versicherungsschein bezeichneten Grundstück vor. Viele Tätigkeiten werden aber außerhalb des Betriebsgebäudes ausgeübt, zum Beispiel auf Baustellen, bei Kunden u.a.

- Schlüsselschäden: Schäden aus Verlust eines von Kunden anvertrauten Schlüssels.

- Umwelthaftpflicht: Standardmäßig enthalten die Betriebs- und Berufshaftpflichtversicherungen eine Umwelthaftpflicht-Basisversicherung. Diese muss erweitert bzw. durch eine eigenständige Umwelthaftpflichtversicherung ergänzt werden, wenn der Betrieb umweltgefährdende Anlagen betreibt oder größere Gebinde an umweltgefährdenden Stoffen lagert.

- Erweiterte Produkthaftpflicht: Die „normale" Haftung für Schäden aus hergestellten oder gelieferten Sachen und Leistungen ist Gegenstand der Betriebshaftpflichtversicherung. Darüber hinaus kann aber eine Haftung entstehen, wenn eigene Produkte in andere Produkte eingebaut werden. Außerdem haftet der Importeur von Waren aus Ländern außerhalb der Europäischen Union gegenüber den Kunden, als wäre er selbst der Hersteller. Solche Haftungen können nur besondere Produkthaftpflichtversicherungen abdecken.

- Rückrufkosten: Hersteller sind verpflichtet, Produkte zurückzurufen, von denen Gefahr ausgeht. Hier ist zwar noch kein Haftpflichtanspruch entstanden, aber zur Vermeidung eines solchen werden Rückrufe durchgeführt. Spezielle **Rückrufkostenversicherungen** übernehmen die oft enormen Kosten, die die Rückrufe verursachen.

Die obige Auflistung an Deckungsmöglichkeiten ist mit Sicherheit nicht vollzählig. Sie spiegelt aber die Vielfältigkeit der Berufe und Tätigkeiten und der durch sie ausgelösten Haftungsrisiken wider.

Praxistipp: Bei Industriebetrieben und anderen, besonders gefährlich erscheinenden Haftpflichtrisiken – insbesondere solchen, für die es keine Kompakt-Versicherungsangebote am Markt gibt – sollte ein Haftpflichtexperte des Versicherungsunternehmens zur Risikoermittlung und -beratung sowie zur Gestaltung des Versicherungsschutzes hinzugezogen werden.

8.2.6   Vermögensschadenhaftpflicht

Die Allgemeinen Haftpflichtversicherungsbedingungen (AHB) sehen grundsätzlich nur die Versicherung von Personen- und Sachschäden und den daraus entstehenden Vermögensschäden vor. Viele Berufsgruppen sind aber durch das Risiko echter Vermögensschäden bedroht, zum Beispiel durch Falschberatung von Kunden, Versäumen von Fristen, Unterlassen bestimmter Handlungen. Diese Vermögensschäden werden je nach Zielgruppe entweder gar nicht oder nur mit geringen Deckungssummen in die normale Betriebshaftpflichtversicherung eingeschlossen. Aus diesem Grund benötigen eine Reihe Zielgruppen wie Rechtsanwälte, Steuerberater, Unternehmensberater, Makler und Handelsvertreter, Immobilienverwalter etc. eine spezielle Vermögensschadenhaftpflichtversicherung.

Praxistipp: Nur einige bestimmte Versicherer bieten spezielle Vermögensschadenhaftpflichtversicherungen an. Auf den Internetseiten dieser Versicherer oder in den Tarifen finden sich die Berufsgruppen, für die eine solche Versicherung wichtig ist sowie eine Reihe für die Risikobeurteilung hilfreicher Schadenbeispiele.

Speziell die Zielgruppe Unternehmensleiter spricht die **D+O-Versicherung** (Director´s and Officer´s Liability Insurance) an. Versichert werden können Mitglieder von Leitungs-, Aufsichts- oder Beratungsorganen (zum Beispiel: Vorstand, Aufsichtsrat, Beirat) gegen Ansprüche, die gegen diese berechtigt oder unberechtigt gerichtet werden, da sie auch persönlich für Schäden wie falsche Bilanzierung, fehlerhafte Personalauswahl oder andere Fehlentscheidungen verantwortlich gemacht werden können, die zu einem finanziellen Schaden für das Unternehmen geführt haben.

8.3   Rechtsschutzversicherung

Gegenstand der Rechtsschutzversicherung ist eine Vermögenssicherung, indem sie den Versicherten vor den Kosten eines Gerichtsverfahrens wie Rechtsanwaltsgebühren und Gerichtsgebühren schützt, die ihn sonst unter Umständen daran hindern würden, sein gutes Recht zu vertreten. Vielfach bleibt der Kläger auf einem Teil oder sogar ganz auf den Kosten sitzen, die von der Höhe des Streitwerts und von der Länge des Prozessweges – durch wie viele Instanzen ggf. ein Prozess geführt werden muss – abhängen. Die Kosten trägt die gegnerische Partei nicht oder nicht vollständig in folgenden Fällen:

- Es kommt zu keinem Prozess, sondern der Streit wird auf dem Verhandlungsweg – zum Beispiel zwischen den jeweiligen Anwälten – oder im Gütetermin vor dem eigentlichen Prozessbeginn beigelegt.

- Das Gericht bestimmt, dass der Kläger einen Teil oder alle Kosten des Verfahrens zu tragen hat, beispielsweise wenn die Klage abgewiesen wird oder der Kläger nur teilweise Recht erhält.

- Das Gericht hat zwar dem Beklagten die Kosten auferlegt, der kann sie aber wegen Vermögenslosigkeit nicht aufbringen.

- In Arbeitsgerichtsverfahren muss der Kläger in erster Instanz in jedem Fall seine Anwaltskosten selbst tragen.

Tritt ein Versicherungsfall ein, kann der Versicherte frei einen **Rechtsanwalt** auswählen. Auf Wunsch oder wenn er selber keinen auswählt, kann auch der Rechtsschutzversicherer einen Anwalt bestimmen. Die Rechtsschutzversicherung übernimmt folgende Kosten:

- Gesetzliche Vergütung des Rechtsanwalts, bei Klage vor einem weiter entfernten Gericht (mehr als 100 Kilometer) auch einen Korrespondenzanwalt vor Ort.

- Kosten für Gerichte und für Gerichtsvollzieher.

- Entschädigungen für Zeugen und vom Gericht herangezogene Sachverständige.

- Vergütung eines öffentlich bestellten technischen Sachverständigen bei Verkehrsdelikten und Streitigkeiten wegen Kauf oder Reparatur von Kraftfahrzeugen.

- Gebühren eines Schieds- oder Schlichtungsverfahrens.

- Kosten der Reisen des Versicherungsnehmers zu einem ausländischen Gericht, wenn sein Erscheinen als Beschuldigter oder Partei vorgeschrieben und zur Vermeidung von Rechtsnachteilen erforderlich ist.

- Zahlung einer Kaution als zinsloses Darlehen.

- Beratungsgebühren eines Rechtsanwalts in bestimmten familien- und erbrechtlichen Angelegenheiten

Die Kostenübernahme ist begrenzt durch die **Versicherungssumme**, die in neueren Rechtsschutzversicherungen zum Beispiel 200.000 EUR je Rechtsschutzfall beträgt.

*Praxistipp: Wichtig ist, dass die Rechtsschutzversicherung nicht für bereits eingetretene Rechtsfälle aufkommt. Zusätzlich gilt eine **Wartezeit** von drei Monaten für die meisten Leistungsarten.*

Die Rechtsschutzversicherung kennt bestimmte **Leistungsarten**, die nur bei ausdrücklichem Einschluss auch versichert sind:

1. **Schadenersatz-Rechtsschutz** für die Verfolgung eigener Schadenersatzansprüche gegen einen Schädiger.

2. **Arbeits-Rechtsschutz** für Streitigkeiten aus Arbeitsverhältnissen, zum Beispiel wegen Kündigung, Abmahnung, Entlohnung, Einstufung in einen Tarif oder eine Besoldungsgruppe.

3. **Wohnungs- und Grundstücks-Rechtsschutz** für Streitigkeiten aus Haus- und Grundbesitz oder Miete.

4. **Rechtsschutz im Vertrags- und Sachenrecht**, zum Beispiel für Streitigkeiten aus Kaufverträgen.

5. **Steuer-Rechtsschutz** für Streitigkeiten vor Finanz- oder Verwaltungsgerichten.

6. **Sozialgerichts-Rechtsschutz** für Prozesse vor Sozialgerichten, zum Beispiel wegen Berufsunfällen.

7. **Verwaltungs-Rechtsschutz in Verkehrssachen** zum Beispiel wegen Führerscheinentzug oder anderer verkehrsrechtlicher Auseinandersetzungen.

8. **Disziplinar- und Standes-Rechtsschutz** zum Beispiel wegen Disziplinarverfahren von Beamten, Soldaten, Wehrpflichtigen.

9. **Straf-Rechtsschutz** bei strafrechtlichen Auseinandersetzungen im Verkehrsrecht.

10. **Ordnungswidrigkeiten-Rechtsschutz** zur Verteidigung gegen Ordnungsverfahren.

11. **Beratungs-Rechtsschutz** im Familien- und Erbrecht.

Ausgeschlossen bleiben insbesondere Auseinandersetzungen wegen Krieg, Kernenergie, Bergbauschäden (hierfür gibt es ein eigenes Gesetz als Grundlage für Entschädigungen), Grundstückserwerb und -bebauung, Immobilienfinanzierung, Abwehr von Schadenersatzansprüchen (hierfür ist die Haftpflichtversicherung zuständig), die Ordnungswidrigkeiten Halte- oder Parkverbot und verschiedene weitere gemäß § 3 der Allgemeinen Rechtsschutzversicherungsbedingungen (ARB).

Die Rechtsschutzversicherung kennt verschiedene **Vertragsarten**, die die verschiedenen Leistungsarten nach Bedarf kombinieren und erweitern. Hier die wichtigsten Vertragsarten, es gibt für unterschiedliche Zwecke auch weitere bzw. Kombinationen aus den genannten Vertragsarten:

1. **Verkehrs-Rechtsschutz** oder **Fahrer-Rechtsschutz** für die Eigenschaften des Versicherten als Eigentümer, Halter oder Fahrer bzw. nur als Fahrer von zulassungspflichtigen Fahrzeugen.

   • Leistungsarten: Schadenersatz-Rechtsschutz, Rechtsschutz im Vertrags- und Sachenrecht (nur Verkehrs-Rechtsschutz), Steuer-Rechtsschutz vor Gerichten, Verwaltungsrechtsschutz in Verkehrssachen, Strafrechtsschutz, Ordnungswidrigkeitenrechtsschutz.

2. **Privat- und Berufsrechtsschutz für Nichtselbstständige**

   • Leistungsarten: Schadenersatz-Rechtsschutz, Arbeitsrechtsschutz, Rechtsschutz im Vertrags- und Sachenrecht, Steuer-Rechtsschutz vor Gerichten, Sozialgerichtsrechtsschutz, Disziplinar- und Standesrechtsschutz, Strafrechtsschutz, Ordnungswidrigkeitenrechtsschutz, Beratungsrechtsschutz im Familien- und Erbrecht.

3. **Berufsrechtsschutz für Selbstständige und Firmen-Rechtsschutz**

   - Leistungsarten: Schadenersatz-Rechtsschutz, Arbeitsrechtsschutz, Sozialgerichtsrechtsschutz, Disziplinar- und Standesrechtsschutz, Strafrechtsschutz, Ordnungswidrigkeitenrechtsschutz.

4. **Rechtsschutz für Eigentümer und Mieter von Wohnungen und Grundstükken**

5. Spezielle **Manager-Strafrechtsschutzversicherungen** decken das besondere Risiko von Leitungs-, Aufsichts- oder Beiratsmitgliedern von Unternehmen, für Fehlverhalten oder Fehlentscheidungen, insbesondere für den Verstoß gegen Umweltschutz- oder andere Rechtsvorschriften, in Anspruch genommen zu werden bzw. sich gegen solche Vorwürfe verteidigen zu müssen.

Die Rechtsschutzversicherung deckt ein vielfach existenzgefährdendes, selten ein existenzzerstörendes Risiko. Durch die weite Verbreitung von Rechtsschutzversicherungen kann man allerdings auch eine Zunahme der Klagefreudigkeit feststellen.

8.4 Spezielle Ertragsausfalldeckungen

Die Haftpflichtversicherung ist auf Grund der Vielfalt der denkbaren Konstellationen für Vermögensrisiken insbesondere von Unternehmen so gestaltet, dass sie die elementarsten Risiken abdeckt, aber in verschiedenen Teilbereichen nicht eintreten kann, die weder mit dem Haftpflichtrisiko im engeren Sinne noch dem Rechtsschutzrisiko etwas zu tun haben. Dazu gehören die Schäden, die Mitarbeiter dem eigenen Unternehmen verursachen und die aus Haftpflichtversicherungen als Eigenschäden generell ausgeschlossen werden. Das Gleiche gilt für Schäden, die Kunden einem Unternehmen durch Zahlungsausfälle verursachen. An dieser Stelle kann nur ein begrenzter Überblick über die Vertrauensschadenversicherung und das Gebiet der Kredit- und Kautionsversicherungen gegeben werden.

8.4.1 Vertrauensschadenversicherung

Diese Versicherung deckt Vermögensschäden, die einem Unternehmen durch seine Vertrauenspersonen vorsätzlich und unerlaubt verursacht werden. Bei Mitversicherung werden auch die Ermittlungskosten und die Kosten der rechtlichen Verfolgung erstattet. Die Versicherung wird in der Regel pauschal für Schäden durch alle ange-

stellten Mitarbeiter abgeschlossen, kann aber auch auf bestimmte Personen einge-
grenzt werden. Eine Einschränkung gilt allerdings für Geschäftsführungsmitglieder,
indem nur solche Schäden als versichert gelten, die zum Zweck der persönlichen
Bereicherung verursacht wurden. Erweitert werden kann die Vertrauensschadenversicherung auch auf fahrlässig verursachte Schäden sowie auf unverschuldete Schädigungen, wenn Mitarbeiter beispielsweise überfallen und beraubt werden oder
anvertraute Werte verlieren oder diese auf dem Transportweg vernichtet werden.

Als Entschädigungsgrenze wird eine Versicherungssumme vereinbart, die sich nach
einem Schaden um den Schadenbetrag reduziert, eine Vereinbarung, die früher für
viele Versicherungszweige galt. Ausgeschlossen bleiben Schäden durch Mitarbeiter,
die bereits früher unangenehm aufgefallen sind sowie der Ersatz von entgangenem
Gewinn – nur der direkt nachweisbare Schaden wird ersetzt – und Risiken, die über
andere Versicherungen (Haftpflicht, Sachversicherungen) abgesichert werden können. Es gelten auch besondere Verhaltensmaßregeln für den Kunden, unter anderem
ist er zu einer sorgfältigen Personalauswahl angehalten.

Eine spezielle Unterform der Vertrauensschadenversicherung ist die **Computer-
missbrauchsversicherung**, die sich auf Schäden durch den Einsatz der Informationstechnik fokussiert. Die Vertrauensschadenversicherung ist eine eher selten einge-
setzte Versicherungsform, die aber in Betrieben mit hoher Abhängigkeit von der
Loyalität und Seriosität ihrer Mitarbeiter ein existenzgefährdendes Risiko abdeckt.

8.4.2   Kreditversicherung

Die Kreditversicherung in ihren verschiedenen Varianten deckt Risiken in Zusammenhang mit Zahlungsausfällen von Kunden, bietet aber darüber hinaus auch eine
umfangreiche Analyse und Beratung zum Thema Zahlungssicherheit. Eine besondere Bedeutung hat dies bei Exporten, die in vielen Ländern mit hohem Risiko behaftet
sind, weil die Zahlungsmoral der Abnehmer schlecht einschätzbar und die Rechts-
situation schwierig ist. Solche Exportgeschäfte sind deshalb oft nur mit **Bürgschaf-
ten** oder speziellen **Ausfuhrkreditversicherungen** tragbar.

Aber auch im Inlandsgeschäft spielt die Zahlungsmoral für kleine, mittlere wie große Unternehmen eine besondere Rolle, weil Zahlungsausfälle in allen Betriebsgrö-
ßen zu Existenzgefährdungen führen können. Versichert wird der Zahlungsausfall
durch **Zahlungsunfähigkeit** des Abnehmers, der nach einer bestimmten, zu vereinbarenden Frist und nach fruchtlosem Ablauf des Mahnverfahrens eintritt. Die De-

ckung wird meistens limitiert und außerdem durch Selbstbehalte besser tragbar gemacht, denn die Versicherung sollte nur für Katastrophenrisiken gelten.

Für die Prämienkalkulation wird vorab eine Analyse durchgeführt, die insbesondere die Kundenstruktur und die bisherigen Erfahrungen mit deren Zahlungsmoral umfasst. Im Schadenfall wird der Versicherer versuchen, Zahlungsausfälle durch Ausarbeitung von neuen Zahlungszielen oder Sanierungskonzepten zu vermeiden. Der Kunde muss seine Rechte auf jeden Fall durch Vereinbarung des Eigentumsvorbehalts gesichert haben.

*Praxistipp: Geprüft werden sollte, ob man bei „normalen“, schwankenden Zahlungszielerfüllungen alternativ besser mit einem **Factoring** – also dem Verkauf der Forderungen an eine spezielle Bank zur Vorfinanzierung und Abtretung des Ausfallrisikos – arbeitet oder beide Instrumente einsetzt, dabei die Kreditversicherung nur als eine Absicherung gegen Spitzenrisiken mit entsprechend hohen Selbstbehalten vereinbart.*

9   Literaturhinweise

Vertiefende Hinweise zu den im Buch besprochenen Themen bieten die Reihe „**In-dividualversicherung**" des Berufsbildungswerkes der Versicherungswirtschaft, erschienen im Verlag Versicherungswirtschaft oder „**Das neue Versicherungs-handbuch**", erschienen im Rudolf Haufe Verlag. Viele der Muster-Versicherungs-bedingungen lassen sich auf der Internetseite des Gesamtverbandes der Deutschen Versicherungswirtschaft nachlesen (http://www.gdv.de/fachservice/). Nähere Informationen zu den in diesem Buch besprochenen Versicherungen finden sich in den nachstehenden Bedingungswerken, die allerdings Musterbedingungen darstellen. Das bedeutet, dass der einzelne Versicherer abweichende Bedingungswerke verwenden kann. Außerdem werden diese Allgemeinen Versicherungsbedingungen oft noch durch Besondere Versicherungsbedingungen, Klauseln und/oder einzelvertragliche Regelungen ergänzt. Die nachstehende Übersicht stellt nur eine Auswahl der wichtigsten Allgemeinen Versicherungsbedingungen dar.

1. Elektronikversicherung

   - Allgemeine Bedingungen für die Elektronik-Versicherung (ABE)

   - Allgemeine Bedingungen für die Elektronik-Betriebsunterbrechungsversicherung (ABEBU)

2. Glasversicherung

   - Allgemeine Versicherungsbedingungen für Glasversicherung (AGlB 94)

3. Haftpflichtversicherung

   - Allgemeine Versicherungsbedingungen für die Haftpflichtversicherung (AHB)

   - Allgemeine Versicherungsbedingungen zur Haftpflichtversicherung für Vermögensschäden (AVB)

4. Hausratversicherung

   - Allgemeine Hausrat-Versicherungsbedingungen (VHB 2000)

- Allgemeine Bedingungen für die Versicherung von Reisegepäck (AVB Reisegepäck 1992)

- Allgemeine Bedingungen für die Reparaturkostenversicherung von Elektro- und Gasgeräten des Haushalts (AREG 88)

5. Kraftfahrtversicherung

- Allgemeine Bedingungen für die Kraftfahrtversicherung (AKB 2002)

6. Krankenversicherung

- Musterbedingungen für die Krankheitskosten- und Krankenhaustagegeldversicherung (MB/KK 94)

- Musterbedingungen 1994 für die Krankentagegeldversicherung (MB/KT 94)

- Allgemeine Versicherungsbedingungen für die Pflegekrankenversicherung

7. Kreditversicherung

- Allgemeine Versicherungsbedingungen für die Warenkreditversicherung (WKV 1999)

- Allgemeine Versicherungsbedingungen für die Ausfuhrkreditversicherung (AKV 1999)

8. Lebensversicherung

- Allgemeine Bedingungen für die kapitalbildende Lebensversicherung

- Allgemeine Bedingungen für die Risikoversicherung

- Allgemeine Bedingungen für die Berufsunfähigkeits-Versicherung

- Allgemeine Bedingungen für die Fondsgebundene Lebensversicherung (FLV)

- Allgemeine Bedingungen für die Fondsgebundene Rentenversicherung

- Allgemeine Bedingungen für eine Rentenversicherung mit Auszahlung des Deckungskapitals bei Tod als Altersvorsorgevertrag im Sinne des Altersvorsorgeverträge-Zertifizierungsgesetzes (AltZertG)

9. Maschinenversicherung

   - Allgemeine Maschinen-Versicherungsbedingungen (AMB 91)

   - Allgemeine Bedingungen für die Maschinen- und Kaskoversicherung von fahrbaren oder transportablen Geräten (ABMG 92)

   - Allgemeine Maschinen-Betriebsunterbrechungs-Versicherungsbedingungen (AMBUB 94)

10. Mietverlustversicherung

    - Allgemeine Bedingungen für die Mietverlustversicherung (ABM 89)

11. Rechtsschutzversicherung

    - Allgemeine Versicherungsbedingungen für die Rechtsschutzversicherung (ARB 2000)

12. Sachversicherung (Gewerbliche Gebäudeversicherung, Inventarversicherung)

    - Allgemeine Bedingungen für die Feuerversicherung (AFB 87)

    - Allgemeine Bedingungen für die Leitungswasserversicherung (AWB 87)

    - Allgemeine Bedingungen für die Sturmversicherung (AStB 87)

    - Allgemeine Bedingungen für die Einbruchdiebstahl und Raubversicherung (AERB 87)

    - Allgemeine Feuer-Betriebsunterbrechungs-Versicherungs-Bedingungen (FBUB)

13. Transportversicherung

- Allgemeine Deutsche Binnen-Transportversicherungs-Bedingungen (ADB 1963)

- Allgemeine Bedingungen für die Einheits-Versicherung (EVB 91)

14. Unfallversicherung

- Allgemeine Unfallversicherungsbedingungen (AUB 99)

15. Vertrauensschadenversicherung

- Allgemeine Versicherungsbedingungen für die Vertrauensschadenversicherung (VSV)

- Allgemeine Bedingungen der Computermissbrauchversicherung (ABCM 84)

16. Wohngebäudeversicherung

- Allgemeine Wohngebäude-Versicherungsbedingungen (VGB 2000 - Wert 1914)

10 Checklisten

Die nachfolgenden Checklisten helfen bei der Risikoanalyse und -beurteilung von Privathaushalten und von Betrieben. Zum einen können damit systematisch alle Risiken identifiziert, die Folgen abgeschätzt und vor allem die Existenzgefährdung beurteilt werden, die auch als Priorisierung beim Einkauf von Versicherungsschutz dienen kann. Das Ausmaß der Gefährdung kann durch Beträge konkretisiert werden. Da jedoch Haftungsrisiken grundsätzlich nicht begrenzbar sind, ist dort jeweils „unbegrenzt" eingetragen. Das bedeutet allerdings nicht, dass diese Risiken auch jeweils mit „unbegrenzter Deckungssumme" versicherbar wären.

Risiken des privaten Haushalts

Risikoart	Betroffene Person	Mögliche Konsequenzen	Mögliche Kosten	Existenzzerstörend	Existenzgefährdend	Selbst tragbar
Personenrisiken						
Todesfall		Bestattung	EUR			
		Einkommensausfall	EUR			
		Kinderbetreuung	EUR			
		...	EUR			
Krankheit		Heilbehandlung	EUR			
		Einkommensausfall	EUR			
		Kinderbetreuung	EUR			
		...	EUR			
Unfall		Einkommensausfall	EUR			
		Kinderbetreuung	EUR			
		Umbaukosten	EUR			
		...	EUR			
Erwerbsunfähigkeit		Einkommensausfall	EUR			
		...	EUR			
Pflegebedürftigkeit		Einkommensausfall	EUR			
		Pflegekosten	EUR			
		...	EUR			
Arbeitslosigkeit		Einkommensausfall	EUR			
		Qualifizierungsmaßnahmen	EUR			
		...	EUR			
Alter		Einkommensminderung	EUR			
		Vorzeitiger Ruhestand	EUR			
		...	EUR			
Heirat		Hochzeitskosten	EUR			
		Startkapital	EUR			
		...	EUR			
Ausbildung		Startkapital	EUR			
		...	EUR			

Risikoart	Betroffene Person	Mögliche Konsequenzen	Mögliche Kosten			

Vermögensrisiken

Risikoart	Betroffene Person	Mögliche Konsequenzen	Mögliche Kosten			
Haftpflichtansprüche		Schadenersatz	unbegrenzt			
		Abwehr unberechtigter Forderungen	unbegrenzt			
		Haftung für Kinder	unbegrenzt			
		...	unbegrenzt			
Haftung aus...						
Privathaftpflicht			unbegrenzt			
Kraftfahrzeug			unbegrenzt			
Halten von Tieren			unbegrenzt			
Haus- und Grundbesitz			unbegrenzt			
Gewässerschäden			unbegrenzt			
Bauvorhaben			unbegrenzt			
Jagd			unbegrenzt			
Rechtsschutz		Kosten Rechtsstreitigkeiten	EUR			

Risikoart	Mögliche Objekte	Gefahren	Objektwert			

Sachrisiken

Risikoart	Mögliche Objekte	Gefahren	Objektwert			
Gebäude	Hauptgebäude	Feuer	EUR			
	Nebengebäude	Leitungswasser	EUR			
	Garagen	Sturm/Hagel	EUR			
	Einfriedungen	Elementarschäden	EUR			
		Mietverlust	EUR			
		...	EUR			
Hausrat		Feuer	EUR			
		Leitungswasser	EUR			
		Sturm/Hagel	EUR			
		Einbruchdiebstahl	EUR			
		Elementarschäden	EUR			
		Haushaltsglas	EUR			
		Reisegepäck	EUR			
		Elektro- und Gasgeräte	EUR			
		Elektronik, Computer	EUR			
		...	EUR			
Kraftfahrzeug		Teilkasko	EUR			
		Vollkasko	EUR			
		...	EUR			
Bauvorhaben		Feuer-Rohbau	EUR			
		Bauleistung	EUR			
		Bauherrenhaftung	unbegrenzt			
		...	EUR			

Risiken des Betriebs

Risikoart	Betroffene Person	Mögliche Konsequenzen	Mögliche Kosten	Existenzzerstörend	Existenzgefährdend	Selbst tragbar
Personenrisiken						
Todesfall		Ersatz des Inhabers	EUR			
		Auszahlung Geschäftsanteil	EUR			
		Tilgung Kredite	EUR			
		Haftung Betriebsunfälle	EUR			
		...	EUR			
Krankheit		Heilbehandlung	EUR			
		Vertretung	EUR			
		Gewinnausfall	EUR			
		...	EUR			
Unfall		Heilbehandlung	EUR			
		Vertretung	EUR			
		Gewinnausfall	EUR			
		...	EUR			
Erwerbsunfähigkeit		Vertretung	EUR			
		Gewinnausfall	EUR			
		...	EUR			
Pflegebedürftigkeit		Gewinnausfall	EUR			
		Pflegekosten	EUR			
		...	EUR			
Alter		Erfüllung Pensionsverpflichtung	EUR			
		Einkommensminderung	EUR			
		Mitarbeiterbindung	EUR			
		...	EUR			
Vermögensrisiken						
Haftpflichtansprüche		Schadenersatz	unbegrenzt			
		Abwehr unberechtigter Forderungen	unbegrenzt			
		Haftung für Mitarbeiter	unbegrenzt			
		...	unbegrenzt			
Haftung aus...						
Betriebsstätte			unbegrenzt			
Tätigkeiten			unbegrenzt			
Produkten und Leistungen			unbegrenzt			
Umweltgefährdung			unbegrenzt			
Gewässerschäden			unbegrenzt			
Kraftfahrzeuge			unbegrenzt			
Arbeiten auf fremden Grundstücken			unbegrenzt			
Management			unbegrenzt			
...			unbegrenzt			
Rechtsschutz		Kosten Rechtsstreitigkeiten	EUR			
Kredit		Zahlungsausfall	EUR			
Vertrauensschaden		Betrug durch Mitarbeiter	EUR			
Betriebsunterbrechung		Gewinnminderung	EUR			
wegen Sachschäden			EUR			
wegen Streik			EUR			
wegen Maschinenbruch			EUR			
wegen Elektronikschäden			EUR			
wegen Transportschäden			EUR			
wegen Betriebsschließung			EUR			
Rückrufe		Gewinnminderung	EUR			

Risikoart	Mögliche Objekte	Gefahren	Objektwert			
Sachrisiken						
Gebäude	Hauptgebäude	Feuer	EUR			
	Nebengebäude	Leitungswasser	EUR			
	Garagen	Sturm/Hagel	EUR			
	Einfriedungen	Elementarschäden	EUR			
		Mietverlust	EUR			
		Glasbruch	EUR			
		...	EUR			
Inventar	Einrichtung	Feuer	EUR			
	Vorräte	Leitungswasser	EUR			
	Vorsorge	Sturm/Hagel	EUR			
		Einbruchdiebstahl	EUR			
		Elementarschäden	EUR			
		...	EUR			
Kraftfahrzeug		Teilkasko	EUR			
		Vollkasko	EUR			
		...	EUR			
Bauvorhaben		Feuer-Rohbau	EUR			
		Bauleistung	EUR			
		Bauherrenhaftung	EUR			
		...	EUR			
Maschinen		Feuer	EUR			
		Leitungswasser	EUR			
		Sturm/Hagel	EUR			
		Elementarschäden	EUR			
		Fehlbedienung, Diebstahl etc.	EUR			
Elektronik	Computer	Feuer	EUR			
	Kommunikationstech.	Leitungswasser	EUR			
	Medizinische Geräte	Sturm/Hagel	EUR			
		Elementarschäden	EUR			
		Fehlbedienung, Diebstahl etc.	EUR			
Transport		Transportmittelunfall	EUR			
		...	EUR			

11 Über den Autor

Matthias Beenken, Versicherungskaufmann und Diplom-Betriebswirt (FH), arbeitete mehr als dreizehn Jahre bei zwei Versicherungsunternehmen, schwerpunktmäßig als Führungskraft im Vertrieb sowie anschließend als Verlagsleiter Versicherungen bei einem Fachverlag. Er ist freiberuflich als Publizist und Redakteur tätig und nimmt einen Lehrauftrag am Institut für Versicherungswesen der Fachhochschule Köln wahr.